高等院校基于工作过程的校企合作系列教材

U0964222

外贸单证操作手册

Operation Manual for Foreign Trade Documents

主　　编　王　楠
副 主 编　张启途　王永霞　贾亚丽　徐小珺
企业顾问　李玉霞　王　橙　赵　静

对外经济贸易大学出版社
中国·北京

图书在版编目（CIP）数据

外贸单证操作手册：英、汉 / 王楠主编. -- 北京：对外经济贸易大学出版社，2025. 3. --（高等院校基于工作过程的校企合作系列教材）. -- ISBN 978-7-5663-2648-5

Ⅰ. F740. 44

中国国家版本馆 CIP 数据核字第 2024P7K809 号

外贸单证操作手册

Operation Manual for Foreign Trade Documents

王　楠　**主编**

责任编辑：钟　平

出版发行：对外经济贸易大学出版社
社　　址：北京市朝阳区惠新东街 10 号
网　　址：www.uibep.com
资源网址：www.uibepresources.com
邮政编码：100029
邮购电话：010 - 64492338
发行部电话：010 - 64492342
E-mail：uibep@126.com

成品尺寸：185mm×260mm
印　　张：14.5
字　　数：335 千字
ISBN 978-7-5663-2648-5
印　　刷：三河市少明印务有限公司
版　　次：2025 年 3 月北京第 1 版
印　　次：2025 年 3 月第 1 次印刷
定　　价：59.00 元

出 版 说 明

党的二十大擘画了以中国式现代化推进中华民族伟大复兴的宏伟蓝图，发出了为全面建设社会主义现代化国家、全面推进中华民族伟大复兴而团结奋斗的伟大号召。习近平总书记在党的二十大报告中强调，要“推进职普融通、产教融合、科教融汇”，为我国未来职业教育的发展指明了方向。报告指出，“教育、科技、人才是全面建设社会主义现代化国家的基础性、战略性支撑”，而我们与之相对应的课程开发方式和课程内容的改革模式是“与行业企业共同开发紧密结合生产实际的实训教材，并确保优质教材进课堂”。“高等院校基于工作过程的校企合作系列教材”正是对外经济贸易大学出版社在高等职业教育课程建设领域的最新研究成果。

本系列教材适用于全国高等院校**应用型本科**商务英语专业和国际经济与贸易、贸易经济、国际商务、工商管理、市场营销等经济与贸易类和工商管理类专业的学生；同时适用于全国**高职高专院校**商务英语、应用英语、旅游英语等语言类专业以及国际贸易实务、国际经济与贸易、国际商务等财经商贸大类专业的学生。

本系列教材主要呈现以下特点：

1. 体现“基于工作过程”

在我国高等职业教育新一轮课程改革中，我们学习、引进并发展了德国职业教育的一种新的课程模式——基于工作过程的课程模式。该模式指“为完成一件工作任务并获得工作成果而进行的一个完整的工作程序”建立起来的课程体系。

2. 突出“校企合作”

课程体系的“校企合作”以教师和企业人员参与为主体，是“校企合作，工学结合”的人才培养模式发展的必然产物，旨在提高学生的综合能力，尤其是实践能力和就业能力，实现学校教学与工作实践的零距离。

“高等院校基于工作过程的校企合作系列教材”的课程方案与传统的课程方案相比，打破了高等职业教育学科系统化的课程体系，在分析典型职业活动工作过程的前提下，按照工作过程中的需要来设计课程，以突出工作过程在课程框架中的主线地位，整合优化了理论知识与实践活动。在教材编写过程中，教师结合自身的教学实践、调研论证和外贸专家对工作岗位的实际要求来安排课程结构和内容，而这形成了具有特色的基于工作过程的校企合作系列教材体系。

本套教材涵盖三大模块：语言技能类、专业英语类和专业知识类。作者都是本专业的“双师型”教师，不仅具有丰富的语言教学经验，而且具备企业第一线的工作经历，还主持或参与过多项国家或省市级相关科研项目。他们为本套教材的编写质量提供了有力的保证。

本系列教材包括：

语言技能类

商务英语听说
实用商务英语口语教程（第三版）
国际商务英语口语实训（第二版）
致用商务英语阅读（上册）
致用商务英语阅读（下册）
新编商务英语应用文写作
实用商务英语写作教程（第二版）
商务英语函电
外贸函电与单证实训教程（第二版）
商务翻译实务（第三版）
经贸英语口译实训教程（第二版）
英语语法实训教程

专业英语类

会展实务英语（第三版）
商务礼仪实务英语（第二版）
外事接待实务英语（第三版）
中英文酒店服务实训教程
旅游实务英语多模态教程
中英文导游实训教程
涉外酒店前厅服务技能实训教程

专业知识类

外贸跟单实务（第二版）
国际贸易单证操作实务（第二版）
进出口报关实务（第二版）
报检实务（第二版）
国际市场营销实务
涉外企业管理实务（英文版）
外贸单证操作手册
生产物流运作实务
集装箱运输实务
国际贸易实务（双语版）
商务英语谈判
国际结算（英文版）

值得注意的是，本系列教材不是封闭的，它随着教学模式和课程设置的变化，将不断推出新的内容，以丰富整个体系。

同时，本套教材均配有 PPT 课件等立体化教学资源，供教师教学参考（下载网址：http://www.uibepresources.com）。

对外经济贸易大学出版社
2025 年 1 月

前　言

党的二十大为我们指明了新时代中国特色社会主义的发展方向，为新时代我国对外开放和外贸事业提供了强大的理论指导和政策支持。持续推进高水平对外开放，加快建设贸易强国，推动共建“一带一路”高质量发展，维护多元稳定的国际经济格局和经贸关系，是二十大报告明确提出的要求。

改革开放40多年来，我国发生了翻天覆地的变化，我们正在由世界贸易大国向贸易强国迈进。在对外贸易中，外贸单证工作在促进我国外贸发展、服务国家战略中发挥着重要的作用，也是外贸从业人员必须掌握的基础性工作。单证操作贯穿于每笔进出口贸易的全过程，处理单据业务也是整个外贸流程的核心业务环节。对于国际商务、国际经济与贸易等专业，开设外贸单证课程，旨在培养懂得外贸单证基础知识、熟悉外贸单证工作流程、熟练掌握制单技能和操作管理的高素质技能型人才。

本书基于外贸工作过程设计，以虚拟的外贸公司为背景，以一笔完整贸易为主线，在外贸单证员岗位工作任务和职业能力分析的基础上，与企业、行业顾问共建外贸单证专家组，共同开发课程标准，打破原有以知识体系为线索的传统编写模式，根据贸易流程所涉及的基本环节分为认识单证员岗位工作、落实信用证、制作商业发票和包装单据、办理运输业务、办理报检业务、申领原产地证明书、办理报关业务、办理保险业务、制作汇票及其他结汇单据、办理出口退税、开立信用证这十一个学习情境。每个学习情境又分为学习目标（知识目标、技能目标、素养目标）、工作任务（背景导入、思维导图、相关资料、布置任务）、探究新知（知识导航、操作技能、真实单据、思考）、技能训练（实训模拟）和真题训练（历年单证能力资格考试部分真题训练）这五个栏目，让学生能够完整掌握该情境下的学习内容，具有系统性、真实性、实用性。

书中所涉及的单证力求来源于外贸企业、银行和货代公司等的一线真实材料，单证业务贴近实际。同时，在每一个学习情境后配有强化训练和历年真题，在强调实训的基础上兼顾单证资格能力考试培训。可同时满足课堂教学和企业模拟实习的双重功能要求、内容全面、形式多样是本书的一大特色。

本书内容力求与时事政策相一致。例如，书中关于国家对商检环节中部分商品取消法定检验进行了解释说明和政策摘取；对于国家进行“关检合一”变化后业务办理也在本书中充分体现；单据缮制依据全部采用《UCP600》《INCOTERMS2020》规则等。对于需要电子数据处理的单据步骤，也截取了部分图片进行展示。这是本书的又一特色。

建议教师在教学过程中可以结合翻转课堂教学模式，让学生在课下模拟单证员身份，根据书中所提示的学习资料逐步自行学习填制案例单据，并结合书中人物完成的单据进行比照，将遇到的问题汇总给教师，教师利用课堂时间给予集中讲解和指导。最后让学生完成实训模拟，进一步提升单证操作技能。

本书主要适用于中职、高职、成人高校、继续教育学院等院校商务专业和经贸专业的学生，以及电子商务等相关专业的学生和自学者。本书对外销员、跟单员、货代员、报关报检人员都会有很好的帮助，同时也可作为外贸从业人员的参考书和商务单证员考试培训用书。

本书在编写和出版过程中得到了学校、外贸企业、出版社等单位领导和专家的大力支持和帮助。特别感谢潍坊双成进出口有限公司李玉霞女士的全程指导。

由于编者水平有限，难免出现一些疏漏和错误，敬请广大行业专家和读者批评指正。

编　者

2024 年 10 月

人物介绍

张华是某高职学校国际经济与贸易专业的一名应届毕业生。毕业之际，他看到身边同学有的回到家乡考取编制成为公务员；有的通过教师资格考试认证成为教师；还有的同学选择了继续深造。而张华在大二就对自己进行了职业规划，他想回到家乡从事自己所学的专业，在实践中提升自己，为家乡发展贡献自己的力量。

大学期间，他通过新闻时事等渠道深刻地感受到祖国经济的快速发展和内涵的逐渐丰富，我国已经成为经济全球化的重要推动者。共建“一带一路”倡议提出十多年来，我国不仅巩固了传统领域合作，还稳步拓展新兴市场，这给国贸毕业生提供了更丰富的就业前景和更广阔的发展空间。

毕业时，他通过校园招聘，历经笔试、面试等环节的考核，最终选择进入家乡潍坊瑞达进出口有限公司，担任外贸单证员工作……

目　录

学习情境一

认识单证员岗位工作

一、学习目标

知识目标

能阐述单证员岗位的工作内容及任务职责；
能描述单证员工作的特征和职业前景；
能表述和绘制外贸实务流程。

技能目标

制定单证员职业生涯的长期规划；
绘制外贸流程图。

素养目标

培养对外贸单证员岗位的浓厚兴趣；
产生学习外贸单证实务课程的热情。

环节引导图 1

二、工作任务

背景导入

潍坊瑞达进出口有限公司是一家拥有十多年历史、中等规模的外贸企业，主要从事各类纺织品的进出口业务，经营的主要产品为：

思考：

1. “一带一路”具体指的是什么？

2. 为什么近些年来，越来越多的客户倾向于采用信用证业务结算？

针织服装、床上用品、棉纱及其他各类服装，产品主要出口到澳大利亚、加拿大、美国、德国、日本及其他国家。近些年随着“一带一路”倡议的深入开展，公司与共建“一带一路”国家签订的订单也逐年增多。近期，公司发现越来越多的客户提出采用信用证业务结算。为配合长远发展，公司决定增加一名单证人员重点处理相关的信用证结算业务。

张华是国际贸易专业的一名应届毕业生，他通过校园招聘来到了山东潍坊瑞达进出口有限公司，担任外贸单证员。工作第一天，老师傅提出了三个问题让张华在工作中进行思考：

1. 单证员的日常工作内容有哪些？
2. 从事外贸工作的人员应具备哪些品质？
3. 有没有制定近期和远期的职业规划？

思维导图

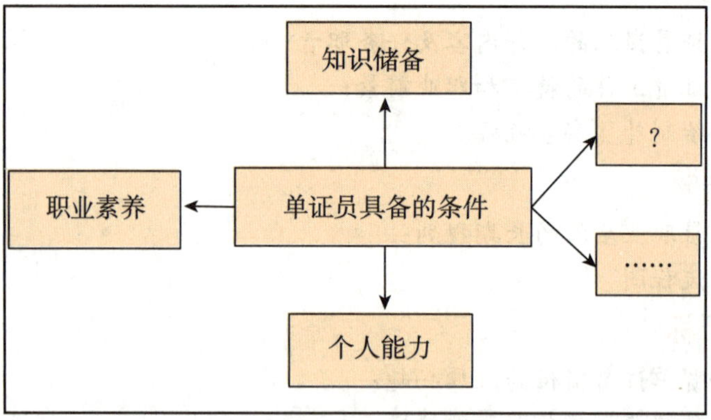

调查与交流：

你家乡或者学校所在的城市，外贸公司对单证员招聘的要求是什么？

谈一谈，当代大学生应具备哪些基本素养？

相关资料

单证员是指在对外贸易结算业务中，买卖双方凭借在进出口业务中应用的单据、文件、证书来处理货物的交付、运输、保险、商检、结汇等工作的人员。

世界正处于百年未有之大变局，全球产业链、供应链深度调整，国际经贸格局面临重塑，新冠疫情冲击的长尾化趋势愈加明显，世界经济发展的不确定性和不稳定性因素持续增加。市场上对外贸人才的要求也越来越高。首先表现在对传统外贸岗位从业技能要求的提高：不仅要能掌握最新的专业知识，还须持有国家颁发的资格证书。以外贸单证处理为主要工作内容的外贸单证员是各企业开展外贸业务的基础性人才之一。其主要工作有审证、制单、审单、交单与归档等一系列业务活动，具有工作量大、涉及面广、时间性强与要求高等特点。

思考：

后疫情时代，外贸企业的机遇与挑战。

听听专家怎么说：

国内国际双循环扎根国内市场，作好出口准备。

作为世界工厂，中国要承担起全球疫情期间的物资供应，这对国内企业来说则是个机遇。因此，建议国内企业一是不要在这个时候盲目出海，要先立足国内市场，因为这才是最稳妥的市场；二是积极备货，适当留出冗余产能，为出口作好准备。

布置任务

自主查阅网上资料，通过小组讨论和课堂交流，分享你对外贸单证工作的认识。

三、探求新知

知识导航——认识外贸单证工作

国际贸易作为商业行为通常表现为商品和资金的双向流通，由于商品、资金的单证化，使得在实务中贸易的最终完成往往是以单证交流的形式来实现的。

单证（Documents），就是指在国际结算中应用的单据、文件与证书，凭借这些文件来处理国际货物的交付、运输、保险、商检、结汇等。因此，单证又有狭义和广义之分。狭义的单证通常指单据和信用证；广义的单证则是泛指在外贸业务中所涉及的各类单据、证书和文件的总称。可以说，单证的流转环节构成了贸易程序。

◆外贸单证工作的意义

1. 外贸单证是结算的基础工具

国际贸易中，贸易的主体往往不能实现商品与货币同时空转移，通常会借助单证作为交换的凭证。因此，现代贸易的实现是通过单据买卖完成的。

国际商会《跟单信用证统一惯例》（UCP600）2007 年修订本（以下称《UCP600》）第 5 条规定：银行处理的是单据，而不是单据所涉及的货物、服务或其他行为。尽管在国际贸易中买卖的是货物，但在国际结算中单证是货物买卖的基础和依据，国际货物买卖已经单据化了。因此，准确地缮制好各种单证，以保证交货后能及时地收回货款就显得十分重要。

2. 外贸单证是履行外贸合同的必要手段和证明

在国际贸易中，买卖双方分处于不同国家和地区，通常情况下，商品和货币的交换不能直接进行，买卖双方多以单证作为交换的媒介手段。在进出口贸易合同履行过程中涉及的单证一般具有两种属性：一类具有商品的属性，代表商品及物权；另一类具有货币的属性，直接代表货币或为货币的支付作出承诺或作出有条件的保证等。每种单据都有其特定的功能，它们的签发、组合、流转和应用反映了合同履行的进程，也反映了买卖双方权责的产生、转移和终止。由此可见，单据的缮制是对外贸易不可缺少的手段之一。

3. 单证工作是企业经营管理的重要环节，与企业的经济效益密切相关

单证工作是为出口贸易全过程服务的。贸易合同的内容、信用证条款、货源衔接、审证改证、交单议付等业务管理的问题，都会在单证工作中反映出来。

单证工作是外贸企业经营管理中一个非常重要的环节，单证工作组织管理的优劣直接关系到外贸企业的经济利益。单证管理工作的加强，单证质量的提高，不仅可以有效地防止差错事故的发生，弥补经营管理上的缺陷，还可以节约各种费用，加速对外交易，在无形之中为企业创收大量外汇。

4. 单证工作是政策性很强的涉外工作

外贸单证工作是一项政策性很强的涉外工作，体现着平等互利和与国际惯例接轨的政策精神。

外贸单证作为涉外商务文件，必然体现国家的对外政策，因此必须严格按照国家有关外贸的法规和制度办理。例如，进出口许可证关系到国家对某些进出口商品的计划管理，甚至还会涉及两国之间的贸易协定。出口单证也是收汇的依据，当发生贸易纠纷时，又常常是处理争议、解决索赔的依据和法律文件。例如，货物在运输途中受损，货方向保险公司提出索赔，保险单就是索赔的凭证；在计算赔偿额时，发票是赔偿的依据。

◆外贸单证工作的基本要求

外贸单证缮制不能随意，必须符合相关商业惯例和法令规定及实际需要，在实际操作中，原则上应做到“正确、完整、及时、简明、整洁”，以便顺利收汇。

1.“正确”是单证工作的前提，是安全收汇的保证

在制单工作的五个要求中，正确是最重要的原则，它包括两个方面的内容：一方面要求各种单据必须做到“三相符”——单证相符、单单相符和单货相符（即：单据与信用证相符、单据与单据相符、单据与实际货物相符），其中“单证相符”占首要地位，“单单相符”是以“单证相符”为前提。在现实操作中若单证不符，即使单单之间相符，也会遭到银行的拒付。“单货相符”主要是指单据的内容应该与实际交货一致，亦与合同一致。这样，单证才能真实代表出运的货物，确保履约正常，安全收汇。另一方面，单证还要符合有关国际惯例和进出口国有关法令和规定。

2.“完整”是构成单证合法性的重要条件之一，是单证成为有价证券的基础

包含三方面的内容：

（1）单据内容完整。即每一种单据本身的内容（包括单据本身的格式、项目、文字和签章、背书等）必须完备齐全，否则就不能构成有效文件，也就不能为银行所接受。

（2）单据种类完整。即单据必须是成套齐全而不是单一的，遗漏一种单据，就是单据不完整。单据应严格按照信用证规定一一照办，除主要单据外，一些附属证明、收据一定也要及时催办，不得遗漏。

（3）单据份数完整。即要求在信用证项下的交易中，进出口商需要哪些单据，一式几份都应明确，尤其是提单的份数，更应注意按要求出齐，避免多出或少出。

3.“及时”是指进出口单证工作的时间性很强，必须紧紧掌握装运期、交单期、信用证的有效期

及时出单包括两个方面的内容：

（1）各种单据的出单日期必须符合逻辑。也就是说，每一种单据的出单日期不能超过信用证规定的有效期限或按商业习惯的合理日期。如保险单、检验证的日期应早于提单的日期，而提单的日期不应晚于信用证规定的最迟装运期限，否则，就会造成单证不符。

（2）交单议付不得超过信用证规定的交单有效期。如信用证不作规定，按国际商会《UCP600》规定：“银行将拒绝接受迟于运输单据出单日期21天后提交的单据，但无论如何，单据也不得迟于信用证到期日提交。”

4.“简明”是指单证的内容应力求简化

国际商会《UCP600》中指出：“为了防止混淆和误解，银行应劝阻在信用证或其任何修改书中加注过多细节的内容”，其目的也是为了避免单

出口流程详解图

证的复杂化，提高工作效果。

5.“整洁”是指单证表面的整洁、美观、大方，单证内容简洁明了

单证的整洁是指单证格式的设计和缮制力求标准化和规范化，单证内容的排列要行次整齐、主次有序、重点项目突出醒目，单证字迹清晰、语言通顺、语句流畅、用词简明扼要、恰如其分，更改处要盖校对章或简签。如单证涂改过多，应重新缮制单证。

如果正确和完整是单证的内在质量，那么整洁则是单证的外观质量。它在一定程度上反映了一个国家的科技水平和一个企业的业务水平。单证是否整洁，不但反映出制单人的业务熟练程度和工作态度，而且还会直接影响出单的效果。

总结：

1. 出口贸易经过哪些环节？

2. 整个出口流程中涉及了哪些单据？

◆外贸单证的分类

1. 根据外贸单证的性质

（1）金融单据（Financial Documents）：是指汇票、本票、支票及其他用于取得款项的凭证。

（2）商业单据（Commercial Documents）：是指发票、运输单据、货权凭证或其他类似单据及任何非金融单据。

2. 根据外贸单证的用途

（1）资金单据：如汇票、本票、支票等。

（2）商业单据：如商业发票、形式发票、装箱单、重量单等。

（3）货运单据：如海运提单、多式联运单据、空运单、公路铁路内河运输单据、专递和邮政收据等。

（4）保险单据：如保险单、预保单、保险证明等。

（5）公务单据：如海关发票、领事发票、原产地证书、商检证书等。

（6）附属单据：如装运通知、受益人证明、船舶航程证明、寄单证明等。

3. 根据外贸单据流向

（1）进口单据：如进口许可证、信用证、进口报关单、进口商检单等。

（2）出口单据：如出口许可证、报关单、包装单据、运输单据、商业发票、汇票、商检证书、产地证书、保险单等。

四、技能训练

实训模拟

请写出 CIF 合同履行中，出口商涉及的部分单据的出单机构。

合同履行阶段	单据的名称	出单机构
1. 申领出口许可证	出口许可证	
2. 办理运输	海运货物委托书	
	海运提单	
	空运单	
3. 办理保险	投保单	
	保险单	
4. 办理商检	出境货物报检单	
	商检证书 / 通关单	
5. 申请原产地证	一般原产地证	
	普惠制产地证	
	RCEP 原产地证书	
6. 办理报关	出口报关单	
	商业发票	
	装箱单	

请结合时政，谈一下你对“关检合一”的理解。

错题本：

五、真题训练

1. **单选：**各种进、出口单证，原则上应该做到（　　）。

A. 完整、及时、无差错

B. 完整、简洁、清晰

C. 及时、正确、完整、无差错、清晰

D. 正确、完整、及时、简明、整洁

2. **单选：**根据《URC522》的分类，（　　）不属于进口国官方要求的单据。

A. 原产地证明　　B. 船龄证明

C. 领事发票　　D. 海关发票

3. **多选：**单据审核的准确性是指（　　）。

A. 单单一致　　B. 单证一致

C. 单货一致　　D. 严格相符

4. **多选：**制作国际贸易单证的基本要求是（　　）。

A. 正确　　B. 完整　　C. 及时

D. 简明　　E. 整洁

5. **判断：**制单是单证工作的基础，是按照信用证、合同和其他的要求，根据货物实际情况缮制有关单据。（　　）

6. **简答：**简述国际商务单证在进出口贸易中的地位和作用，并结合国际商务单证员培训和认证谈谈你个人的建议和想法。

小结：

7. **简答：**对外贸企业来说，及时制作出口单证对收汇具有什么作用？

学习情境二

落实信用证

一、学习目标

知识目标

能表述销售合同的主要条款和内容；

能复述信用证的含义、内容、特点与种类；

能描述信用证的操作流程。

技能目标

能够起草、分析销售合同条款内容，不少于 8 条；

能根据外贸合同审核信用证，并对问题条款提出修改意见，正确率达 80% 以上。

素养目标

树立审核单证时谨慎科学的工作态度；

养成细心、耐心的工作作风；

培养注重细节意识。

环节引导图 2

温故知新：

常见的结算方式有哪些？

思考：

确认信用证之前需要做哪些准备工作？

二、工作任务

背景导入

近日，公司与新开发的澳大利亚客户 BIG TREE 公司签订了一笔关于床品被套的订单，双方采用信用证业务结算。师傅决定让张华负责该订单的单据业务。师傅告诉张华，不清楚的问题可以随时提问。张华决定不辜负师傅的期望，接下来要全力以赴。

合同签订后，对方按期开来了信用证。于是张华找来在该订单项下有关的合同资料，开始审核信用证。

思维导图

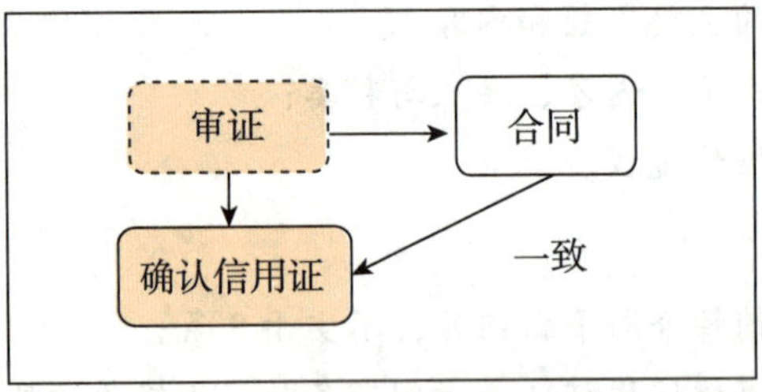

相关资料

温故知新：
销售合同的组织构成是怎样的？

合同如下：

SALES CONTRACT

Contract No.: RD2308
Date: Aug. 10, 2023
Signed at: WEIFANG, CHINA

Seller:
WEIFANG RUIDA IMPORT AND EXPORT CO., LTD.

Address:
3999 TAIXIANG STREET, WEIFANG, CHINA
Telex/Fax:
+86-536-6666666

Buyer:
BIG TREE PTY LTD.
Address:
9/46 JOHNSTON STREET ABBOTSFORD VIC 306 AUSTRALIA

This contract is made by and between the Seller and the Buyer, whereby the Seller agrees to sell and the Buyer agrees to buy the under-mentioned commodity according to the terms and conditions stipulated below:

（1）货物名称和规格 Commodity & Specification	（2）数量 Quantity	（3）单价 Unit Price	（4）总值 Amount
		CIF MELBOURNE, AUSTRALIA	
100% Cotton Bedding Duvet Cover Set	2,400 sets	USD96.00/set	USD230,400.00
Total	2,400 sets		USD230,400.00
Total Amount: SAY U.S. DOLLARS TWO HUNDRED AND THIRTY THOUSAND FOUR HUNDRED ONLY.			

More or less 5% of the quantity and the amount are allowed.
（5）包装（Packing）: 12 sets are packed in one export standard carton.
（6）唛头（Marks）: Shipping mark includes BT, S/C NO, Port of destination and Carton NO.
Side mark must show the color, the size of carton and pieces per carton.
（7）装运期限（Time of Shipment）: NOVEMBER, 2023.
（8）装运口岸 & 目的地（Port of Loading and Destination）: From QINGDAO, CHINA to MELBOURNE, AUSTRALIA.
Partial shipment is prohibited and transshipment is allowed.
（9）保险（Insurance）: To be effected by the Seller for 110% of the invoice value covering All Risks and War Risk as per CIC of the PICC dated 01/01/1981.
（10）付款条件（Terms of Payment）: By irrevocable Letter of Credit at 60

温故知新：
运输标志由几部分构成？

运输标志的构成

温故知新：

海洋货物运输保险的基本险别有哪些？

days after sight, reaching the Seller not later than Sep. 10, 2023 and remaining valid for negotiation in China for further 21 days after the shipment.

（11）品质 / 数量异议（Quality/Quantity Discrepancy）：Claim for quality discrepancy should be filed by the Buyer within 3 months after the arrival of the goods at port of destination, while for quantity/weight discrepancy, claim should be filed by the Buyer within 30 days after the arrival of the goods at port of destination. Claims shall be supported by a report issued by a reputable surveyor approved by the Seller, claims in respect of matters within the responsibility of the insurance company or of the shipping company will not be considered or entertained by the Sellers.

（12）不可抗力（Force Majeure）：The Seller shall not be responsible for failure or delay in delivery of the entire lot or a portion of the goods under this Sales Contract due to the Force Majeure. However, in such case, the Seller shall submit to the Buyer a certificate issued by the China Council for the Promotion of International Trade or other related organization as evidence.

常见合同文本翻译

（13）仲裁（Arbitration）：All disputes arising from the execution of or in connection with this Contract shall be settled amicably through negotiation. If no settlement can be reached through negotiation, the case shall then be submitted to the China International Economic & Trade Arbitration Commission, Beijing, for arbitration in accordance with its provisional rules of procedure. The arbitrator's decision is final and binding upon both parties. The fee, for arbitration shall be borne by the losing party unless otherwise awarded by the arbitration organization.

动一动：

小组讨论，拟定一份商业合同。

This contract is made in two original copies and become valid after signature, one copy to be held by each party.

Signed by:

The Seller	The Buyer
WEIFANG RUIDA IMPORT AND EXPORT CO., LTD.	BIG TREE PTY LTD.
王硕成	Tyler

布置任务

根据合同完成表格内容，要求准确率达到 90% 以上。

合同条款	内容及注意事项
合同号	
卖方	
买方	
货物描述	
价格条件	
包装条款	
运输条款	
支付条款	
保险条款	
争议的解决	
备注	

相关资料

信用证如下：

L/C:		
MT 700	ISSUE OF A DOCUMENTARY CREDIT	
SENDER	COMMONWEALTH BANK OF AUSTRALIA	
RECEIVER	WEIFANG XINHUA BRANCH OF CHINA CONSTRUCTION BANK	
SEQUENCE OF TOTAL	27:	1/1
FORM OF DOC. CREDIT	40A:	IRREVOCABLE
DOC. CREDIT NUMBER	20:	PO23L3000
DATE OF ISSUE	31C:	230831
APPLICABLE RULES	40E:	UCP LATEST VERSION
DATE AND PLACE OF EXPIRY	31D:	DATE 240131 PLACE IN AUSTRALIA
APPLICANT	50:	BIG TREE PTY LTD. 9/46 JOHNSTON STREET ABBOTSFORD VIC 306 AUSTRALIA
BENEFICIARY	59:	WEIFANG RUIDA IMPORT AND EXPORT CO., LTD. 3999 TAIXIANG STREET, WEIFANG, CHINA

AMOUNT	32B:	CURRENCY USD AMOUNT 23,400.00
AVAILABLE WITH/BY	41D:	ANY BANK IN CHINA, BY NEGOTIATION
DRAFTS AT	42C:	120 DAYS AFTER SIGHT
DRAWEE	42A:	COMMONWEALTH BANK OF AUSTRALIA
PARTIAL SHIPMENTS	43P:	ALLOWED
TRANSSHIPMENT	43T:	ALLOWED
PORT OF LOADING	44E:	CHINESE MAIN PORT
PORT OF DISCHARGE	44F:	MELBOURNE, AUSTRALIA
LATEST DATE OF SHIPMENT	44C:	231101
DESCRIPTION OF GOODS	45A:	

2,400 SETS OF 100% COTTON BEDDING DUVET COVER SET,
ORDER NO. BY1397 AS PER S/C NO. RD2308

ART NO.	QUANTITY	UNIT PRICE	AMOUNT
RD0213	2,400SETS	USD96.00/SET	USD230,400.00

AT CIF MELBOURNE, AUSTRALIA
PACKED IN 12SETS/CTN.

DOCUMENTS REQUIRED 46A:

+ SIGNED COMMERCIAL INVOICE IN TRIPLICATE.
+ PACKING LIST IN TRIPLICATE.
+ CERTIFICATE OF CHINA ORIGIN ISSUED BY A RELEVANT AUTHORITY.
+ FULL SET (3/3) OF SHIPPED ON BOARD OCEAN BILLS OF LADING MADE OUT TO APPLICANT MARKED FREIGHT PREPAID AND NOTIFY APPLICANT.
+ INSURANCE POLICY/CERTIFICATE IN DUPLICATE ENDORSED IN BLANK FOR 120% INVOICE VALUE COVERING ALL RISKS AND WAR RISK OF CIC OF THE PICC DATED 01/01/1981 INCLUDING WAREHOUSE TO WAREHOUSE AND SHOWING THE CLAIMING CURRENCY IS THE SAME AS THE CURRENCY OF THE CREDIT.
+ SHIPPING ADVICE SHOWING THE NAME OF CARRYING VESSEL, DATE OF SHIPMENT, MARKS, QUANTITY, NET WEIGHT AND GROSS WEIGHT OF THE SHIPMENT TO THE APPLICANT.

ADDITIONAL CONDITION 47A:

+ DOCUMENTS DATED PRIOR TO THE DATE OF THIS CREDIT ARE NOT ACCEPTABLE.
+ THE NUMBER OF THIS CREDIT MUST BE QUOTED ON ALL DOCUMENTS.
+ SHORT FORM/CHARTER PARTY/THIRD PARTY BILL OF LADING ARE NOT ACCEPTABLE.
+ SHIPMENT MUST BE EFFECTED BY 1 × 20’ FCL AND B/L MUST SHOW EVIDENCE OF THIS EFFECT IS REQUIRED.
+ ALL PRESENTATIONS CONTAINING DISCREPANCIES WILL ATTRACT A DISCREPANCY FEE OF USD40.00 PLUS TELEX COSTS OR OTHER CURRENCY EQUIVALENT. THIS CHARGE WILL BE DEDUCTED FROM THE BILL AMOUNT WHETHER OR NOT WE SELECT TO CONSULT THE APPLICANT FOR A WAIVER.

CHARGES	71B:	ALL BANKING CHARGES INCLUDING OPENING FEE ARE FOR BENEFICIARY'S ACCOUNT.
PERIOD FOR PRESENTATION	48:	WITHIN 5 DAYS AFTER THE DATE OF SHIPMENT BUT WITHIN THE VALIDITY OF THIS CREDIT.
CONFIRMATION INSTRUCTION	49:	WITHOUT
INFORMATION TO PRESENTING BANK	78:	ALL DOCUMENTS ARE TO BE REMITTED IN ONE LOT BY COURIER TO 65 DARNLEY STREET BRAYBROOK VIC 3019.

布置任务

小组进行讨论：如果你是张华，能否根据上面的合同审核该份信用证？

<table>
<tr><th colspan="4">信用证修改单</th></tr>
<tr><td></td><td>是否正确</td><td>修改答案</td><td rowspan="14">提示：
1. 与合同比照逐条审核信用证各项条款。
2. 合理分配时间。</td></tr>
<tr><td>信用证类型</td><td></td><td></td></tr>
<tr><td>有效期</td><td></td><td></td></tr>
<tr><td>开证申请人</td><td></td><td></td></tr>
<tr><td>受益人</td><td></td><td></td></tr>
<tr><td>金额</td><td></td><td></td></tr>
<tr><td>付款期限</td><td></td><td></td></tr>
<tr><td>付款人</td><td></td><td></td></tr>
<tr><td>装运条款</td><td></td><td></td></tr>
<tr><td>货物描述</td><td></td><td></td></tr>
<tr><td>单据</td><td></td><td></td></tr>
<tr><td>附加条款</td><td></td><td></td></tr>
<tr><td>费用</td><td></td><td></td></tr>
<tr><td>交单期限</td><td></td><td></td></tr>
<tr><td></td><td></td><td></td><td></td></tr>
</table>

三、探求新知

笔记：
基本当事人有哪些?

知识导航——认识、分析信用证

◆信用证的定义

信用证（Letter of Credit, L/C），是指开证银行应申请人的要求并按其指示向第三方开立的载有一定金额的，在一定的期限内凭符合信用证规定的单据付款的书面保证文件。信用证是国际贸易中最主要、最常用的支付方式。

◆信用证的主要内容

1. 信用证本身的说明

如其种类、号码、开证日期、货币和金额、有效期及到期地点等。

2. 对货物的要求

根据合同进行描述。

3. 对运输的要求

装卸港、装运期限以及可否分批装运或转船等。

4. 对单据的要求

即货物单据、运输单据、保险单据及其他有关单证。

5. 特殊要求

6. 开证行对受益人及汇票持有人保证付款的责任文句

7. 国外来证大多数均加注："除另有规定外，本证根据国际商会《跟单信用证统一惯例》即国际商会 600 号出版物（《UCP600》）办理"

8. 银行间电汇索偿条款（T/T Reimbursement Clause）

《UCP600》的中英文版

◆信用证的特点

1. 信用证是一种银行信用，它是银行的一种担保文件。

当受益人所提交的单据在《UCP600》规定下符合单证一致、单单一致的要求时，开证行就必须履行第一性付款责任。

2. 信用证独立于买卖合同，是一份自足的文件。

银行在审单时强调的是信用证与基础贸易相分离的书面形式上的认证。

3. 信用证是纯单据业务。

银行处理的是单据而非单据所涉及的货物、劳务及或其他履约行为。

◆信用证的种类

1. 根据信用证项下的汇票是否附有货运单据划分

（1）跟单信用证（Documentary Credit）是凭跟单汇票或仅凭单据付款的信用证。此处的单据指代表货物所有权的单据（如海运提单等），或证明货物已交运的单据（如铁路运单、航空运单、邮包收据）。

在实际业务中，大多数情况下使用跟单信用证。

（2）光票信用证（Clean Credit）是凭不随附货运单据的光票（Clean Draft）付款的信用证。银行凭光票信用证付款，也可要求受益人附交发票、收据、垫款清单等非货运单据。常用于预付货款。

2. 根据有无另一银行加以保证兑付划分

（1）保兑信用证。指开证行开出的信用证，由另一银行保证对符合信用证条款规定的单据履行付款义务。对信用证加以保兑的银行，称为保兑行。

（2）不保兑信用证。开证行开出的信用证没有经另一家银行保兑。

3. 根据付款时间的早晚及兑付方式划分

（1）即期付款信用证。指开证行或付款行收到符合信用证条款的跟单汇票或装运单据后，立即履行付款义务的信用证。

（2）延期付款信用证。指开证行或付款行收到满足信用证条款的单据时，在规定期限内履行付款义务的信用证。这是一种不用汇票的远期信用证，因为不使用汇票，所以此种信用证无承兑行为，不具备贴现条款，对受益人来说风险较大。

（3）承兑信用证。指开证行或付款行在收到符合信用证规定的远期汇票和单据时，先对汇票予以承兑，待汇票到期时再行付款的信用证。

根据远期汇票贴现息究竟是由开证申请人承担还是受益人承担，承兑信用证又分为卖方远期信用证和买方远期信用证。

卖方远期信用证即真远期信用证。由卖方开立远期汇票，开证行见票时先予以承兑，到期付款。

买方远期信用证又称为假远期信用证。信用证规定受益人开立远期汇票，由付款行负责贴现，并规定一切利息和费用由开证人承担。这种信用证对受益人来讲，实际上仍属即期收款，在信用证中有“假远期”（Usance L/C Payable at Sight）条款。

“假远期”信用证常见表述：

“REIMURSE YOURSELVES ON THE REIMBURSING BANK AT SIGHT BASIS, ACCEPTANCE COMMISSION AND DISCOUNT CHARGES ARE FOR THE ACCOUNT OF APPLICANT.”

“假远期”信用证的使用，可以很大程度上帮助进口企业解决短期融资问题，目前各大银行操作得很普遍。

试翻译左侧“假远期”信用证常见表述英文条款：

4. 根据受益人对信用证的权利可否转让划分

（1）可转让信用证。指信用证的受益人（第一受益人）可以要求授权付款、承担延期付款责任、承兑或议付的银行，或当信用证是自由议付时，可以要求信用证中特别授权的转让银行，将信用证全部或部分金额转让给一个或数个受益人（第二受益人）使用的信用证。开证行在信用证中要明确注明“可转让”（Transferable），且只能转让一次。

（2）不可转让信用证。指受益人不能将信用证的权利转让给他人的信用证。凡信用证中未注明“可转让”，即是不可转让信用证。

5. 循环信用证

指信用证被全部或部分使用后，其金额又恢复到原金额，可再次使用，直至达到规定的次数或规定的总金额为止。循环信用证的使用可免去买方多次开证的麻烦，节省开证费用，同时简化了卖方审证、改证等手续，有利于合同的履行。它通常在分批均匀交货情况下使用。在按金额循环的信用证条件下，恢复到原金额的具体做法有：

（1）自动式循环。每期用完一定金额，不需等待开证行的通知，即可自动恢复到原金额。

（2）非自动循环。每期用完一定金额后，必须等待开证行通知到达，信用证才能恢复到原金额使用。

（3）半自动循环。即每次用完一定金额后若干天内，开证行未提出停止循环使用的通知，须经过一定时间即可自动恢复至信用证原金额。

笔记：

6. 对开信用证

指两张信用证申请人互以对方为受益人而开立的信用证。两张信用证的金额相等或大体相等，可同时互开，也可先后开立。它多用于易货贸易或来料加工和补偿贸易业务。

7. 对背信用证

又称转开信用证，指受益人要求原证的通知行或其他银行以原证为基础，另开一张内容相似的新信用证给实际供货人。对背信用证的开立通常是中间商转售他人货物，或两国不能直接办理进出口贸易时，通过第三者以此种办法来沟通贸易。原信用证的金额（单价）应高于对背信用证的金额（单价），对背信用证的装运期应早于原信用证的规定。

8. 预支信用证

指开证行授权代付行（通常是通知行）向受益人预付信用证金额的全部或一部分，由开证行保证偿还并负担利息，即开证行付款在前，受益人交单在后，与远期信用证相反。预支信用证凭出口人的光票付款，也有要求受益人附一份负责补交信用证规定单据的说明书，等日后受益人交付货运单据后，付款行在付给剩余货款时，将扣除预支货款的利息。适用于货源紧缺的商品。

9. 备用信用证

又称商业票据信用证、担保信用证。指开证行根据开证申请人的请求对受益人开立的承诺承担某项义务的凭证。即开证行保证在开证申请人未能履行其义务时，受益人只要凭备用信用证的规定并提交开证人违约证明，即可取得开证行的偿付。它是银行信用，对受益人来说是备用于开证人违约时，取得补偿的一种方式。

◆ SWIFT 信用证

SWIFT 是"Society for Worldwide Interbank Financial Telecommunications"（环球银行金融电讯协会）的简称。该组织于 1973 年在比利时成立，目前其报文传送平台对接了全球 11 000 多家银行、证券机构、市场基础设施和企业用户，覆盖 200 多个国家和地区。其职责是设计、建立和管理全球金融信息网络，方便成员间进行国际金融信息的传输和确定路由。

SWIFT 信用证也称环银电协信用证，是指凡通过 SWIFT 系统开立或予以通知的信用证。在国际贸易结算中，SWIFT 信用证是正式的、合法的，被信用证各当事人所接受的、国际通用的信用证。证券机构和企业客户加入 SWIFT，通过自动化国际金融电讯网办理成员银行间资金调拨、汇款结算、开立信用证、办理信用证项下的汇票业务和托收等业务。

SWIFT 的使用，给银行的结算提供了安全、可靠、快捷、标准化、自动化的通讯业务，从而大大提高了银行的结算速度。

由于 SWIFT 的格式具有标准化，目前信用证的格式主要都是用 SWIFT 电文，因此有必要对 SWIFT 进行了解。

◆ SWIFT 信用证特点

1. SWIFT 需要会员资格

我国的大多数专业银行都是其成员。

2. SWIFT 的费用较低

同样多的内容，SWIFT 的费用比 TELEX（电传）、CABLE（电报）低很多。

3. SWIFT 的安全性较高

SWIFT 的密押比电传的密押可靠性强、保密性高，且具有较高的自动化。

4. SWIFT 的格式具有标准化

对于 SWIFT 电文，SWIFT 组织有统一的要求和格式。

◆ SWIFT 信用证 MT700 常见报文代码

M/O	代码 (Tag)	栏位名称 (Field Name)
M	27	报文页次 (Sequence of Total)
M	40A	跟单信用证类别（Form of Documentary Credit）
M	20	信用证编号（Documentary Credit Number）
O	31C	开证日期（Date of Issue）
O	40E	适用规则（Applicable Rules）
M	31D	到期日及地点（Date and Place of Expiry）
O	51A	开证申请人的银行（Applicant Bank）
M	50	申请人（Application）
M	59	受益人（Beneficiary）
M	32B	币别代号、金额（Currency Code，Amount）
O	39A	信用证金额浮动允许范围（Percentage Credit Amount）
O	39B	最高信用证限额（Maximum Credit Amount）
O	39C	可附加金额（Additional Amount Covered）
M	41A	指定的有关银行及信用证兑付方式（Available with ... by ...）
O	42C	汇票付款期限（Drafts at ...）
O	42A	付款人（Drawee）
O	42M	混合付款指示（Mixed Payment Details）
O	42P	延期付款指示（Deferred Payment Details）
O	43P	分批装运条款（Partial Shipments）
O	43T	转运条款（Transshipment）
O	44A	接受监管地 / 发运地 / 收货地（Loading on Board/Dispatch/ Taking in Charge at/from ...）
O	44B	装运至……（For Transportation to ...）
O	44C	最后装运日（Latest Date of Shipment）
O	44D	装运期（Shipment Period）
O	45A	货物描述与交易条件（Description Goods and/or Services）
O	46A	单据要求（Documents Required）
O	47A	附加条款（Additional Conditions）
O	71B	费用负担（Charges）
O	48	交单期限（Period for Presentation）
M	49	保兑指示（Confirmation Instructions）
O	53A	清算银行（Reimbursement Bank）
O	78	对付款 / 承兑 / 让购银行之指示（Instructions to the Paying/ Accepting/Negotiation Bank）
O	57A	收讯银行以外的通知银行（“Advise Through” Bank）
O	72	银行间的备注（Sender to Receiver Information）

注：M/O 为 Mandatory Field 与 Optional Field 的缩写，前者是指必要项目，后者为任意项目。合计次序是本证的页次，共两个数字，前后各一。例如“1/2”，其中 2 指本证共 2 页，“1”指本页为第 1 页。

◆信用证当事人及权利义务

1. 开证申请人（Applicant）

向银行申请开立信用证的人，在信用证中又称开证人（Opener），一般指贸易合同的进口商。

义务：根据合同在规定时间内开证；向银行交付比例押金；及时付款赎单。

权利：验、退赎单；验、退货（均以信用证为依据）。

说明：开证申请书有两部分即对开证行的开证申请和对开证行的声明和保证（申明赎单付款前货物所有权归银行；开证行及其代理行只负单据表面是否合格之责；开证行对单据传递中的差错不负责；对“不可抗力”不负责；保证到期付款赎单；保证支付各项费用；开证行有权随时追加押金；有权决定货物代办保险和增加保险级别而费用由开证申请人负担。

信用证业务中的契约关系

2. 开证行（Opening/Issuing Bank）

接受开证申请人的委托开立信用证的银行，它承担保证付款的责任。一般是进口地银行。

义务：正确、及时开证；承担第一性付款责任。

权利：收取手续费和押金；拒绝受益人或议付行的不符单据；付款后如开证申请人无力付款赎单时可处理单、货；货不足款可向开证申请人追索余额。

3. 受益人（Beneficiary）

信用证上所指定的有权使用信用证的人，一般是贸易合同的出口人或实际供货人。

义务：收到信用证后应及时与合同核对，不符者尽早要求开证行修改或拒绝接受或要求开证申请人指示开证行修改信用证；如接受则按时交货并通知收货人，备齐单据在规定时间向议付行交单议付；对单据的正确性负责，不符时应执行开证行改单指示并仍在信用证规定期限交单。

权利：被拒绝修改或修改后仍不符，有权在通知对方后单方面撤销合同并拒绝信用证；交单后若开证行倒闭或无理拒付可直接要求开证申请人付款；收款前若开证申请人破产可停止货物装运并自行处理；若开证行倒闭时信用证还未使用可要求开证申请人另开。

思考：

约束开证申请人、开证行和受益人三者之间的契约分别是什么？

4. 通知行（Advising/Notifying Bank）

受开证行的委托，将信用证转递（通知）给受益人的银行，一般是出口地银行。

义务：合理、审慎地鉴别信用证表面真伪性；通知受益人。

权利：信用证表面真伪性无法辨别时，只需如实告知受益人即可，不承担其他义务。

转递行只负责照转。

5. 议付行（Negotiating Bank）

购买或贴现受益人送交的跟单汇票的银行。

根据信用证开证行的付款保证和受益人的请求，按信用证规定对受益人交付的跟单汇票垫款或贴现，并向信用证规定的付款行索偿的银行（又称购票行、押汇行或贴现行；一般是出口商所在地银行或通知行；有限定议付和自由议付）。

义务：严格审单；垫付或贴现跟单汇票；背批信用证。

权利：可议付也可不议付；议付后可处理（货运）单据；议付后开证行倒闭或借口拒付可向受益人追回垫款。

6. 付款行（Paying/Drawee Bank）

信用证上指定须履约付款责任的银行，在多数情况下，付款行就是开证行。

对符合信用证的单据向受益人付款的银行（可以是开证行也可以是受其委托的另家银行）。有权付款或不付款；一经付款无权向受益人或汇票善意持有人追索。

7. 保兑行（Confirming Bank）

受开证行委托对信用证加具保兑的银行。

义务：加批“保证兑付”；不可撤销的确定承诺；独立对信用证负责，凭单付款；付款后只能向开证行索偿；若开证行拒付或倒闭，则无权向受益人和议付行追索。

8. 承兑行（Accepting Bank）

对受益人提交的汇票进行承兑的银行，亦是付款行。

9. 偿付行（Reimbursement Bank）

受开证行在信用证上的委托，代开证行向议付行或付款行清偿垫款的银行（又称清算行）。只付款不审单；只管偿付不管退款；不偿付时开证行偿付。

思考：

银行一定会承兑你的信用证业务吗？

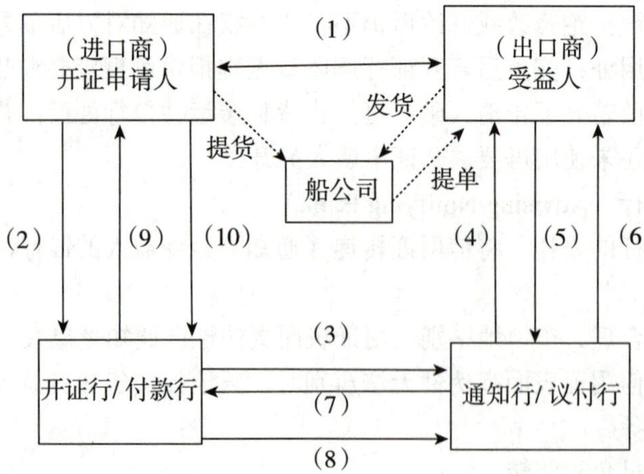

◆跟单信用证的流程

1. 进口商与出口商签订贸易合同，规定采用信用证方式结算。

2. 开证申请人根据合同填写开证申请书并交纳押金或提供其他保证，申请开证行开证。

3. 开证行根据申请书内容，向受益人开出信用证并寄交出口人所在地通知行。

4. 通知行核对印鉴无误后，将信用证交受益人。

5. 受益人审核信用证内容与合同规定相符后，按信用证规定装运货物、备妥单据并开出汇票，在信用证有效期内，送议付行议付。

6. 议付行按信用证条款审核单据无误后，把货款垫付给受益人。

7. 议付行将汇票和货运单据寄开证行或其特定的付款行索偿。

8. 开证行核对单据无误后，付款给议付行。

9. 开证行通知开证人付款赎单。

10. 开证申请人付款取得单据。

操作技能——审核、修改信用证

◆审核信用证

出口方在收到通知行通知的信用证以后，首先要审核信用证，认真细致地对国外开来的信用证进行审核是关系到出口商是否能够安全及时收取货款的关键。出口方审核信用证时的主要依据是国内的有关政策和规定、交易双方签订的贸易合同、《UCP600》以及实际业务中出现的具体情况。审核信用证通常遵守的原则是：信用证条款规定比合同条款严格时，应当作为信用证中存在的问题提出修改；而当信用证的规定比合同条款宽松时，往往可不要求修改。

1. 信用证审核的基本要点

（1）有关信用证本身的审核

信用证性质：信用证是否不可撤销；信用证是否存在限制性生效及其他保留条款；电开信用证是否为简电信用证；信用证是否申明所运用的国际惯例规则；信用证是否按合同要求加保兑。

对于开证申请人和受益人的名称及地址要仔细加以核对。另外，如果开证行所在国家或地区政局不稳或者开证行本身资信较差，可要求进口商在申请开证时要求开证行在信用证中列明本证由通知行（或其他出口商接受的银行）保兑。

信用证到期日和到期地点：信用证的到期日应该符合买卖合同的规定，一般为货物装运后 15 天或者 21 天。到期的地点一定要规定在出口商所在地，以便做到及时交单。

笔记：

（2）专项审核

信用证金额、币种、付款期限规定是否与合同一致。

货物项目：商品名称、货号、规格、数量、包装（含唛头）等是否与合同一致。

装运项目：装运 / 卸货港、装运期限、分批和转运的规定是否与合同一致。

单据项目：信用证项下要求受益人提交议付的单据通常包括：商业发票、海运提单、保险单、装箱单、原产地证、检验证书及其他证明文件。要注意单据由谁出具、能否出具、信用证对单据是否有特殊要求、单据的规定是否与合同条款一致等。

对信用证批注的审核：对信用证上用铅字印好的文句内容和规定，特别是信用证空白处，边缘处加注的打字、缮写或橡皮戳记加注字句应特别注意。这些词句往往是信用证内容的主要补充或修改，如不注意可能造成事故或损失。

2. 信用证审核中常见的问题

（1）信用证的性质

信用证未生效或有限制性生效的条款；信用证为可撤销的；信开信用证中没有保证付款的责任文句；信用证内漏列适用国际商会 UCP 规则条款；信用证未按合同要求加保兑；信用证密押不符。

（2）信用证有关期限

信用证中没有到期日（有效期）；到期地点在国外；信用证的到期日和装运期有矛盾；装运期、到期日或交单期规定与合同不符；装运期或有效期的规定与交单期矛盾；交单期过短。

（3）信用证当事人开证申请人公司名称或地址与合同不符；受益人公司名称或地址与合同不符。

（4）金额货币

信用证金额不够（不符合合同、未达到溢短装要求）；金额大小写不一致；信用证货币币种与合同规定不符。

（5）汇票

付款期限与合同规定不符；没有将开证行作为汇票的付款人。

（6）分批和转运

分批规定与合同规定不符；转运规定与合同规定不符；转运港口与合同规定或成交条件不符；目的地不符合合同或成交条件；转运期限与合同规定不符。

信用证软条款案例分析

（7）货物

货物品名规格不符；货物数量不符；货物包装有误；贸易术语错误；使用术语与条款有矛盾；货物单价数量与总金额不吻合；证中援引的合同号码与日期错误；漏列溢短装规定。

（8）单据

发票种类不当；商业发票要求领事签证；提单收货人一栏的填制要求不当；提单抬头和背书要求有矛盾；提单运费条款规定与成交条件矛盾；正本提单全部或部分直寄客户；产地证明出具机构有误（国外机构或无授权机构）；漏列必须提交的单据（如 CIF 成交条件下的保险单）；费用条款规定不合理；运输工具限制过严；要求提交的检验证书种类与实际不符；保险单种类不对；保险险别范围与合同规定不一致；投保金额未按合同规定。

◆修改信用证

1. 信用证修改的原因

当出口商根据合同对信用证进行审核后，若发现与合同规定的内容不符或不能接受或无法办到的条款，为不影响合同的履行和收汇的安全，可按合同规定向进口商提出修改信用证。进口商因一些形势或情况的变化，也可以按规定对信用证提出修改。

从要求修改者的角度划分，信用证修改通常在以下几种情况下发生：

（1）出口商（受益人）要求修改信用证

• 由于信用证内容与合同不符。

• 信用证中某些条款受益人无法办到。

例如：来证规定货物不允许转运，但实际并无直航船只抵达目的地。

• 货源或船期等出现问题，要求展期。

（2）进口商（开证申请人）要求展期

市场或销售情况发生变化。如：需要提前或推后发货，增加或减少货物数量或品种，改变信用证单价、金额等。

进口国某些情况发生变化，使信用证必须修改，才能进口有关货物。如进口国政策改变，规定进口某些货物必须具备某特定单据等。

国际政治、经济形势变化，使进出口风险增加。如当战争爆发时，进口商要求增保战争险或改变航运路线等。

（3）开证行工作疏漏，在打字或传递上造成的错误使信用证必须更正。

笔记：

2. 拟写改证函

一份规范的改证函主要包括三方面内容：

（1）感谢对方开来信用证。

（2）列明不符点并说明如何修改。

（3）感谢对方合作，并希望信用证修改书早日开到。

张华通过审证发现信用证有如下问题：

（1）31D：到期地点不符，对受益人不利，应改为 CHINA。

（2）59：受益人地址不符，应改为“3999 TAIXIANG STREET, WEIFANG, CHINA”。

（3）32B：信用证金额不符，应为 230,400.00。

（4）42C：汇票付款期限不符，应为“60 DAYS”。

（5）43P：分批装运不允许。

（6）44C：最迟装运期不符，应为 231130。

（7）46A：海运提单抬头“TO APPLICANT”对受益人不利，应改为“TO ORDER”。

（8）46A：保险单的保险金额应为发票金额的“110%”。

（9）71B：所有费用由受益人承担不合理。

（10）48：交单期限应为装运期后 15 天，信用证中 5 天不合理。

知识拓展

信用证事故的处理

单证一旦出问题，信用证的安全性就大大降低。碰到类似的信用证事故如何处理呢？

1.“单证不一致”的防范与处理

单证不一致，即单据缮制没有完全符合信用证规定。这是最常见的事故。其结果就是直接导致不符点，甚至导致单据被拒付。在“单证交易”中，业务员应该树立起“信用证至高无上”的观念，即使信用证中出现错别字或明显的语法错法，只要不导致产生歧义，在无法修改的情况下，也要将错就错地照样搬到所有单证中去。再者，同一票货物，按照需要可能会制作几套单证，分别交给商检部门、海关和银行。这几套单证在某些方面有出入，并不影响银行对自己那套单证的审核与付款。因此，其他单证可以略有差池，但给银行的这一份则一定要完全与信用证一致，这是“单证不一致”事故处理的最大原则。至于其他国家机构，只要不是蓄

笔记：

意欺诈，对操作上的失误，还是允许一定的灵活性的。特别对于出口商自己缮制的单据，比如受益人证明，则不必拘泥实际操作情况。当然，客户的要求尽量满足，不能做到的事先讲明，因意外而导致失误的（例如提单传递迟误，导致未能按照客户要求及时寄出提单复印件之类），必要的时候，说明一下请客户谅解即可。但单证则完全按照信用证要求出具。对于不是自己出具，而是第三方如货运公司出具的提单一类，事先务必与他们仔细核对草稿，并书面确认。拿到正本以后，再检查一次，看是否与确认的草稿一致。出现问题的，在分清责任的同时，火速更换。对于日期实效方面的不符，可以请货运公司协作。对于国家机构比如商检局出具的单据，不易灵活处理，因此要慎重一些。如果信用证条款中对这类单证有特别要求的，先与商检机构沟通咨询，看是否能满足客户要求。无法完全满足的，坚决要求修改信用证条款。因外贸市场灵活多变，品质要求也参差不齐，对于商检局提出异议的产品，可以通过“客户确认”的保函形式协商解决。

2.“单单不一致”的预防与处理

单单不一致，指同一套单证里不同单据相同栏目的内容不一致。这个问题通常是由于部门分工协作制单中的疏漏造成的。预防的方法，就是养成事先编制交易档案，按照栏目分别归类，根据交易编码，各部门或者各单证直接调用。此外，审单证的时候，不但要逐张审核，还可以“横”审，即比对不同单证同一栏目内容。实务中，也允许某些栏目在合理范围内存在单单不一致。比如品名描述栏，在发票中也许细致翔实，按照同类产品不同款式逐一分列，而提单和原产地证中就简单合并了。一般的限度是，只有类别一样的产品才能合并。所谓类别一样，以海关产品编码（即所谓 H.S. CODE，国际通行的对产品分类编码，避免因各国表述不同造成的分类混乱）为依据。这种单单不一致，一般都不予计较。但碰到有风险的交易，存在客户有意挑剌的可能时，尽量避免这样的节外生枝。

3. 不符点的处理

单证缮制与信用证规定的差异一概称为不符点。轻微的不符点比如某个字母或标点符号的错误，不造成歧义，对交易性质无实质影响的，一般开证行也会接受，仅对每一个不符点扣罚几十美金就算了。可较大的错误，特别是数量、金额、交货期方面的错误，就严重了。开证行会通知出口商（受益人）不符点的情况，并暂时中止执行信用证支付。待受益人与客户（开证申请人）协商，客户愿意接受不符点同意付款了，才会支付——同时不符点费用照扣。可见，不符点将直接导致信用证失效可能。一般地，在把单证交付国外开证行之前，国内出口商的开户银行（信用证通知行）会应出口商要求预先审核一遍，发现错误及时更改。但此时货物已经出运，很多情况已既成事实，不符点无法更改了。此时，在

笔记：

确认客户会接受的前提下，可以“不符点交单”，承担不符点扣款，完成信用证。但这样做的风险很大，万一客户不接受或中途变卦，出口商难免蒙受损失。所以不符点交单要特别慎用。出现此情形的时候，最好先与客户联系，请客户确认接受不符点。必要的话，请客户出具“公司信”（office letter，一种抬头落款齐全，内容完整的正式商业信函），届时提供给国外开证行。更稳妥的方法，如果国内银行议付的话，由国内银行通过SWIFT接洽开证行，告知不符点，请开证行与客户（开证申请人）联系，让客户向开证行确认接受不符点，开证行再向国内银行确认。这种操作方式称为“电提不符点”。

体会：

如何避免拒付的发生？

4. 不符点拒付的处理

不得已不符点交单，或者开证行自己判断为不符点的，有可能导致单据被拒付。

这样的事故中，首先要区分责任，判断开证行拒付是否有合理依据并符合程序，所谓合理依据，就是开证行提出的不符点应有站得住脚的理由，或是否出于误会。否则可通过国内银行回复解释申辩。程序上，开证行必须在5个工作日内审核单证并一次性提出不符点，否则即使有不符点也无权再提。确有不符点的，看看是否来得及换单，把修改正确的单证补交上去。只要修改后的单据在信用证规定的有效期内提交到指定银行，且新提交的单据没有新的不符点，则视为单据不存在不符点，开证行必须付款。但这种情况下必须争分夺秒。此外，尽早安排出货也是预防措施之一，早出货早出单，就有活动的余地。无法及时更改的，可与客户联系，说明情况，请客户接受不符点。多数情况下，客户也是通情达理的，毕竟是做生意，一般说来客户也等着收货，以便安排销售。尤其需要注意的是，发生单据拒付的时候，要密切关注货物下落。在信用证业务中，相关各方处理的是单据，而不是与货物有关的货物及/或服务，之所以如此，最主要的原因是信用证所涉及的单据尤其是作为货权单据的提单，使得信用证的当事人能够控制货权，对单据的买卖，就意味着对货权的买卖，所以《UCP600》规定，银行拒付后必须要么持单听候指示，要么将单据退还交单者，也就是说开证行拒付后不经受益人或议付行同意，不得擅自向开证行申请人放单，否则其必须付款。另外，关注货物下落还可以了解到开证申请人是否已凭开证行的提货担保提取货物，凭保提货虽然构不成开证行拒付后必须付款的责任，但如受益人或议付行要求退单，然后向船公司索要货物，船公司因无法提供货物，必然转而找开证行，要求其履行提货担保项下的责任，则开证行信誉损失不说，还可能承担比货款更多的经济损失，所以在这种情况下，一经向其说明已知客户凭其提货担保提货的事实，开证行往往会妥协付款。

思考：

信用证中不符点的条款是如何描述的？

——摘自互联网

单据样式

样单 2-1（1）

信用证通知书
ADVICE OF A LETTER OF CREDIT

致TO:
潍坊、、进出口有限公司
WEIFANG × × × IMPORT AND EXPORT
CO LTD

日期 DATE: 2021年08月10日
我行编号OUR REF: SDW15EL00×××00
信用证编号（L/C No）: P02L21218×××00

开证日期(Issuing Date): 2021年08月09日
信用证金额（Amount）: USD×××31.73
信用证效期(Date of Expiry): 2021年10月19日
最迟装船期(Latest Shipment Date): 2021年09月28日
开证行（Issuing Bank）: CREDIT MUTUEL - CIC BANQUES BANQUE FEDERATIVE CREDIT MUTUEL - BFCM PARIS FRANCE

付款人(Drawee): ×××

兹通知信用证一份，内容见附件。
WE HAVE PLEASURE IN ADVISING YOU A DOCUMENTARY CREDIT WHICH IS ATTACHED TO THIS ADVISING LETTER.
如贵公司发现本信用证有无法办到的条款和条件，或发现信用证存在错误，请直接与开证申请人联系，进行必要的修改，以避免在交单时产生困难。
IF YOU FIND ANY TERMS AND CONDITIONS IN THE L/C WHICH ARE UNABLE TO COMPLY WITH, OR IF YOU FIND ANY ERROR(S), IT IS SUGGESTED THAT YOU CONTACT THE APPLICANT DIRECTLY FOR NECESSARY AMENDMENT(S) SO AS TO AVOID ANY DIFFICULTIES WHICH MAY ARISE WHEN DOCUMENTS ARE PRESENTED.

我行确信本信用证的表面真实性，本通知准确地反映了我行收到的信用证的条款和条件。
WE ARE SATISFIED WITH THE APPARENT AUTHENTICITY OF THE CREDIT AND THIS ADVICE ACCURATELY REFLECTS THE TERMS AND CONDITIONS OF THE CREDIT RECEIVED.

本通知不构成我行其他任何责任和义务。
OUR ADVICE OF THE ABOVE L/C CONVEYS NO FURTHER ENGAGEMENT OR OBLIGATION ON OUR PART.
本信用证的通知依照国际商会《跟单信用证统一惯例》（2007年修订版）第600号出版物。
THIS ADVICE IS SUBJECT TO UNIFORM CUSTOMS AND PRACTICE FOR DOCUMENTARY CREDITS (2007 REVISION) ICC PUBLICATION NO. 600.
备注REMARKS:

**********特殊提示**********
DOCS MAY BE DISCOUNTED BY ISSUING BANK(REFER TO ITEM 3 IN FIELD 49G)

中国建设银行股份有限公司
CHINA CONSTRUCTION BANK CORPORATION

签章
AUTHORIZED SIGNATURES

1/ 4

102002B041628574008333903

样单 2-1（2）

MESSAGE TYPE:MT700
SENDER:×××
RECEIVER:×××

2021-08-09
:27:SEQUENCE OF TOTAL
1/2
:40A:FORM OF DOCUMENTARY CREDIT
IRREVOCABLE
:20:DOCUMENTARY CREDIT NUMBER
×××
:31C:DATE OF ISSUE
210809
:40E:APPLICABLE RULES
UCP LATEST VERSION
:31D:DATE AND PLACE OF EXPIRY
211019 CHINA
:50:APPLICANT
×××
×××
××× FRANCE
:59:BENEFICIARY
WEIFANG ××× IMPORT AND EXPORT
CO LTD
×××
:32B:CURRENCY CODE, AMOUNT
USD[illegible]31,73
:39A:PERCENTAGE CREDIT AMOUNT TOLERANCE
05/05
:41D:AVAILABLE WITH... BY...
ANY BANK
BY NEGOTIATION
:42C:DRAFTS AT...
090 DAYS AFTER INVOICE DATE
:42A:DRAWEE
×××
:43P:PARTIAL SHIPMENTS
ALLOWED
:43T:TRANSHIPMENT
ALLOWED
:44E:PORT OF LOADING/AIRPORT OF DEPARTURE
QINGDAO
3 :44F:PORT OF DISCHARGE/AIRPORT OF DESTINATION
ROTTERDAM
:44C:LATEST DATE OF SHIPMENT
210928
:46A:DOCUMENTS REQUIRED
+ FULL SET (3/3) ON BOARD BILL OF LADING, MADE OUT TO ORDER OF
×××
NOTIFY ×××
××× SHOWING FREIGHT COLLECT
:47A:ADDITIONAL CONDITIONS
+ ACCEPTANCE FREE PIECES
+ DOCUMENTS TO BE SENT US IN ONE LOT
+ PLS DO NOT SEND DRAFT MENTIONED IN FIELD 42A
+ THE L/C ADVISING COMMISSION IS FOR BENEFICIARY ACCOUNT. IF DOCUMENTS ARE PRESENTED TO A NEGOTIATING BANK OTHER THAN THE ADVISING BANK, THE NEGOTIATING BANK SHOULD DEDUCT THE ADVISING COMMISSION FROM THE PROCEEDS AND PAY IT TO THE ADVISING BANK
2/ 4

102002B04162857400833903

样单 2-1（3）

+ PLEASE FIND COMPLETE NAME AND ADDRESS FOR BENEFICIARY
WEIFANG××× IMPORT AND EXPORT
CO LTD
×××
KUIWEN DISTRICT
WEIFANG CHINA
+ ALL DOCUMENTS TO BE ISSUED IN ENGLISH
+ FOR EACH SET OF DOCUMENTS, BENEFICIARY'S CERTIFICATE CONFIRMING
THEIR ACCEPTANCE AND/OR NON-ACCEPTANCE OF ALL THE AMENDMENTS
MADE UNDER THIS CREDIT QUOTING THE RELEVANT AMENDMENT NUMBER
IS REQUIRED.
IF THIS CREDIT HAS NOT BEEN AMENDED, SUCH CERTIFICATE IS
NOT REQUIRED
+ IF DISCREPANCIES ON DOCUMENTS CHARGES FOR EUR 115, OR
EQUIVALENT ARE FOR BENEFICIARY'S ACCOUNT AND WILL BE
DEDUCTED FROM SETTLEMENT
+ EUR 10 WILL BE DEDUCTED FROM OUR PAYMENT AS HANDLING FEE
+ DOCUMENTS MUST BE SENT TO US PER DHL OR ANY OTHER RAPID
COURIER SERVICE TO
CCS
CMI - CREDITS DOCUMENTAIRES
××× AVENUE LE CORBUSIER
××× FRANCE
:49G:SPECIAL PAYMENT CONDITIONS FOR BENEFICIARY
BE ADVISED THAT WE SHALL NEGOTIATE THE DOCUMENTS PRESENTED UNDER
THIS LETTER OF CREDIT, FULLY COMPLYING WITH LC TERMS OR FOR WHICH
DISCREPANCIES HAVE BEEN WAIVED,
DISCOUNT INTERESTS ARE FOR ACCOUNT OF APPLICANT.
ALL THE CHARGES FOR ACCOUNT OF THE BENEFICIARY AS PER LC TERMS
SHALL BE DEDUCTED FROM THE FACE AMOUNT OF THE DRAFT.
IF THE BENEFICIARY WANTS TO BE PAID AT SIGHT, HE MUST ASK FOR
SUCH NEGOTIATION. IN THIS CASE, NOTIFY US THROUGH YOUR DOCUMENTS
TRANSMITTAL LETTER MENTIONING:
QUOTE - THE BENEFICIARY WANTS TO DISCOUNT THE DOCUMENTS AND TO BE
PAID AT SIGHT - UNQUOTE
OTHERWISE THE DRAFT WILL BE PAID AT MATURITY DATE ACCORDING TO
THE LC TERMS.
BE ADVISED THAT INTEREST WILL BE TAKEN BY THE ISSUING BANK. THE
NOMINATED BANK SHALL NOT CLAIM NEGOTIATION INTEREST IN EXCESS OF
THE DRAWING AMOUNT. NEGOTIATING BANK'S DISCOUNT INTERESTS PRIOR
TO THE PAYMENT BY THE ISSUING BANK, IF ANY, ARE FOR ACCOUNT OF
THE BENEFICIARY.
:71D:CHARGES
3. ALL CHARGES OUTSIDE ISSUING BANK
ARE FOR BENEFICIARY'S ACCOUNT
:49:CONFIRMATION INSTRUCTIONS
WITHOUT
:78:INSTRUCTIONS TO THE PAYING/ACCEPTING/NEGOTIATING BANK
FOR REIMBURSEMENT AT MATURITY, WE SHALL COVER THE PRESENTING
BANK THROUGH USD CORRESPONDANT
:27:SEQUENCE OF TOTAL
2/2
:20:DOCUMENTARY CREDIT NUMBER
P02L212181G×××0
:45A:DESCRIPTION OF GOODS AND/OR SERVICES
PEELED GARLIC
GARLIC PUREE
F O B QINGDAO
AS PER INCOTERMS 2010 OF ICC PARIS
:46A:DOCUMENTS REQUIRED

3/ 4

102002B041628574008333903

样单 2-1（4）

+ SIGNED COMMERCIAL INVOICE IN 2 ORIGINALS
+ CERTIFICATE OF ORIGIN ISSUED BY A CHAMBER OF COMMERCE
OR SIMILAR AUTHORITIES
+ PACKING LIST IN 2 ORIGINALS
+ PHYTOSANITARY CERTIFICATE ISSUED BY CIQ OR SIMILAR AUTHORITIES
DULY DATED, STAMPED AND SIGNED

4/ 4

102002B041628574008333903

样单 2-2（1）

Formatted incoming message MT 700 0999814IM0036442 1/1 SBININBBAFXD /
SWIFT

中国工商银行股份有限公司 分行/支行
通知号：AV434011400
REF NO.
日期：2014.6.9
DATE:

OUR REFERENCE NO. AV434011400017 DATED 2014.06.09

Sent	:ID:	2014.06.07 15:28
Received	:OD:	2014.06.07 17:58
Own BIC / TID	:II:	ICBKCNBJAHUN BIC identified as: INDUSTRIAL AND COMMERCIAL BANK OF CHINA,HUNAN PROVINCIAL BRANCH No. 141 Furong Zhong Rd Central, CHANGSHA,China
SWIFT Message Type	:MT:	700 Issue of Documentary Credit
Correspondents BIC / TID	:IO:	SBININBBAFXD
:SN:	:SN:	2168271784
Optional Message User Reference	:108:	SBININBB175422
Sequence of Total	:27:	1/1
Form of Documentary Credit	:40A:	IRREVOCABLE
Documentary Credit Number	:20:	099×××IM0036442
Date of Issue	:31C:	2014.06.07
Applicable Rules	:40E:	UCP LATEST VERSION
Date and Place of Expiry	:31D:	2014.08.29 NEGOTIATING BANK
Initiating Institution	:51D:	STATE BANK OF INDIA, CAG BRANCH, RELIANCE HOUSE, 2ND FLOOR, 34, J. L. NEHRU ROAD, KOLKATA 700071,INDIA
Applicant	:50:	××× 19, CAMAC STREET KOLKATA-700017 INDIA
Beneficiary Customer	:59:	××× ××× HUNAN, PR. CHINA-414000
Currency Code, Amount	:32B:	USD ××× 854.00
Percentage Credit Amount Tolerance	:39A:	0/0
Available with ... By ...	:41D:	ANY BANK IN CHINA BY NEGOTIATION
Drafts at ...	:42C:	SIGHT
Drawee	:42D:	STATE BANK OF INDIA, CAG BRANCH, RELIANCE HOUSE, 2ND FLOOR, 34, J. L. NEHRU ROAD, KOLKATA 700071,INDIA
Partial Shipments	:43P:	NOT ALLOWED
Transshipment	:43T:	PROHIBITED
Port of Loading/Airport of Departure	:44E:	SHANGHAI SEA PORT
Port of Discharge/Airport of Destination	:44F:	KOLKATA SEAPORT
Latest Date of Shipment	:44C:	2014.07.24
Description of Goods and/or Services	:45A:	

EQUIPMENT OF STEELS MELTING SHOP PLANT.
1) HIGH TEMPERATURE RESISTANT CABLE, YGC3X25+1X16+4X4 FOR STEEL MELTING SHOP PLANT - 200 METER.
2) LEVEL INDICATOR, SWP-T803-02-12-HL-P-W FOR STEEL MELTING SHOP PLANT - 1 NO.
3) TERMINAL PLATE FOR STEEL MELTING SHOP PLANT - 2 NOS.
4) SIGNAL TRANSFER CARD, KCK FOR STEEL MELTING SHOP PLANT-1 NO.
5) SIGNAL ISOLATOR, MSC 305-30CO FOR STEEL MELTING SHOP PLANT-2 NOS.
6) SIGNAL ISOLATOR, MSC 307-40CO FOR STEEL MELTING SHOP PLANT-2 NOS.

page 1 of 3

样单 2-2（2）

Formatted incoming message MT 700 0999814IM0036442 1/1 SBININBBAFXD
SWIFT

中国工商银行股份有限公司 子门分行/支行
INDUSTRIAL AND COMMERCIAL BANK OF CHINA
通知号：AV43401140000
REF NO.:
日期：2014.6.9
DATE:

7) SIGNAL ISOLATOR, MSC 301-COCO FOR STEEL MELTING SHOP PLANT-2
NOS.
FOB SHANGHAI SEA PORT IN CHINA, INCOTERMS 2010 PO NO.4800000020
DATED 17TH APRIL AND AMENDMENT NO.1 DATED 16.05.2014
1

Documents Required :46A:

1)DRAFT FOR 100 PERCENT AMOUNT OF INVOICE VALUE.
2)COMPLETE SET OF CLEAN ON BOARD OCEAN BILLS OF LADING MENTIONING TO ORDER AND BLANK ENDORSED. FREIGHT TO PAY. BILLS OF LADING DATED PRIOR TO LC DATE IS NOT ACCEPTABLE.BILLS OF LADING MUST SHOW NOTIFY PARTY.
A.×××

× × × , INDIA.
B. STATE BANK OF INDIA, CAG BRANCH, KOLKATA
3. SIGNED COMMERCIAL INVOICE IN QUADRUPLICATE CERTIFYING THAT THE EQUIPMENT/SPARES ARE IN ACCORDANCE WITH APPLICANT'S PO. NO.4800000020 DATED 17TH APRIL 2014 AND AMENDMENT NO.01 DATED 16.05.14.
INVOICE AMOUNT SHOULD NOT EXCEED THE AMOUNT AUTHORISED IN THIS CREDIT.
4. THREE COPIES OF CERTIFICATE SHOWING GOODS OF CHINA ORIGIN ISSUED BY THE LOCAL CHAMBER OF COMMERCE AND INDUSTRY OR CHINA COUNCIL FOR THE PROMOTION OF INTERNATIONAL TRADE.
5. BENIFICIARY'S CERTIFICATE TO THE EFFECT THAT THE GOODS SHIPPED ARE STRICTLY AS PER APPLICANT'S PO NO.4800000020 DATED 17TH APRIL 2014 AND AMENDMENT NO.01 DATED 16.05.2014
6. DETAILED PACKING LIST IN QUADRUPLICATE.
7. FACTORY/MANUFACTURERS TEST/ INSPECTION CERTIFICATE FROM THE BENIFICIARY OR MANUFACTURER IN THREE COPIES.
8. BENIFICIARY SHALL EMAIL P.KUMAR AT THE ...
SHIPPING ADVICE TO THE APPLICANT GIVING FULL DETAILS OF SHIPMENT, PORT/PLACE OF SHIPMENT, NAME OF VESSEL, NUMBER OF PACKAGES SHIPPED, CONTRACT DATE, DESCRIPTION OF GOODS, QUANTITY AMOUNT AND NUMBER OF OUR LETTER OF CREDIT. COPY OF THE SHIPPING ADVICE TO ACCOMPANY NEGOTIATION DOCUMENTS.
9 BENIFICIARY'S CERTIFICATE TO THE EFFECT THAT ONE SET EACH OF NON NEGOTIABLE COPIES OF SHIPPING DOCUMENTS INCLUDING PHOTOCOPY OF THE BILLS OF LADING HAVE BEEN SENT TO THE APPLICANT TO THE FOLLOWING ADDRESS.
MR. PURUSHOTTAM KUMAR
DY. GENERAL MANAGER (COMMERCIAL)
× × × LTD
× × × , INDIA
CONTACT NO. 09007886222
EMAIL. KUMAR AT THE× × ×.COM

Additional Conditions :47A:

1.ALL DOC SHOULD BE MARKED WITH IEC CODE 2106002319 ,PO NO AND DATE, LC NO AND DATE AND THE GOODS ARE NOT UNDER NEGATIVE/RESTRICTED LIST AND ARE FREELY IMPORTABLE UNDER IMPORT EXPORT POLICY 2009-2014.
2. A FLAT CHARGE OF USD 50 SHALL BE LEVIDED ON THE BILL VALUE IN RESPECT OF DESCRIPANT DOCS.
3.ALL DOCS SHOULD BE IN ENGLISH LANGUAGE.
4.SEA FREIGHT UPTO KOLKATA/HALDIA TO BE PAID BY THE APPLICANT.
5.FUMIGATION CERTIFICATE IN ORIGINAL.
6.ALL BANKING CHARGES FOR THE APPLICANTS BANKER SHALL BE TO THE APPLICANTS ACCOUNT AND ALL BANKING CHARGES FOR THE BENEFICIARYS BANKER SHALL BE TO THE BENEFICIARYS ACCOUNT.

page 2 of 3

样单 2-2（3）

Formatted incoming message MT 700 0999814IM0036442 1/1 SBININBBAFXD /
SWIFT

中国工商银行股份有限公司 分行/支行
通知号：AV 434011400
日期：2014.6.9

HOWEVER CHARGES IN RESPECT OF DESCRIPANT DOCS LEVIED BY
APPLICANTS BANKER SHALL BE TO THE BENEFICIARY ACCOUNT.

Details of Charges	:71B:	AS PER FIELD 47A CLAUSE 6
Period for Presentation	:48:	21 DAYS AFTER SHIPMENT DATE BUT WITHIN THE VALIDITY OF LC
Confirmation Instructions	:49:	WITHOUT
Inst/Paying/Accpt/Negotiate Bank	:78:	

1) DOCUMENTS TO BE FORWARDED BY COURIER TO STATE BANK OF INDIA, CORPORATE ACCOUNTS × × × 2ND FLOOR, 34,JAWAHARLAL NEHRU ROAD, KOLKATA 700071, INDIA
2) UPON RECEIPT OF CREDIT COMPLIED DOCUMENTS AT OUR END WE WILL COVER YOU AS PER YOUR INSTRUCTION.

Sender to Receiver Information	:72:	/TELEBEN/00000085100634918
Trailer	:-:	-
MAC	:MAC:	00000000
Trailer	-	

page 3 of 3

思考：

你能否翻译上述信用证？

四、技能训练

实训模拟

根据合同审核信用证。

青岛常远进出口有限公司

QINGDAO CHANGYUAN IMP. AND EXP. CO., LTD

163, ZHONGSHAN ROAD, QINGDAO, CHINA

销 货 合 同

SALES CONTRACT

Contract No.: CY23E86

Date: APR. 22, 2023

Signed at: QINGDAO

To: MIDIY BOV E. I. R. L.

Address: BRIG 2795, LORNECHEA, CHILE

Telex:______ Fax:______

This Sales Contract is made by and between the Seller and Buyer, whereby the Buyer agrees to buy the under-mentioned goods according to the terms and conditions stipulated below:

Name of Commodity and Specifications	Quantity	Unit	Unit Price	Amount
CHINESE KNOT MATERIAL: NYLON ROPE COLOR: YELLOW/RED OR OTHER COLOR. SPECIAL: HANDMADE	7, 900PCS	PC	CIF SANTIAGO USD2. 40/PC	USD18, 960. 00
10% more or less both in amount and quantity allowed	Total Amount			USD18, 960. 00

Total Amount in Word: SAY U. S. DOLLARS EIGHTY THOUSAND NINE HUNDRED AND SIXTY ONLY.

Packing: CARTON.

Delivery From QINGDAO to SANTIAGO by sea.

Shipping Marks: N/M.

Time of Shipment: Within 30 days after receipt of L/C. Allowing transshipment and partial shipment.

Terms of Payment: By 100% Confirmed Irrevocable Letter of Credit in favor of the Seller to be available by sight draft to be opened and to reach China before MAY 1, 2023 and to remain valid for negotiation in China until the 15th days after the foresaid Time of Shipment. L/C must mention this contract number. L/C advised by BANK OF CHINA QINGDAO BRANCH. TLX: 123U4K GZBC. CN. ALL banking charges outside China (Chinese mainland) are account of the Drawee.

(11) Insurance: to be covered by the Seller for 110% of full invoice value covering F.P.A. up to SANTIAGO.

(12) Arbitration: All disputes arising from the execution of, or in connection with this contract shall be settled amicably by negotiation. In case no settlement can be reached through negotiation, the case shall then be submitted to China International Economic & Trade Arbitration Commission in Shenzhen (or in Beijing) for arbitration in accordance with its rules of procedures. The arbitral award is final and binding upon both parties for setting the dispute. The fee for arbitration shall be borne by the losing party unless otherwise awarded.

The Seller: 赵晓川　　　　The Buyer: Kate

Issue of Documentary Credit:

Issuing Bank	: BANCO SANTANDER-CHILE
Form of Doc. Credit	: REVOCABLE
Credit Number	: LRT2202457
Date of Issue	: 230428
Expiry	: Date 230416 Place CHILE
Applicant	: MIDIY BOV E.L.R.I.
Beneficiary	: QINGDAO CHANGYUAN IMP. AND EXP. CO., LTD 163, ZHONGSHAN ROAD, QINGDAO, CHINA
Amount	: USD18,096.00(SAY U.S. DOLLARS EIGHTEEN THOUSAND NINE HUNDRED AND SIXTY ONLY.)
Available with/by	: ANY BANK IN ADVISING COUNTRY BY NEGOTIATION
Draft at...	: DRAFT AT 20 DAYS' AFTER SIGHT FOR FULL INVOICE VALUE
Partial Shipments	: NOT ALLOWED
Transshipment	: ALLOWED
Loading in Charge	: QINGDAO
For Transport to	: SANTIAGO
Shipment Period	: AT LATEST THE LATEST MAY 30, 2023
Descrip. of Goods	: 9,700PCS OF CHINESE KNOT, USD4.20 PER PC AS PER SALES CONTRACT CY23E86 DD 22, 4, 2023 CIF SANTIAGO
Documents required	:* COMMERCIAL INVOICE 1 SIGNED ORIGINAL AND 5 COPIES * PACKING LIST IN 2 COPIES. * FULL SET OF CLEAN ON BOARD MARINE BILLS OF LADING, MADE OUT TO ORDER, MARKED "FREIGHT PREPAID" AND NOTIFY APPLICANT (AS INDICATE ABOVE) * GSP CERTIFICATE OF ORIGIN FORM A, CERTIFYING GOODS OF ORIGIN IN CHINA, ISSUED BY COMPETENT AUTHORITIES. * INSURANCE POLICY/CERTIFICATE COVERING ALL RISKS AND WAR RISKS OF PICC INCLUDING WAREHOUSE TO WAREHOUSE CLAUSE UP TO FINAL DESTINATION AT SANTIAGO, FOR AT LEAST 120 PCT OF CIF VALUE. * SHIPPING ADVICE MUST BE SENT TO APPILICANT WITHIN 2 DAYS AFTER SHIPMENT ADVISING NUMBER OF PACKAGES, GROSS & NET WEIGHT, VESSEL NAME, BILL OF LADING NO., AND DATE, CONTRACT NO., VALUE.
Presentation Period	: 6 DAYS AFTER ISSUANCE DATE OF SHIPPING DOCUMENT
Confirmation	: WITHOUT

INSTRUCTIONS: THE NEGOTIATION BANK MUST FORWARD THE DRAFTS AND ALL DOCUMENTS BY REGISTERED AIRMAIL DIRECT TO US IN TWO CONSECUTIVE LOTS, UPON RECEIPT OF THE DRAFTS AND DOCUMENTS IN ORDER, WE WILL REMIT THE PROCEEDS AS INSTRUCTED BY THE NEGOTIATING BANK.

五、真题训练

1. **单选**：信用证项下汇票的付款人一般为（　　）。

A. 议付行　　B. 通知行

C. 开证行或指定付款行　　D. 开证申请人

2. **单选**：信用证的基础是买卖合同，当信用证与买卖合同不一致时，受益人应向（　　）提出修改。

A. 开证行　　B. 开证申请人

C. 通知行　　D. 议付行

3. **单选**：出口公司收到银行转来的信用证后，侧重审核（　　）。

A. 信用证内容与合同是否一致

B. 信用证的真实性

C. 开证行的政治背景

D. 开证行的资信能力

4. **判断**：信用证中注明：Invoices in three copies，受益人向银行交单时，提供了三份副本发票不符合信用证规定。（　　）

5. **判断**：保兑行具有与开证行相同的责任和地位。保兑行自对信用证加具保兑之时起，即不可撤销对受益人承担承付或议付的责任。（　　）

6. **判断**：信用证是银行与信用证受益人之间存在的一项契约，该契约以贸易合同为依据开立，所以信用证应受到贸易合同的牵制。（　　）

7. **判断**：信用证是一种银行开立的无条件承诺付款的书面文件。（　　）

8. **判断**：MT700 是 SWIFT 方式下开证的格式，MT707 是 SWIFT 方式下修改信用证的格式。（　　）

9. **判断**：如果信用证只列明最迟装运日，未列出有效期，受益人应按双到期信用证的要求操作。（　　）

错题本：

小结：

学习情境三

制作商业发票和包装单据

环节引导图 3

一、学习目标

知识目标

能表述发票的分类和作用；

能表述商业发票的主要内容及填写要求；

能表述装箱单的主要内容及填写要求。

技能目标

能够独立制作商业发票，完成度 90% 以上；

能够独立制作装箱单，完成度 90% 以上。

素养目标

能够深入调查，了解客户的习惯和商业行为；

养成认真、严谨的工作态度；

养成及时把握重要信息的意识。

二、工作任务

背景导入

张华在师傅的带领下，严格审证、改证，最终确认信用证。然后，张华从外贸业务部处获得货物出运日期，并根据信用证条款开始制作商业发票和装箱单。

思维导图

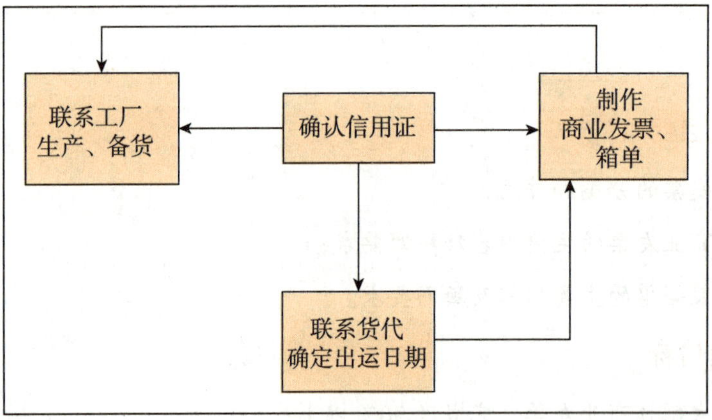

相关资料

翻译信用证条款：

修改并确认的信用证如下：

MT 700		ISSUE OF A DOCUMENTARY CREDIT
SENDER		COMMONWEALTH BANK OF AUSTRALIA
RECEIVER		WEIFANG XINHUA BRANCH OF CHINA
CONSTRUCTION BANK		
SEQUENCE OF TOTAL	27:	1/1
FORM OF DOC. CREDIT	40A:	IRREVOCABLE
DOC. CREDIT NUMBER	20:	PO23L3000
DATE OF ISSUE	31C:	230831
APPLICABLE RULES	40E:	UCP LATEST VERSION
DATE AND PLACE OF	31D:	DATE 240131 PLACE IN CHINA

EXPIRY		
APPLICANT	50:	BIG TREE PTY LTD. 9/46 JOHNSTON STREET ABBOTSFORD VIC 306 AUSTRALIA
BENEFICIARY	59:	WEIFANG RUIDA IMPORT AND EXPORT CO., LTD. 3999 TAIXIANG STREET, WEIFANG, CHINA
AMOUNT	32B:	CURRENCY USD AMOUNT 230,400.00
AVAILABLE WITH/BY	41D:	ANY BANK IN CHINA, BY NEGOTIATION
DRAFTS AT	42C:	60 DAYS AFTER SIGHT
DRAWEE	42A:	COMMONWEALTH BANK OF AUSTRALIA
PARTIAL SHIPMTS	43P:	PROHIBITED
TRANSSHIPMENT	43T:	ALLOWED
PORT OF LOADING	44E:	QINGDAO, CHINA
PORT OF DISCHARGE	44F:	MELBOURNE, AUSTRALIA
LATEST DATE OF SHIPMENT	44C:	231130
DESCRIPTION OF GOODS	45A:	

2,400 SETS OF 100% COTTON BEDDING DUVET COVER SET,
ORDER NO. BY1397 AS PER S/C NO. RD2308

ART NO.	QUANTITY	UNIT PRICE	AMOUNT
RD0213	2,400PCS	USD96.00/PC	USD230,400.00

AT CIF MELBOURNE, AUSTRALIA

PACKED IN 12SETS/CTN.

DOCUMENTS REQUIRED 46A:

+ SIGNED COMMERCIAL INVOICE IN TRIPLICATE.

+ PACKING LIST IN TRIPLICATE.

+CERTIFICATE OF CHINA ORIGIN ISSUED BY A RELEVANT AUTHORITY.

+ FULL SET (3/3) OF CLEAN ON BOARD OCEAN BILLS OF LADING MADE OUT TO ORDER MARKED FREIGHT PREPAID AND NOTIFY APPLICANT.

+INSURANCE POLICY/CERTIFICATE IN DUPLICATE ENDORSED IN BLANK FOR 110% INVOICE VALUE COVERING ALL RISKS AND WAR RISK OF CIC OF THE PICC DATED 01/01/1981 INCLUDING WAREHOUSE TO WAREHOUSE AND I.O.P. AND SHOWING THE CLAIMING CURRENCY IS THE SAME AS THE CURRENCY OF THE CREDIT.

+ SHIPPING ADVICE SHOWING THE NAME OF CARRING VESSEL，DATE OF SHIPMENT，MARKS，QUANTITY，NET WEIGHT AND GROSS WEIGHT OF THE SHIPMENT TO THE APPLICANT.

ADDITIONAL CONDITION 47A:

+ DOCUMENTS DATED PRIOR TO THE DATE OF THIS CREDIT ARE NOT ACCEPTABLE.

+ THE NUMBER OF THIS CREDIT MUST BE QUOTED ON ALL DOCUMENTS.

+ SHORT FORM/CHARTER PARTY/THIRD PARTY BILL OF LADING ARE NOT ACCEPTABLE.
+ SHIPMENT MUST BE EFFECTED BY 1 × 20' FCL AND B/L MUST SHOW EVIDENCE OF THIS EFFECT IS REQUIRED.
+ ALL PRESENTATIONS CONTAINING DISCREPANCIES WILL ATTRACT A DISCREPANCY FEE OF USD20.00 PLUS TELEX COSTS OR OTHER CURRENCY EQUIVALENT. THIS CHARGE WILL BE DEDUCTED FROM THE BILL AMOUNT WHETHER OR NOT WE ELECT TO CONSULT THE APPLICANT FOR A WAIVER.

CHARGES 71B: ALL CHARGES AND COMMISSIONS OUTSIDE AUSTRALIA ARE FOR ACCOUNT OF BENEFICIARY INCLUDING REIMBURSING FEE.

PERIOD FOR PRESENTATION 48: WITHIN 15 DAYS AFTER THE DATE OF SHIPMENT BUT WITHIN THE VALIDITY OF THIS CREDIT.

CONFIRMATION INSTRUCTION 49: WITHOUT

INFORMATION TO 78: ALL DOCUMENTS ARE TO BE REMITTED PRESENTING BANK IN ONE LOT BY COURIER TO 65 DARNLEY STREET BRAYBROOK VIC 3019.

商品明细如下：

品名	纯棉羽绒被罩套装	海关编码	63079000
规格	ART NO. RD0213		2 400 套
包装方式	1 套 / 盒 12 盒 / 纸箱 1SET/BOX 12SETS/CARTON	件数	200 箱
包装重量（毛、净）	29KGS/28KGS/CTN	包装尺码	60 × 45 × 50CM/CTN

布置任务

如果你是张华，能否根据相关材料制作商业发票和装箱单？

三、探求新知

知识导航——商业发票和包装单据

◆商业发票

商业发票（Commercial Invoice），习惯上简称“发票”，是出口方开给进口方的，对装运货物包括品名、规格、数量、单价、金额、包装等全面情况详细列述的一种货款价目的清单。

常见商业发票样式

商业发票是进出口贸易结算单据中最重要的单据之一，所有其他单据都应以它为中心来缮制。因此，在制单顺序上，往往先缮制商业发票，再缮制其他单据。商业发票在进出口贸易中具有以下作用：

1. 出口商向进口商开列的发货价目清单

商业发票是货物各项情况的总说明，是一笔交易的全面叙述，它详细列明了该装运货物的货物名称、商品规格、装运数量、价格条款、商品单价和商品总值等全面情况，所以发票又是商品的总清单，一切单据应以它为中心。

2. 买卖双方的记账凭证

发票是销售货物的凭证，出口商凭发票的内容，逐笔登记入账；进口商则需要根据发票逐笔登记记账，按时结算货款。发票是全部结汇单据的中心，其他单据的内容应与发票一致或不相矛盾。

3. 清关的依据

发票是海关凭以核算税金、验关放行和统计的凭证之一。在货物装运前，出口商需要向海关递交商业发票，作为报关发票；进口商在清关时也需要向海关递交出口商业发票。报检或报关时均需附上发票。

4. 当信用证业务不要求出具汇票时，发票替代汇票作为付款的依据

在即期付款、不出具汇票的情况下，发票可作为买方支付货款的根据，替代汇票进行核算。光票付款的方式下，因为没有货运单据跟随，也经常跟随发票，商业发票起证实装运货物和交易情况的作用。

5. 办理保险的依据和保险索赔时价值的证明

◆其他发票

1. 海关发票

海关发票（Customs Invoice）是由出口商填制，供进口商报关的一种特定格式的发票。是进口国海关根据其内容核定原产地，实施差别税率政策，以确定是否征收反倾销税或反补贴税的依据，对进口货物起估价定税的作用，也可对货物作分类统计之用。

常见海关发票样式（加拿大海关发票）

海关发票的作用：

（1）供进口国海关审查货物原产地，以便按不同的国别政策使用不同的关税税率。

（2）供进口国海关审查货物价格，以确定货物是否为低价倾销和进口商是否虚报价格。

（3）作为进口国海关估价定税的依据。

（4）作为进口国海关统计的依据。

2. 形式发票

常见形式发票样式

形式发票（Proforma Invoice），也称预开发票或估价发票，常常会显示“Without Engagement”。是进口商为了向其本国当局申请进口许可证或请求核批外汇，在未成交之前，要求出口商将拟出售成交的商品名称、单价、规格等条件开立的一份参考性发票。不能用于托收和议付，它所列的单价等，也仅仅是出口商根据当时情况所做出的估计，对双方都无最终的约束力，所以说形式发票只是一种参考性发票，正式成交还要另外重新缮制商业发票。

形式发票的作用：

作为数量化的报价；作为销售确认；让买方凭以申请输入许可、外汇许可和开立信用证。

形式发票和商业发票关系密切，如有的信用证在货物描述后有“按照某月某日之形式发票”等条款，对此援引，只要在商业发票上打明“As Per Proforma Invoice No. ...Dated ...”即可。如果来证附有形式发票，则形式发票构成信用证的组成部分，制单时要按形式发票内容全部打上。具体填制与商业发票类似。

3. 领事发票

领事发票（Consular Invoice）是由进口国驻出口国的领事出具的一种特别印就的发票，是出口商根据进口国驻出口地领事所提供的特定格式填制，并经领事签证的发票。这种发票可证明出口货物的详细情况，可被进口国用于防止外国商品的低价倾销，同时可用作进口税计算的依据，有助于货物顺利通过进口国海关。对于领事发票各国有不同的规定，如允许出口商在商业发票上由进口国驻出口地的领事签证，这种发票也被称作“领事签证发票”（Consular Legalized Invoice）。出具领事发票时，领事馆一般要根据进口货物价值收取一定费用。这种发票主要为拉美国家所采用。

（1）领事发票（包括领事签证发票）的作用

• 作为课税的依据。

• 审核有无低价倾销情况。

• 证明出口商所填写的货物名称与数量价格等是否确实。

• 增加领事馆的收入（因为签证时领事馆要收取签证费）。

如果进口国在出口地没有设立领事馆，出口商则无法提供此项单据，这样只能要求开证人取消信用证所规定的领事发票或领事签证发票的条款，或者要求开证人同意接受由出口地商会签证的发票。

（2）填制领事发票应注意的问题

• 当来证规定要提供这种发票时，受益人要考虑是否能做到，签证费用由何方负担，然后再决定是否接受。

• 填制领事发票时，注意有关内容应与商业发票、提单等单据相符。

• 发票内必须注明所装运的货物的制造地（或者出产地）。

• 注意核发的领事馆是否与来证规定相符。

• 领事发票的日期不应迟于汇票和提单的日期。

4. 厂商发票

厂商发票（Manufacturer Invoice）是厂商给出口商出具的销售货物的凭证，以本国货币显示货物在出口国国内市场的出厂价格。来证要求提供厂商发票，其目的是检查是否有削价倾销行为，以便确定应否征收“反倾销税”。

◆包装单据

包装单据（Packing Documents）是记载或描述商品包装情况的单据，是商业发票的补充，也是货运单据中一项重要单据。

常见包装单据样式

1. 包装单据的作用

（1）是出口商缮制商业发票及其他单据时计量、计价的基础资料。

（2）是进口商清点数量或重量以及销售货物的依据。

（3）是海关查验货物的凭证。

（4）是公证或商检机构查验货物的参考资料。

2. 包装单据的种类

一般采用“Packing List”，常见的单据名称有：

装箱单（Packing List/Slip）

重量单 / 磅码单（Weight List/Note/Memo）

尺码单（Measurement List）

包装明细单（Packing Specification）

详细装箱单（Detailed Packing List）

包装提要（Packing Summary）

花色搭配单（Assortment List）

包装单据无统一格式，各外贸公司可自行设计符合本公司情况的格式，但基本栏目的内容相似。

3. 包装单据的制作

包装单据并无统一固定的格式，通常由卖方根据合同或信用证的要求以及货物的特点自行设计，是一种独立单据。用于指明商品名称、规格、数量、唛头、箱数及其他包装情况，而且不标明商品的价值以及收货人等信息，是发票的补充单据。海关把装箱单作为查证进出口货物检验凭证，进口商使用装箱单清点入库商品。

操作技能——商业发票和装箱单

◆商业发票的缮制

请缮制填写商业发票。

<table>
<tr><td colspan="2">2. ISSUER</td><td colspan="3" rowspan="2">商业发票
1. COMMERCIAL INVOICE</td></tr>
<tr><td colspan="2" rowspan="2">3. TO</td></tr>
<tr><td colspan="2">5. NO.</td><td>6. DATE</td></tr>
<tr><td colspan="2" rowspan="2">4. TRANSPORT DETAILS</td><td colspan="2">7. S/C NO.</td><td>8. L/C NO.</td></tr>
<tr><td colspan="3">9. TERMS OF PAYMENT</td></tr>
<tr><td>10. Marks and Numbers</td><td>11. Description of Goods</td><td>12. Quantity</td><td>13. Unit Price</td><td>14. Amount</td></tr>
<tr><td rowspan="2"></td><td colspan="4"></td></tr>
<tr><td></td><td></td><td></td><td></td></tr>
<tr><td colspan="5">TOTAL:
SAY TOTAL:
15. (Statement, if necessary)
16. Signature</td></tr>
</table>

商业发票是出口单据中最重要的单据之一，所有其他单据都应以它为中心来缮制。商业发票一般由出口企业根据合同或信用证条款的要求自行拟制，无统一格式，但基本栏目大致相同，分为首文、本文和结尾三部分。首文部分包括发票名称、号码、出票日期地点、抬头人、合同号和运输路线等。本文部分包括货物描述、单价、总金额和唛头等。结尾部分包括有关货物产地、包装材料等各种声明文句和出票人签章等。

1. 发票名称

根据 ISBP 规定，信用证要求“发票”而未做进一步定义，则提交的任何形式的发票都可以接受（如商业发票、海关发票、税务发票、最终发票和领事发票等）。但是，“临时发票”“预开发票”或类似的发票是不可接受的。当信用证要求提交商业发票时，标为“发票”的单据是可以接受的。习惯上用粗体标出“COMMERCIAL INVOICE”或“INVOICE”字样。

2. 出票人（Issuer）

发票应列明具体的出票人。托收和电汇付款方式下，一般填写合同中出口商的名称和地址；信用证项下应填写受益人的名称和地址。《UCP600》第 18 条 a 款规定：必须在表面上看来是由受益人出具。一般情况下，名称和地址要使用全称，并且不能同行放置。

3. 发票抬头人（Messrs 或 To）

在信用证方式下，根据《UCP600》第 18 条 a 款规定：必须以申请人的名称为抬头，因此此处应填写开证申请人的名称、地址；在其他支付方式下，一般填写合同中进口商的名称和地址。注意名称和地址应分行填写。

4. 运输细节（Transport Details）

填写运输工具或运输方式，一般还加上运输工具的名称；运输航线要严格与信用证一致，填写货物实际的启运港（地）和目的港（地）。如果在中途转运，转运港（地）填在目的港后面。如：FROM SHANGHAI TO LONDON W/T AT HONGKONG BY VESSEL.

5. 发票号码（Invoice No.）

一般由出口企业根据本公司的实际情况自行编制。

6. 发票日期（Invoice Date）

在全套单据中，发票是签发日最早的单据。只要不早于合同的签订日期，不迟于提单的签发日期均可。实务中，发票的日期一般都是在信用证开证日期之后、信用证有效期之前。

7. 合同号（S/C No.）

信用证支付方式下，合同号码应与信用证上列明的一致，一笔交易涉及几个合同的应在发票上表示清楚。如果是托收或汇付结算方式，此项可留空不填。

8. 信用证号（L/C No.）

信用证号码参照信用证缮制。若不是信用证方式付款，本项留空。

9. 支付条款（Term of Payment）

填写该笔业务中约定的付款方式，如 T/T、L/C、D/P、D/A、O/A 等。

10. 唛头及件数编号（Marks and Number）

唛头即运输标志，应按照信用证或合同的规定填写，既要与实际货物一致，又应与托运单、提单等单据一致。如信用证没有规定，可按买卖双方和厂商订的方案或由受益人自定。唛头一般由四部分构成：进口商名称缩写、参考号（通常为合同号或发票号）、目的地（港）和货物件号。无唛头时，应注“N/M”或“No Mark”。如为裸装货，则注明“NAKED”或散装“In Bulk”。

11. 货物描述（Description of Goods）

本案例中张华发票应填写：

出票人（Issuer）：

发票抬头人（To）：

运输细节（Transport Details）：

发票号码（Invoice No.）：

发票日期（Invoice Date）：

合同号（S/C No.）：

信用证号（L/C No.）：

支付条款（Term of Payment）：

唛头及件数编号（Marks and Number）

这是发票的中心内容，包括商品的名称、规格、包装、数量和价格等内容。品名规格应该严格按照信用证或合同的规定或描述填写。省略或添加货名的字或句，都会造成单证不符，开证行有权拖延或拒付货款。如信用证没有详细的规定，必要时可以按照合同注明货物数量，但不能与来证内容有抵触。

货物描述（Description of Goods）

ISBP 规定，发票中的货物描述必须与信用证规定的一致。例如，货物细节可以在发票中的若干地方表示，当合并在一起时与信用证规定一致即可。《UCP600》第 18 条 c 款规定：发票中的货物描述必须反映实际装运的货物、服务或其他履约行为。例如，信用证的货物描述显示两种货物，如 10 辆卡车和 5 辆拖拉机，如果信用证不禁止分批装运，而发票标明只装运 4 辆卡车，是可以接受的。列明信用证规定的全部货物描述，然后注明实际装运货物的发票也是可以接受的。

当使用其他支付方式时，货物内容应与合同内容一致。

12. 数量（Quantity）

数量（Quantity）

填写实际装运的数量，若有不同品种、不同价格的货物，还应分别列明，并与其他单据相一致。

《UCP600》第 30 条 a 款规定：“约”或“大约”用于信用证金额或信用证规定的数量或单价时，应解释为允许有关金额或数量或单价有不超过 10% 的增减幅度；b 款规定：在信用证未以包装单位件数或货物自身件数的方式规定货物数量时，货物数量允许有 5% 的增减幅度，只要总支取金额不超过信用证金额。

13. 单价（Unit Price）

单价（Unit Price）

单价包括计价货币、单位金额、计量单位和贸易术语四部分，如：USD1,256.77/DOZ CIF BUSAN。《UCP600》第 18 条 a 款规定：必须将发票币别作成与信用证相同币种。

14. 总值（Amount）

总值（Amount）

此项是发票上单价和数量的乘积，金额要包括大小写。列明币种及各项商品总金额，大小写金额必须一致。《UCP600》第 18 条 b 款规定：按照指定行事的被指定银行、保兑行（如有）或开证行可以接受金额超过信用证所允许金额的商业发票，倘若有关银行已兑付或已议付的金额没有超过信用证所允许的金额，则该银行的决定对有关方均具有约束力。一般总值不应超过 L/C 规定的最高金额，以免开证行拒绝接受超过 L/C 许可金额的发票。

15. 声明文句（Statement）

国外来证有时要求在发票上加注各种费用金额、特定号码、有关证明句，一般可将这些内容打在发票商品栏以下的空白处。常用的声明文句有：

（1）证明所列货物与合同或订单所列货物相符。如：WE HEREBY CERTIFY THAT THE GOODS NAMED HAVE BEEN SUPPLIED IN CONFORMITY WITH ORDER NO. YF1732G18.

（2）证明原产地。如：WE HEREBY CERTIFY THAT THE ABOVE GOODS ARE OF CHINESE ORIGIN. 或 THIS IS TO CERTIFY THAT THE GOODS NAMED HEREIN ARE OF CHINESE ORIGIN.

（3）证明货真价实。如：WE CERTIFY THAT THIS INVOICE IS IN ALL RESPECTS TRUE AND CORRECT BOTH AS REGARDS THE PRICE AND DESCRIPTION OF THE GOODS REFERRED HEREIN.

16. 签名（Signature）

商业发票只能由信用证中规定的受益人或其授权签名人签名出具。除非信用证另有规定，如果以影印、电脑处理或复写方法制作的发票，作为正本者，应在发票上注明“正本”（ORIGINAL）字样，并由出单人签字。

根据《UCP600》第 18 条 a 款规定：商业发票可不必签字，但当信用证要求手签时，发票必须由受益人或其授权签名人手签。如：MANUALLY SIGNED INVOICE ... 或 INVOICE SIGNED BY HANDWRITING ...

声明文句（Statement）：

签名（Signature）：

张华缮制完成的商业发票：

<table>
<tr><td>ISSUER

WEIFANG RUIDA IMPORT AND EXPORT CO., LTD.
3999 TAIXIANG STREET, WEIFANG, CHINA</td><td colspan="2">潍坊瑞达进出口有限公司
WEIFANG RUIDA
IMPORT AND EXPORT CO., LTD.
3999 TAIXIANG STREET,
WEIFANG, CHINA
商业发票
COMMERCIAL INVOICE</td></tr>
<tr><td rowspan="2">TO

BIG TREE PTY LTD.
9/46 JOHNSTON STREET ABBOTSFORD VIC 306 AUSTRALIA</td><td colspan="2"></td></tr>
<tr><td>NO.
RDCI0810</td><td>DATE
Nov. 5, 2023</td></tr>
<tr><td rowspan="2">TRANSPORT DETAILS

SHIPMENT FROM QINGDAO TO MELBOURNE BY SEA</td><td>S/C NO.
RD2308</td><td>L/C NO.
P023L3000</td></tr>
<tr><td colspan="2">TERMS OF PAYMENT
L/C</td></tr>
</table>

（续表）

Marks and Numbers	Number and Kind of Package Description of Goods	Quantity	Unit Price	Amount
BT RD2308 MELBOURNE CTN 1-200	100% COTTON BEDDING DUVET COVER SET ART NO. RD0213 2,400SETS 12SETS IN A CARTON PACKED IN 200CTNS	2,400SETS	CIF MELBOURNE USD96.00/SET	USD230,400.00
	TOTAL:	2,400PCS		USD230,400.00

TOTAL: SAY U.S. DOLLARS TWO HUNDRED AND THIRTY THOUSAND FOUR HUNDRED ONLY

WE HEREBY CERTIFY THAT THE GOODS ARE OF CHINESE ORIGIN.

潍坊瑞达进出口有限公司
WEIFANG RUIDA IMPORT AND EXPORT CO., LTD.
张华

◆装箱单的缮制

请缮制填写装箱单。

2. ISSUER			装箱单 1. PACKING LIST			
3. TO			4. INVOICE NO.		5. DATE	
6. Marks and Numbers	7. Description of Goods	8. Quantity	9. Package	10. G.W	11. N.W	12. Meas.
13. TOTAL:						
14. SAY TOTAL:						
15. (Statement)						
16. Signature						

1. 单据名称

应根据合同或信用证规定使用。通常用“Packing List”“Packing Specification”“Detailed Packing List”。

2. 出票人（Issuer）

与发票相同，填写出口商名称和地址。

3. 受票人（To）

与发票相同。有时可以不填，或者填写“To Whom It May Concern”（敬启者）。

4. 号码（Invoice No.）

参看商业发票的发票号码。如要求填写合同号（Contract No./ Sales Confirmation No.）：同发票。

5. 日期（Date）

一般与商业发票一致或略晚于商业发票，但不可早于商业发票，也不能晚于提单日及 L/C 的交单期和有效期。

6. 唛头（Shipping Mark）

与发票上的唛头保持一致。

7. 货物描述（Description of Goods; Specification）

要求与发票一致。

8. 数量（Quantity）

填写每种规格的实际出运数量（包装箱内的数量），不要遗漏计量单位，并在表下面总计栏注明合计数。

9. 件数（Packages）

每种规格货物的运输包装数量，以最大外包装单位计，并注明合计数。

10. 毛重（Gross Weight）

注明每种规格货物的毛重，以千克为单位，并注明毛重合计数。

11. 净重（Net Weight）

注明每种规格货物的净重，以千克为单位，并注明净重合计数。

12. 包装尺码（Measurement）

注明每种规格货物的体积（尺码），并注明体积合计数。按惯例，装箱单上的体积保留三位小数点。

13. 小写合计数（Total in Figures）

14. 大写合计数（Total in Words）

15. 声明文句（如有）（Statement）

16. 出票人签章（Signature）：应与发票相同。

本案例中张华缮制装箱单应填写：

出票人（Issuer）:…………

受票人（To）:…………

发票号码（Invoice No.）:…………

日期（Date）:…………

唛头（Shipping Mark）

货物描述（Specification）

毛重（G. W）	净重（N. W）

张华缮制完成的装箱单：

ISSUER WEIFANG RUIDA IMPORT AND EXPORT CO., LTD. 3999 TAIXIANG STREET, WEIFANG, CHINA		潍坊瑞达进出口有限公司 **WEIFANG RUIDA IMPORT AND EXPORT CO., LTD.** **3999 TAIXIANG STREET, WEIFANG, CHINA** 装箱单 **PACKING LIST**			
TO BIG TREE PTY LTD. 9/46 JOHNSTON STREET ABBOTSFORD VIC 306 AUSTRALIA					
		INVOICE NO. RDCI0810		DATE Nov.5, 2023	
Description of Goods	**Quantity**	**Package**	**G.W**	**N.W**	**Meas.**
BEDDING DUVET COVER SET 100% COTTON ART NO. RD0213	2, 400SETS	200CTNS	@29.00KGS	@28. 00KGS	@(60×45×50) CM
TOTAL:	**2, 400SETS**	**200CTNS**	**5, 800.00KGS**	**5, 600.00KGS**	**27.000CBMS**

12SETS IN A CARTON

PACKED IN 200CTNS

TOTAL QUANTITY:2, 400SETS

TOTAL: TWO HUNDRED CARTONS ONLY.

L/C NO: PO22L3000

潍坊瑞达进出口有限公司

WEIFANG RUIDA IMPORT AND EXPORT CO., LTD.

张华

单据样式

样单 3–1

WEIFANG ××× IMPORT AND EXPORT CO LTD

××× KUIWEN DISTRICT WEIFANG CHINA

COMMERCIAL INVOICE

TO: ×××	INVOICE NO.: DU201807-39A DATE: 2019-05-08
FROM: QINGDAO PORT CHINA	TO:ROTTERDAM PORT NETHERLANDS

MARKS& NOS.	DESCRIPTION OF GOODS	QUANTITY	UNIT PRICE	AMOUNT
N/M	PEELED GARLIC CHINESE ORIGIN PACKED IN CARTON SAY: U.S.D. ××× THOUSAND ONE HUNDRED AND FORTY ONE AND CENTS FORTY EIGHT ONLY.	18.724MTS	USD ,70.00/MT FOB QINGDAO	USD 141.48
		WEIFANG××× IMPORT AND EXPORT CO.,LTD. 馬 ××× President		

样单 3–2

COMMERCIAL INVOICE

CONTRACT NO.: APS201401TT-C
INVOICE NO.: APS201401TT-CI
DATE: Feb 25, 2014

To consignee: ××× **Co., Ltd..**
Add: ×××

Mr. Somkid, Mo
Shipper: SHENZHEN ONETOUCH BUSINESS SERVICE LTD.
F6, Hongchang Plaza, No.2001, Shennan Road East, Nanhu Street, Luohu District, Shenzhen China
FROM: Qingdao, China　　TO: Bangkok, Thailand　　By: Sea

Shipping Mark	Description of Goods	Quantity/ unit	Unit Price	Total Amount (USD)
The Chains & Assembly Plants Co., Ltd. Turntable Bangkok, Thailand 2PCS,1,600kg WL2-1,WL2-2 Made in China	Turntable used as handling equipment	1 unit	USD6,190.66/unit CNF Bangkok, Thailand	USD6,190.66
Total say United States Dollars Six Thousand One Hundred and Ninety Point Sixty Six only.				

By
SHENZHEN ONETOUCH BUSINESS SERVICE LTD.
Signature (Stamp)

样单 3–3

WEIFANG IMPORT AND EXPORT CO LTD

KUIWEN DISTRICT WEIFANG CHINA

PACKING LIST

SHIPPING MARK: N/M	DATE: 2019-05-08
	INVOICE NO.: DU201807-39A

CASE NO.	DESCRIPTION	QUANTITY	NET WEIGHT IN KG.	GROSS WEIGHT IN KG.	MEASUREMENT
	PEELED GARLIC CHINESE ORIGIN PACKED IN CARTON TOTAL SAY: TWO THOUSAND AND EIGHTY NINE CARTONS ONLY.	2, 089CTNS	18, 724KGS	21, 734KGS	50.4CBM

WEIFANG ×××IMPORT AND EXPORT CO., LTD.

馬×××

President

样单 3–4

PACKING LIST

Date: March 15, 2014

Consignee: ×××

Add: ××× PATHUMTHANI, 12150 ,

THAILAND

Mr. Somkid,

Shipper: SHENZHEN ××× BUSINESS SERVICE LTD.

F6, Hongchang Plaza, No.2001, Shennan Road East, Nanhu Street, Luohu District, Shenzhen China

Contract No.: APS201401TT-C **Invoice No.:** APS201401TT-CI

FROM: Qingdao, China TO: Bangkok, Thailand **By:** Sea

V/Y: SUNRISE SURABAYA V.1404S **B/L NO.:** MSQBAN43L001584

MARKS & NOS.	DESCRIPTION	QUANTITY	NET WEIGHT	GROSS WEIGHT	MEASUREMENT
The Chains & Assembly Plants Co., Ltd. Turntable Bangkok, Thailand 2PCS,1, 600kg WL2-1,WL2-2 Made in China	Turntable used as handling equipment	1UNIT 2PACKAGES	1, 500KGS	1, 600KGS	3.5CBM
TOTAL		Total 1UNIT 2PACKAGES	1, 500KGS	1, 600KGS	3.5CBM

By

SHENZHEN BUSINESS SERVICE LTD.

Signature (Stamp)

思考：

1. 请随机解读上述任何一张商业发票。
2. 请根据上述发票样式总结商业发票缮制的特点。

四、技能训练

实训模拟

空白单据

1. 根据下述给出的信用证和相关条件缮制发票和装箱单。

※ 信用证材料：

MESSAGE TYPE: MT700

SENDER: CMCIFRPAXXX

RECEIVER: PCBCCNBJSDW

2023-07-05

:27: SEQUENCE OF TOTAL	1/2
:40A: FORM OF DOCUMENTARY CREDIT	IRREVOCABLE
:20: DOCUMENTARY CREDIT NUMBER	P02L230761000080
:31C: DATE OF ISSUE	230705
:40E: APPLICABLE RULES	UCP LATEST VERSION
:31D: DATE AND PLACE OF EXPIRY	230928 CHINA
:50: APPLICANT	CECLERC SAS 172 RUE LOUIS CALMEL, GENNEVILLIERS, FRANCE
:59: BENEFICIARY	WEIFANG PENGHUI IMPORT AND EXPORT CO., LTD 28 XINHUA BUILDING KUIWEN DISTRICT WEIFANG CHINA SEE FIELD 47A

:32B: CURRENCY CODE, AMOUNT　USD29,520.00

:39A: PERCENTAGE CREDIT AMOUNT TOLERANCE　05/05

:41D: AVAILABLE WITH...BY...　ANY BANK
BY NEGOTIATION

:42C: DRAFTS AT...　DRAFTS TO BE DRAWN ON US AT
SIGHT FOR 90PCT OF INVOICE VALUE

:42A: DRAWEE　CMCIFRPAXXX

:43P: PARTIAL SHIPMENTS　NOT ALLOWED

:43T: TRANSSHIPMENT　ALLOWED

:44E: PORT OF LOADING/AIRPORT OF DEPARTURE
QINGDAO PORT, CHINA

:44F: PORT OF DISCHARGE/AIRPORT OF DESTINATION
MARSEILLES PORT, FRANCE

:44C: LATEST DATE OF SHIPMENT　230910

:45A: DESCRIPTION OF GOODS AND/OR SERVICES
9,600 CANS OF CANNED MUSHROOM,
260 GRAM/CAN, 12 CANS IN A CARTON.
PACKED IN SEAWORTHY CARTONS.
UNIT PRICE: USD36.90/CTN CIF MARSEILLES
COUNTRY OF ORIGIN: P.R.CHINA
AS PER INCOTERMS 2020 OF ICC PARIS

:46A: DOCUMENTS REQUIRED
+COMMERCIAL INVOICE IN 3 COPIES DATED THE SAME DATE AS THAT OF L/C ISSUANCE DATE INDICATING COUNTRY OF ORIGIN OF THE GOODS AND CERTIFIED TO BE TRUE AND CORRECT, INDICATING CONTRACT NO. LXY296 AND L/C NO.
+PACKING LIST INDICATING QUANTITY, N.W. AND G.W. OF EACH PACKAGE, TTL QUANTITY, N.W. AND G.W., AND PACKING CONDITIONS AS REQUIRED BY L/C.

:47A: ADDITIONAL CONDITIONS
+ALL DOCUMENTS MUST INDICATE SHIPPING MARK.
+ALL DOCUMENTS MUST BE MADE OUT IN THE NAME OF THE APPLICANT UNLESS OTHERWISE STIPULATED BY THE L/C.

请翻译右侧"DOCUMENTS REQUIRED"栏目内的条款：

※ 附加信息：

发票号码：PH0901

工厂出仓单显示：

9,600 CANS OF CANNED MUSHROOM

12 CANS IN A CARTON, TTL 800 CARTONS

N.W.: 3.12KGS/CARTON, G.W.: 3.20KGS/CARTON

MEAS: 25.6CBM

船名及航次 : COSCO SHIPPING TAURUS022W

受益人的有权签字人为李晓宇

出口商的签发日期：2023 年 9 月 2 日

五、真题训练

错题本：

1. **单选**：当 L/C 规定 INVOICE TO BE MADE IN THE NAME OF ABC，应理解为（　　）。

A. 一般写成 ×××（中间商）FOR ACCOUNT OF ABC（实际购货方，真正的付款人）

B. 将受益人 ABC 作为发票的抬头人

C. 议付行 ABC 作发票的抬头

D. 将 ABC 作为发票的抬头人

2. **单选**：在出口结汇时，由出口商签发的、作为结算货款和报关纳税依据的核心单据是（　　）。

A. 海运提单　　B. 商业汇票

C. 商业发票　　D. 海关发票

3. **单选**：按照有关规定，当不同包装种类的货物混装在一个集装箱内，这时货物的总件数显示数字之和，包装种类用统称（　　）来表示。

A. Cartons　　B. Pieces

C. Packages　　D. Pallets

4. **判断**：在外贸实践中，单证员录入单证信息时，应首先录入的信息是商

业发票的内容。（　　）

5. **判断：**在商业发票上必须明确显示数量、单价、总值和贸易术语等主要内容。（　　）

6. **判断：**发票中的数量、单价和金额可以冠以“大约”（about）或类似的文字。（　　）

学习情境四

办理运输业务

一、学习目标

• 知识目标

能表述海运提单的含义、种类、作用等；
能讲述掌握订舱委托书的填报流程；
能表述海运提单和空运单的栏目内容和填写要求。

• 技能目标

能够独立填制订舱委托书，完成度需达到90%；
能够独立填制海运提单，完成度需达到90%；
能够独立填制空运单，完成度需达到90%。

• 素养目标

培养严谨的制单态度；
能够有效地与相关部门做好沟通。

环节引导图4

二、工作任务

背景导入

因该批货物需要海运，于是张华按要求填制了订舱委托书，委托其货代企业——青岛中远物流有限公司潍坊分公司办理订舱手续。

扫码查看中远海运集团校园招聘网址，总结一下通常企业对人才品格方面有哪些要求？你还需要作出哪些努力？

在船公司确认舱位后，潍坊瑞达进出口有限公司通知工厂按时备货、发货。随后，青岛中远物流有限公司潍坊分公司的货代将提单确认件转给潍坊瑞达进出口有限公司，经单证员张华确认。待货运船舶离港后，船公司正式签发提单。

思维导图

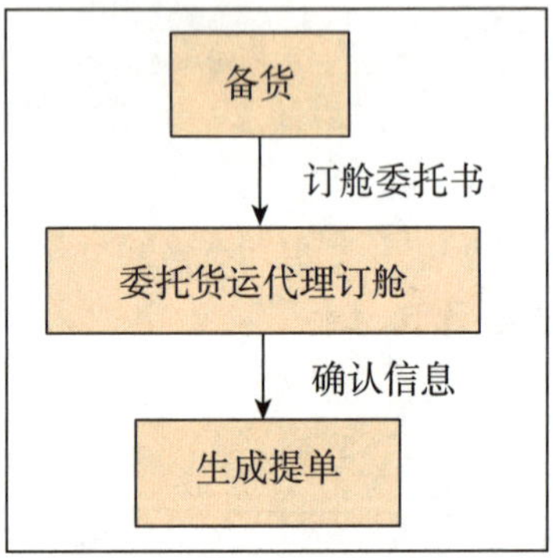

相关资料

扫码查看中远集团发展沿革这一历史缩影，了解我国海运业发展历程。

1. 登录相关网站进行网上订舱

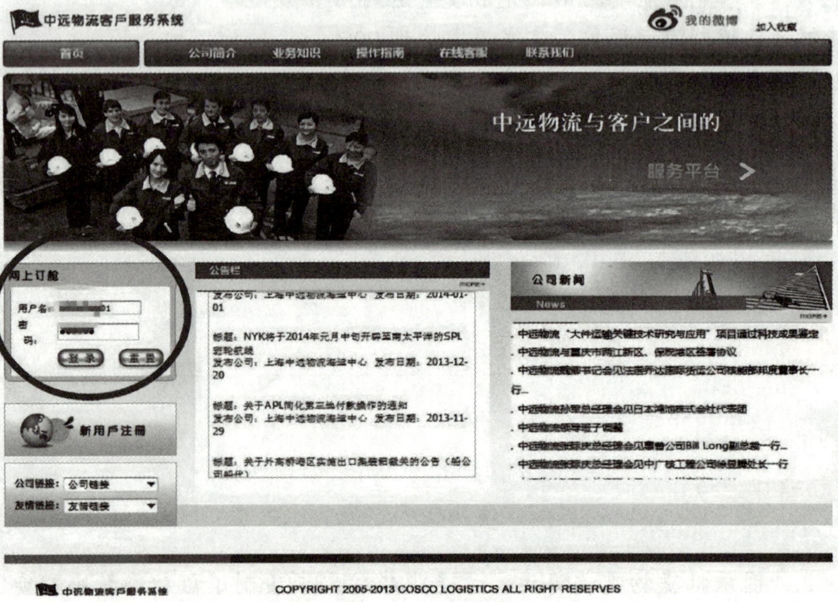

图 4.1　网上订舱系统登录界面

2. 网上填写委托订舱业务

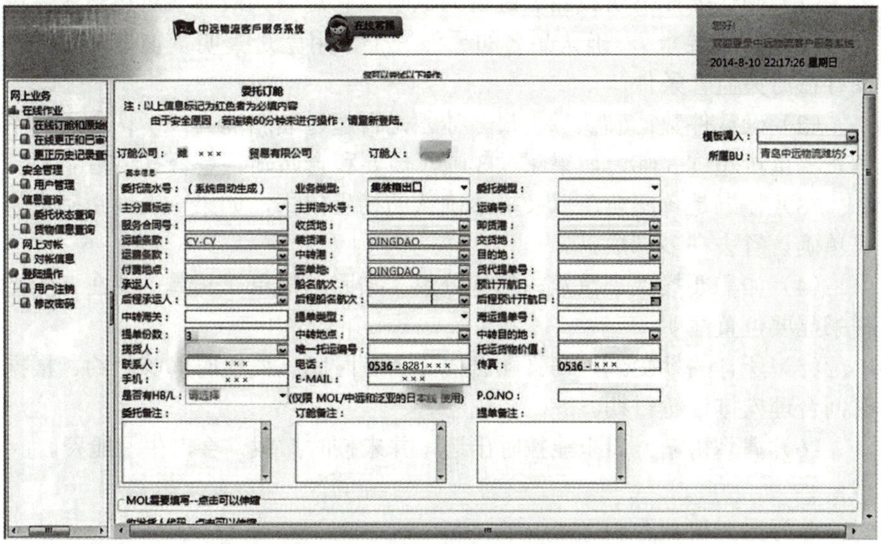

图 4.2　委托订舱业务界面

布置任务

如果你是张华，能否进行订舱委托？

货物如果采用空运，空运单应如何填制？

扫码查看海丰船公司订舱业务流程

温故求新：

海洋运输有哪些特点？

“四固定”具体指什么？

在订舱前应考虑哪些因素？

三、探求新知

知识导航——订舱委托书、海运提单和航空运单

◆订舱委托书

1. 定义

订舱委托书（Booking Note）简称托书，是进 / 出口商为了买卖商品，通过船公司和货代公司进行船运订舱的申请书。

2. 内容

订舱委托书没有固定格式，不同进出口公司缮制的托书不尽相同，但主要内容都基本包含托运人、收货人、装货港、卸货港、唛头、货物描述、货物毛重、货物体积、运费的支付方式、所订船期、订舱章以及其他需要在订舱委托书中体现的内容，例如目的港免用箱期申请等。

常见订舱委托书

3. 注意事项

（1）确认委托书所载品名是否为危险品，是否为液体（对接载液体以及电池有特殊要求）。确认品名的另外一个作用就是查明货物是否对该产品存在海关监管条件。

思考：
什么是 VGM?
VGM 在现实中有何意义?

（2）确认件数；确认货物尺寸体积是否超过装箱能力；确认是否有单件货物重量超过 3 吨，如果超过 3 吨，需要和仓库确认是否有装箱能力。

（3）托书是预配舱单以及提单确认的初步依据，如果一次性正确可为提单确认省去许多麻烦。

（4）如需要投保、熏蒸、打托缠膜、拍照、换单、买单，要在订舱委托书显要位置注明。

（5）所订船期受到外商订购合同、备货时间、商检时间等制约，根据时间合理安排订舱日期。

（6）遇到拼箱出口未能按时出运，并未按时撤载，会产生亏舱费。

◆海运提单

思考：
哪一项特点是海运提单所特有的?
与我们生活中的什么证书相似?

1. 定义

海运提单（Ocean Bill of Lading，B/L），简称提单。《中华人民共和国海商法》第 71 条规定：提单，是指用以证明海上货物运输合同和货物已经由承运人接收或者装船，以及承运人保证据以交付货物的单证。提单中载明的向记名人交付货物，或者按照指示人的指示交付货物，或者向提单持有人交付货物的条款，构成承运人据以交付货物的保证。

提单的主要关系人是签订运输合同的双方：托运人和承运人。

2. 作用

（1）货物收据

提单是承运人发给托运人，确认承运人已收到提单所列货物并已装船，或者承运人已接管了货物，已待装船的收据。

（2）运输契约证明

是托运人与承运人海上货物运输合同成立的证明文件。承运人之所以为托运人承运有关货物，是因为承运人和托运人之间存在一定的权利义务关系，双方权利义务关系以提单作为运输契约的凭证。

R-020

常见提单样例

（3）物权凭证

提单是货物所有权的凭证。谁持有提单，谁就有权要求承运人交付货物，并且享有占有和处理货物的权利，提单代表了其所载明的货物。

3. 分类

（1）根据货物是否装船，可分为“已装船提单”和“备运提单”

“已装船提单”是指船舶公司已将货物装上指定的船舶后签发的提单；“备运提单”是指船舶公司已收到指定货物，等待装运货物期间签发的提单。

（2）根据提单有无不良批注，可分为“清洁提单”和“不清洁提单”

“清洁提单”是指在提单上未批注有关货物受损或包装不良的提单；

"不清洁提单"是指在提单上注明货物表面状况受损或包装不良等的提单。在国际贸易结算中，银行只接受"清洁提单"，即承运人未在提单上批注货物外表状况有任何不良情况。

注意：
银行审单时应注意审核是否为清洁提单。

（3）根据提单是否可以流通，即根据提单"收货人"栏内的书写内容分为"记名提单""指示提单"和"来人提单"

"记名提单"是在提单的抬头上注明指定的收货人，这种提单是不能转让的，只能由提单上注明的收货人提货。

"指示提单"又分"不记名指示"和"记名指示"："不记名指示提单"仅填写"To order"（凭指定），必须由托运人背书后才能转让，又称"空白抬头"。"记名指示提单"填写"To the order of ..."（凭 ×× 指定），该 ×× 即为具体的指示人，提单由其背书后可以转让。记名指示提单有三种：凭银行指示，即提单收货人栏填写为"to the order of ×× Bank"；凭收货人指示，即提单收货人栏填写为"to the order of A.B.C. Co. Ltd"；凭发货人指示，即提单收货人栏填写为"to the order of shipper"，并由托运人在提单背面空白背书。背书又分两种形式：一种由有权背书人单纯签署，称为空白背书；另一种除背书人签署外，还写明被背书人（受让人）的名称，称为记名背书。在国际贸易中，通常采用"凭指示空白背书提单"，习惯上称"空白抬头、空白背书"。

提单的抬头有几种，分别是：

"来人提单"收货人栏内仅填写"To Bearer"（提单持有人）或将这一栏空白不填。这种提单不需要任何背书手续即可转让，或提取货物，极为方便。但因为安全性较低，极易引起纠纷，所以在信用证结算方式下，较少使用这种提单。我国明确规定不使用来人提单。

（4）根据运输方式，可分为"直运提单""转运提单"和"联运提单"

"直运提单"是指中途不经换船直接运达指定港口的提单；"转运提单"是在货运过程中至少经过两艘轮船运输的货运提单，即装运港船舶不抵达指定交货港，在中途卸货交另一艘船舶继续运输的提单；"联运提单"是经两种或两种以上的运输方式运送货物，由第一程承运人签发的，包括全程并能在目的港提货的运单。联运提单的签发人只对第一程运输负责。

（5）根据提单内容的繁简程度，可分为"全式提单"和"略式提单"

"全式提单"又称繁式提单，是在提单的背面详细注明承运人和托运人之间各自的权利、义务的提单；"略式提单"是指只注明承运的货物的基本情况和托运人的名称、地址和收货人等基本情况的提单。

◆航空运单

1. 定义

航空运单（Air Waybill，AWB）简称空运单，是指承运货物的航空承运人（航空公司）或其代理人，在收到承运货物并接受托运人空运要求后，签发给托运人的货物收据。空运单不是代表货物所有权的凭证，不能通过背书进行转让。

思考：
空运单的性质与哪种货运单据的性质比较相似？

2. 性质和作用

（1）空运单是发货人与航空承运人之间的运输合同；

（2）空运单是承运人签发的已接收货物的证明；

（3）空运单是承运人据以核收运费的账单；

（4）空运单是报关单证之一；

（5）空运单同时可作为保险证书；

（6）空运单是承运人内部业务的依据。

空运单的正本一式三份，每份都印有背面条款，其中一份交发货人，是承运人或其代理人接收货物的依据；第二份由承运人留存，作为记账凭证；最后一份随货同行，在货物到达目的地，交付给收货人时作为核收货物的依据。

操作技能

◆订舱委托书的缮制

请缮制填写订舱委托书。

<table>
<tr><td colspan="5">出口货物订舱委托书
日期　　月　　日</td></tr>
<tr><td rowspan="4">1. 发货人</td><td>4. 信用证号码</td><td colspan="3"></td></tr>
<tr><td>5. 开证银行</td><td colspan="3"></td></tr>
<tr><td>6. 合同号码</td><td></td><td>7. 成交金额</td><td></td></tr>
<tr><td>8. 装运口岸</td><td></td><td>9. 目的港</td><td></td></tr>
<tr><td rowspan="2">2. 收货人</td><td>10. 转船运输</td><td></td><td>11. 分批装运</td><td></td></tr>
<tr><td>12. 信用证有效期</td><td></td><td>13. 装船期限</td><td></td></tr>
<tr><td rowspan="2">3. 通知人</td><td>14. 运费</td><td></td><td>15. 成交条件</td><td></td></tr>
<tr><td colspan="4">16. 特别要求</td></tr>
</table>

<table>
<tr><td>17. 标记唛码</td><td>18. 货号规格</td><td>19. 包装件数</td><td>20. 毛重</td><td>21. 净重</td><td>22. 数量</td><td>23. 单价</td><td>24. 总价</td></tr>
<tr><td rowspan="3"></td><td></td><td></td><td></td><td></td><td></td><td></td><td></td></tr>
<tr><td>25. 总件数</td><td colspan="2">26. 总毛重</td><td>27. 总净重</td><td>28. 总尺码</td><td colspan="2">29. 总金额</td></tr>
<tr><td></td><td colspan="2"></td><td></td><td></td><td colspan="2"></td></tr>
<tr><td colspan="8">30. 备注</td></tr>
</table>

1. 发货人（托运人）

填写出口公司（信用证受益人）。

2. 收货人

填写信用证规定的提单收货人。

3. 通知人

填写信用证规定的提单通知人。一般在订舱委托书上会注明托运人、收货人与通知人，这三栏为提单项目要求。将来船公司签发的提单上的相应栏目的填写也会参照订舱委托书的写法。因此，这三栏的填写应该按照信用证提单条款的相应规定填写（具体可以参见提单条款的填制方法）。

4. 信用证号码

填写相关交易的信用证号码。

5. 开证银行

填写相关交易的信用证开证银行的名称。

6. 合同号码

填写相关交易的合同号码。

7. 成交金额

填写相关交易的合同总金额。

8. 装运口岸

填写信用证规定的起运地。如信用证未规定具体的起运港口，则填写实际装运港名称。

9. 目的港

填写信用证规定的目的地。如信用证未规定目的港港口，则填写实际卸货港名称。

10. 转船运输

根据信用证条款，如允许转船，则填“YES”，反之，则填“NO”。

11. 分批装运

根据信用证条款，如允许分批，则填“YES”，反之，则填“NO”。如信用证未对转船和分批作具体的规定，则应该按照合同的有关内容填写。

12. 信用证有效期

填写信用证的有效期。

13. 装运期限

填写信用证规定的装运期限。

14. 运费

根据信用证提单条款的规定填写“FREIGHT PREPAID”（运费预付）或“FREIGHT COLLECT”（运费到付）。

15. 成交条件

填写成交的贸易术语，如：“FOB”“CIF”“CFR”等。可根据实际情况填写。

本案例中张华订舱委托书应填写：

发货人（托运人）：

收货人：

开证银行：

合同号码：

成交金额：

装运口岸：

目的港：

标记唛码

包装件数	毛重	净重

数量	单价	总价

16. 特别要求

如托运人对所订舱位有特殊要求，可以填在这一栏中。

17. 标记唛码

填写货物的装运标志，即通常所说的“唛头”。

18. 货号规格

填写货物描述。

19 ～ 29. 栏目内容按货物的实际情况填写。

30. 备注

如有其他事项可填入“备注”栏中。

备注参照本单元样单 4-7。

张华缮制完成的订舱委托书：

<table>
<tr><td colspan="5">出口货物订舱委托书
日期11月15日</td></tr>
<tr><td rowspan="4">发货人
WEIFANG RUIDA IMPORT AND EXPORT CO., LTD.
3999 TAIXIANG STREET, WEIFANG, CHINA</td><td>信用证号码</td><td colspan="3">P023L3000</td></tr>
<tr><td>开证银行</td><td colspan="3">COMMONWEALTH BANK OF AUSTRALIA</td></tr>
<tr><td>合同号码</td><td>RD2308</td><td>成交金额</td><td>USD230,400.00</td></tr>
<tr><td>装运口岸</td><td>QINGDAO</td><td>目的港</td><td>MELBOURNE, AUSTRALIA</td></tr>
<tr><td rowspan="2">收货人
TO ORDER</td><td>转船运输</td><td>ALLOW</td><td>分批装运</td><td>NO</td></tr>
<tr><td>信用证有效期</td><td>2024-1-31</td><td>装船期限</td><td>2023-11-30</td></tr>
<tr><td rowspan="2">通知人
BIG TREE PTY LTD.
9/46 JOHNSTON STREET
ABBOTSFORD VIC 306
AUSTRALIA</td><td>运费</td><td>PREPAID</td><td>成交条件</td><td>CIF MELBOURNE</td></tr>
<tr><td colspan="4">特别要求</td></tr>
</table>

<table>
<tr><td>标记唛码</td><td>货号规格</td><td>包装件数</td><td>毛重</td><td>净重</td><td>数量</td><td>单价</td><td>总价</td></tr>
<tr><td rowspan="3">BT
RD2208
MELBOURNE
CTN 1-200</td><td>RD0213</td><td>200CTNS</td><td>29.00KGS</td><td>28.00KGS</td><td>2400SETS</td><td>USD96.00/SET</td><td>USD230,400.00</td></tr>
<tr><td>总件数</td><td colspan="2">总毛重</td><td colspan="2">总净重</td><td>总尺码</td><td>总金额</td></tr>
<tr><td>200CTNS</td><td colspan="2">5,800.00KGS</td><td colspan="2">5,600.00KGS</td><td>27 CBMS</td><td>USD230,400.00</td></tr>
<tr><td colspan="8">备注 1. 请订 2023 年 11 月 27 日船期 1×20′ FCL 门到门；
2. 提单显示 L/C NO.：P022L3000。</td></tr>
</table>

◆海运提单的缮制

请根据下列单据中的序号对应缮制技巧填写说明，完成海运提单。

1. Shipper Insert Name, Address and Phone	B/L No.
2. Consignee Insert Name, Address and Phone	中远集装箱运输有限公司 COSCO CONTAINER LINES TLX: 33057 COSCO CN FAX: +86 (021) 6545 8984 **ORIGINAL**
3. Notify Party Insert Name, Address and Phone (It is agreed that no responsibility shall attach to the Carrier or his agents for failure to notify)	**Port-to-Port or Combined Transport** **BILL OF LADING** RECEIVED in external apparent good order and condition except as otherwise noted. The total number of packages or units stuffed in the container, the description of the goods and the weights shown in this Bill of Lading are furnished by the merchants, and which the carrier has no reasonable means of checking and is not a part of this Bill of Lading contract. The carrier has issued the number of Bills of Lading stated below, all of this tenor and date, one of the original Bills of Lading must be surrendered and endorsed or signed against the delivery of the shipment and whereupon any other original Bills of Lading shall be void. The merchants agree to be bound by the terms and conditions of this Bill of Lading as if each had personally signed this Bill of Lading. SEE Clause 4 on the back of this Bill of Lading (Terms continued on the back hereof, please read carefully). *Applicable Only When Document Used as a Combined Transport Bill of Lading.

4. Combined Transport * Pre-carriage by	5. Combined Transport* Place of Receipt
6. Ocean Vessel Voy. No.	7. Port of Loading
8. Port of Discharge	9. Combined Transport * Place of Delivery

10. Marks & Nos. Container / Seal No.	11. No. of Containers or Packages	12. Description of Goods (If Dangerous Goods, See Clause 20)	13. Gross Weight Kgs	14. Measurement

Total Number of containers and/or packages (in words)

Subject to Clause 7 Limitation

15. Freight & Charges	Revenue Tons	Rate	Per	Prepaid	Collect
Declared Value Charge					

Ex. Rate:	Prepaid at	16. Payable at	18.Place and date of issue
	Total Prepaid	17. No. of Original B (s)/L	19. Signed for the Carrier, COSCO CONTAINER LINES

20. LADEN ON BOARD THE VESSEL

DATE		BY	

本案例中张华提单应填写：

发货人或托运人（Shipper or Consignor）：

收货人（Consignee）：

被通知人（Notify Party）：

前程运输（Pre-carriage by）：

收货地点（Place of Receipt）：

1. 发货人或托运人（Shipper or Consignor）

即与承运人签订运输契约，委托运输的货主，也就是发货人。在信用证支付方式下，一般以受益人为托运人；托收方式以托收的委托人为托运人。另外，根据《UCP600》第 14 条 k 款规定：显示在任何单据中的货物的托运人或发货人不必是信用证的受益人。如果开证人为了贸易上的需要，要求做第三者提单，也可照办。

2. 收货人（Consignee）

收货人要按合同和信用证的规定来填写。一般的填法有下列几种：

（1）记名抬头，在收货人一栏直接填写上指定的公司或企业名称。该种提单不能背书转让，必须由收货人栏内指定的人提货或收货人转让。

如，“Full set of B/L consigned to ××× Co.”——托运给 ××× 公司的全套提单。

（2）不记名抬头，即在收货人栏填“To Bearer”（交来人 / 持票人）。这种方式承运人交货凭提单的持有人，只要持有提单就能提货。

（3）指示抬头，指示式的收货人又分为不记名指示和记名指示两种。

如，“Full set of B/L made out to order”——凭指示填制的全套提单；

“B/L issued to order of ×××”——凭 ××× 指示出具的提单。

在实际业务中，L/C 项下提单多使用指示抬头。如果是托收方式中的提单，本栏一般填“To order”或填“To order of shipper”均可，然后由发货人背书。也可使用不记名指示式。若做成代收行指示式，事先要征得代收行同意。因为根据 URC522 中第 10 条 a 款规定：除非先征得银行同意，货物不应直接运交银行，亦不应以银行或银行的指定人为收货人。如未经银行事先同意，货物直接运交银行，或以银行的指定人为收货人，然后由银行付款或承兑后将货物交给付款人时，该银行并无义务提取货物，货物的风险和责任由发货人承担。

3. 被通知人（Notify Party）

原则上该栏一定要按信用证的规定填写。被通知人即收货人的代理人或提货人，货到目的港后承运人凭该栏提供的内容通知其办理提货，因此，提单的被通知人一定要有详细的名称和地址，供承运人或目的港及时通知其提货。若 L/C 中未规定明确地址，为保持单证一致，可在正本提单中不列明，但要在副本提单上写明被通知人的详细地址。托收方式下的被通知人一般填托收的付款人。

4. 前程运输（Pre-carriage by）

如果货物需转运，则在此栏填写第一程船的船名；如果货物不需转运，此栏空白。

5. 收货地点（Place of Receipt）

如果货物需转运，填写收货港口名称或地址；如果货物不需转运，此栏空白。

6. 船名和航次（Ocean Vessel and Voyage No.）

即由承运人配载的装货的船名，班轮运输多加注航次（Voy. No.）。若允许转船，第二艘船名填在此处；若不许转船，第一艘船名填写在此。

7. 装运港（Port of Loading）

填实际装运货物的港口名称。L/C 项下一定要符合 L/C 的规定和要求。如果 L/C 规定为“中国港口”（Chinese Port）此时不能照抄，而要按装运的我国某一港口实际名称填写，如：“天津港”“青岛港”，在 CIF 和 CFR 条件下，不能填“中国港”。

8. 卸货港（Port of Discharge）

如果货物需要转运，填写中转港名称；如不需转运，填写卸货港（目的港）名称。

9. 发运地点（Place of Delivery）

应与信用证中规定一致，如果信用证中无列明，应与合同和发票要求相符。

10. 唛头和集装箱号、铅封号（Marks & Nos. or Container Seal No.）

如果信用证有明确规定，则按信用证缮制；信用证没有规定，则按买卖双方的约定，或由卖方决定缮制，并注意做到单单一致。如无唛头，则填“No mark”或“N/M”。

11. 包装与件数（No. & Kind of Packages）

本栏填写包装数量（即外包装数量而非计量单位数量）和包装单位。如果散装货物无件数时，可注明“In bulk”（散装）字样，大写件数栏可留空不填。包装种类一定要与信用证一致。

如果是两种或多种包装，应分别填列不同包装单位的数量，然后再表示合计总件数。例如：

No. & Kind of Packages	
100	Cartons
200	Bales
300	Iron drums
600	Packages

12. 商品描述（Description of Goods）

提单上的商品描述应按信用证规定填写并与发票等其他单据相一致。但若信用证上货物的品名较多，提单上允许使用类别总称来表示商品名称，但不能与信用证和发票货描相矛盾。

13. 毛重（Gross Weight）

除非信用证有特别规定，提单上一般只填货物的总毛重，而不标明净重。一般重量均以千克（kg）表示。

船名和航次（Ocean Vessel and Voyage No.）:

装运港（Port of Loading）:

卸 货 港（Port of Discharge）

发运地点（Place of Delivery）:

Marks & Nos. or Container Seal No.

No. & Kind of Packages

Description of Goods

Gross Weight

Measurement

Freight & Charges

正本提单的份数（No. of Original B/L）:

签字盖章:

14. 尺码（Measurement）

提单上一般只填货物总体积，用立方米（M^3）表示，保留三位小数。

15. 运费和费用（Freight & Charges）

信用证项下提单的运费支付情况，按其规定填写。一般根据成交的价格条件分为两种：若在 CIF 和 CFR 条件下，则注明“Freight Prepaid”或“Freight Paid”；FOB 条件下则填“Freight Collect”或“Freight Payable at Destination”。若租船契约提单有时要求填：“Freight Payable as Per Charter Party”。有时信用证还要求注明运费的金额，按实际运费支付额填写即可。

16. 运费支付地（Payable at）

填写实际支付运费的地点。

17. 正本提单的份数（No. of Original B/L）

应按信用证的规定提供要求的份数。正本提单的份数要在提单上注明，并用英文大写数字表示，如：ONE, TWO, THREE。每份正本提单的效力相同，当其中一份提货后，其他各份均失效。

18. 签发地点与日期（Place and Date of Issue）

提单签发的日期一般是货物装船完毕的日期，不得晚于信用证规定的最晚装运期。签单地址通常是承运人收受货物或装船的地址，即实际装货港。

19. 承运人签章（Signed for the Carrier）

提单必须由承运人或其代理人签字才能生效。若信用证要求手签的必须手签。根据《UCP600》第 20 条 a（i）款中规定：签署人可以是承运人或作为承运人的具名代理人或代表，或船长或作为船长的具名代理人或代表。承运人、船长或代理的任何签字必须分别表明其承运人、船长或代理的身份。代理的签字必须显示其是否作为承运人或船长的代理或代表签署提单。

20. 已装船批注（Laden on Board the Vessel）

有些提单正面没有预先印就的类似已装上船的条款，这种提单便称为备运提单。备运提单转化为已装船提单的方式有两种：

（1）在提单的空白处加“已装船”批注或加盖类似内容的图章。例如“Shipped on Board”，有的只加“On Board”，然后加装船日期并加提单签发的签字或简签。所谓简签，是指签字人以最简单的签字形式（通常只签本人姓名中的一个单词或一个字母）来代替正式签字。

（2）在备运提单下端印有专供填写装船条款的栏目：Laden on Board the Vessel，已装船标注。有人称之为“装船备忘录”。装船后，在此栏处加注必要内容，如船名等，并填写装船日并由签字人签字或简签。

21. 提单号码（B/L No.）

由承运人或其代理人指定。一般位于提单的右上角，是为便于工作联系和核查承运人对发货人所发货物承运的编号。其他单据中，如保险单、装运通知的内容往往也要求注明提单号。

张华缮制完成的海运提单：

Shipper Insert Name, Address and Phone WEIFANG RUIDA IMPORT AND EXPORT CO., LTD. 3999 TAIXIANG STREET, WEIFANG, CHINA	**B/L No.**
Consignee Insert Name, Address and Phone TO ORDER	中远集装箱运输有限公司 COSCO CONTAINER LINES TLX: 33057 COSCO CN FAX: +86 (021) 6545 8984 **ORIGINAL**
Notify Party Insert Name, Address and Phone (It is agreed that no responsibility shall attach to the Carrier or his agents for failure to notify) BIG TREE PTY LTD. 9/46 JOHNSTON STREET ABBOTSFORD VIC 306 AUSTRALI	Port-to-Port or Combined Transport **BILL OF LADING** RECEIVED in external apparent good order and condition except as otherwise noted. The total number of packages or units stuffed in the container, the description of the goods and the weights shown in this Bill of Lading are furnished by the merchants, and which the carrier has no reasonable means of checking and is not a part of this Bill of Lading contract. The carrier has issued the number of Bills of Lading stated below, all of this tenor and date, one of the original Bills of Lading must be surrendered and endorsed or signed against the delivery of the shipment and whereupon any other original Bills of Lading shall be void. The merchants agree to be bound by the terms and conditions of this Bill of Lading as if each had personally signed this Bill of Lading. SEE Clause 4 on the back of this Bill of Lading (Terms continued on the back hereof, please read carefully). *Applicable Only When Document Used as a Combined Transport Bill of Lading.

Combined Transport *		Combined Transport*	
Pre - carriage by		Place of Receipt	
Ocean Vessel Voy. No. XIN CANG ZHOU v.222S		Port of Loading QINGDAO	
Port of Discharge MELBOURNE, AUSTRALIA		Combined Transport * Place of Delivery	

Marks & Nos. Container / Seal No.	No. of Containers or Packages	Description of Goods (If Dangerous Goods, See Clause 20)	Gross Weight Kgs	Measurement
BT RD2308 MELBOURNE CTN 1-200	200CTNS	2,400 SETS OF 100% COTTON BEDDING DUVET COVER SET, ART NO.RD0213 CIF MELBOURNE, AUSTRALIA PACKED IN 12SETS/CTN FREIGHT PREPAID L/C NO. : PO23L3000	5,800.00KGS	27. 000CBMS

Total Number of containers and/or packages (in words)　SAY TOTAL TWO HUNDRED CARTONS ONLY.

Subject to Clause 7 Limitation					
Freight & Charges	Revenue Tons	Rate	Per	Prepaid	Collect
Declared Value Charge					

Ex. Rate:	Prepaid at	Payable at	Place and date of issue
	QINGDAO		QINGDAO　Nov. 27, 2023
	Total Prepaid	No. of Original B (s)/L	Signed for the Carrier, COSCO CONTAINER LINES
		THREE (3)	

LADEN ON BOARD THE VESSEL			
DATE		BY	

◆航空运单的缮制

Shipper's Name and Address	Shipper's Account Number	Not Negotiable **Air Waybill 中国东方航空公司** Issued by CHINA EASTERN AIRLINES 2250 HONGQIAO ROAD SHANGHAI CHINA
Consignee's Name and Address	Consignee's Account Number	Copies 1 2 and 3 of this Air Waybill are originals and have the same validity It is agreed that goods described herein are accepted in apparent good order and condition (except as noted) for carriage SUBJECT TO THE CONDITIONS OF CONTRACT ON THE REVERSE HEREOF ALL GOODS MAY BE CARRIED BY ANY OTHER MEANS INCLUDING ROAD OR AND CARRIER UNLESS SPECIFIC CONTRARY INSTRUCTIONS ARE GIVEN HEREIN BY THE SHIPPER. AND SHIPPER AGREES THAT THE SHIPMENT MAY BE CARRIED DEEMS APPROPRIATE. THE SHIPPER' S ATTENTION IS DRAWN TO THE NOTICE CONCERNING CARRIER' S LIMITATION OF LIABILITY. Shipper may increase such limitation of liability by declaring a higher value of carriage and paying a supplemental charge if required.
Issuing Carrier's Agent Name and City		Account Information
Agents IATA Code	Account No.	
Airport of Departure (Add. Of First Carrier) and Requested Routing		

TO	By First Carrier	Routing and Destination	To	By	TO	By	Currency	Chgs Code	WT/VAL PPD	WT/VAL COLL	Order PPD	Order COLL	Declared Val for Carrier	Declared val for Customs

Airport of Destination		Requested Flight /Date	Amount of Insurance	If shipper requests insurance in accordance with the conditions thereof indicate amount to be insured in figures in box marked "Amount of Insurance"

Handing Information

No. of Place RCP	Gross Weight	kg lb		Rate Class / Commodity Item No.	Chargeable Weight		Rate / Charge		Total		Nature and Quantity of Goods (Incl Dimensions or Volume)
		K	S								

Prepaid	Weight Charge	Collect	Other Charge
	Valuation Charge		
	Tax		
	Total other Charge Due Agent		Shipper certifies that particular's on the face hereof are correct and agree THE CONDITIONS ON REVERSE HEREOF: Signature Shipper or his Agent
	Total Charge Due Carrier		
Total Prepaid		Total Collect	Carrier certifies that the goods described hereon are accepted for carriage subject to THE CONDITION OF CONTRACT ON THE REVERSE HEREOF. The goods then being in apparent good order and condition except as noted hereon. Executed (date) at (place) Signature of issuing Carrier
Currency Conversion Rates		CC.Charges in Dest.Currency	
For Carriers Use only at Destination	Charge at Destination	Total Collect Charge	789-3905 0933

思考：

请上网查阅什么是"IATA"？

航空运单有正面、背面条款之分，不同的航空公司有自己独特的航空运单格式。各航空公司所使用的航空运单大多借鉴IATA所推荐的标准格式，差别并不大。

1. 货运单号码

货运单号码由11位数字组成，其中前三位代表航空公司的代号，后七位是货运单序号，最后第八位是检验号。

2. 发货人姓名、住址（Shipper's Name and Address）

填写发货人姓名、地址、所在国家及联络方法。

3. 发货人账号

只在必要时填写。

注意：

在收货人一栏，因为与海运提单不同，空运单不可转让，所以"凭指示"之类的字样不得出现。

思考并讨论：

空运单和海运单在收货人一栏有什么区别？

4. 收货人姓名、住址（Consignee’s Name and Address）

应填写收货人姓名、地址、所在国家及联络方法。为了使货物运达目的地点后顺利地交付收货人，准确无误地填写这一栏十分重要。收货人的名称及地址必须是全称。

5. 收货人账号

同 3 栏一样只在必要时填写。

6. 承运人代理的名称和所在城市（Issuing Carrier’s Agent Name and City）

7. 代理人的 IATA 代号

8. 代理人账号

9. 始发站机场及所要求的航线（Airport of Departure and Requested routing）

此栏打印始发地机场名称或所在城市全称，以及所要求的运输路线。一般填写第一程航班号。

10. 转运

填写转运航班号。

11. 财务说明（Accounting Information）

此栏填制有关财务说明事项。付款方式为现金支票或其他方式；货物到达目的站无法交付收货人而需退运的，应将原始货运单号码填入新货运单的本栏内。运费的支付方式：预付或到付。

12. 货币（Currency）

填入始发地国家（或地区）的货币代码。

13. 运费代号（CHGS Code）

此栏由航空公司填写。

14. 运费及声明价值费（WT/VAL，weight charge/valuation charge）

此时可以有两种情况：预付（PPD，Prepaid）或到付（COLL collect）。需要注意的是，航空货物运输中运费与声明价值费支付的方式必须一致，不能分别支付。

15. 其他费用（Other）

也有预付和到付两种支付方式。

16. 运输声明价（Declared Value for Carriage）

在此栏填入发货人要求的用于运输的声明价值。如果发货人不要求声明价值，则填入“NVD（No value declared）”。

17. 海关声明价值（Declared Value for Customs）

发货人在此填入对海关的声明价值，或者填入“NCV（No customs valuation）”，表明没有声明价值。

18. 目的地机场（Airport of Destination）

填写最终目的地机场的全称。

19. 航班及日期（Flight/Date）

填入货物所搭乘航班及日期。

20. 保险金额（Amount of Insurance）

只有在航空公司提供代保险业务而客户也有此需要时才填写，否则填入“××”。

21. 操作信息（Handling Information）

一般填入承运人对货物处理的有关注意事项，如“Shipper’s certification for live animals（托运人提供活动物证明）”等。

22. 货物运价、运费细节

22A. 货物件数和运价组成点（No. of Pieces RCP, Rate Combination Point）

填入货物包装件数。如10包即填“10”。当需要组成比例运价或分段相加运价时，在此栏填入运价组成点机场的IATA代码。

22B. 毛重（Gross Weight）

填入货物总毛重。

22C. 重量单位

可选择千克（kg）或磅（lb）。

22D. 运价等级（Rate Class）

针对不同的航空运价共有6种代码，它们是M-（Minimum，起码运费）、C-（Specific Commodity Rates，特种运价）、S-（Surcharge，高于普通货物运价的等级货物运价）、R-（Reduced，低于普通货物运价的等级货物运价）、N-（Normal，45公斤以下货物适用的普通货物运价）、Q-（Quantity，45公斤以上货物适用的普通货物运价）。

22E. 商品代码（Commodity Item No.）

在使用特种运价时需要在此栏填写商品代码。

22F. 计费重量（Chargeable Weight）

此栏填入航空公司据以计算运费的计费重量，该重量可以与货物毛重相同也可以不同。

22G. 运价（Rate/Charge）

填入该货物适用的费率。

22H. 运费总额（Total）

此栏数值应为起码运费值或者是运价与计费重量两栏数值的乘积。

22I. 货物的品名、数量，含尺码或体积（Nature and Quantity of Goods incl. Dimensions or Volume）

货物的尺码应以厘米或英寸为单位，尺寸分别以货物最长、最宽、最高边为基础。体积则是上述三边的乘积，单位为立方厘米或立方英寸。

22J. 该运单项下货物总件数

22K. 该运单项下货物总毛重

22L. 该运单项下货物总运费

23. 其他费用（Other Charges）

指除运费和声明价值附加费以外的其他费用。根据 IATA 规则各项费用分别用三个英文字母表示。其中前两个字母是某项费用的代码，如运单费就表示为 AW（Air Waybill Fee）。第三个字母是 C 或 A，分别表示费用应支付给承运人（Carrier）或货运代理人（Agent）。

24 ～ 26. 分别记录运费、声明价值费和税款金额，有预付与到付两种方式

27 ～ 28. 分别记录需要付与货运代理人（Due Agent）和承运人（Due Carrier）的其他费用合计金额

29. 需预付或到付的各种费用

30. 预付、到付的总金额

31. 发货人的签字

32. 签单时间（日期）、地点、承运人或其代理人的签字

33. 货币换算及目的地机场收费记录

以上所有内容不一定要全部填入空运单，IATA 也并未反对在运单中写入其他所需的内容。但这种标准化的单证对航空货运经营人提高工作效率，促进航空货运业向电子商务的方向迈进具有积极的意义。

知识拓展

海运提单除上述正面的内容外，一般背面是托运人与承运人的运输条款（Terms and Conditions of Shipment Mutually Agreed），理论上应是托运人与承运人双方约定的事项，但实际上是承运人单方面印定的，托运人很少有修改的机会。这也就是为什么说提单是双方运输契约的证明，而不能说是运输契约或合同的原因。由于各国航运公司提单的格式不同，其条款的规定内容也互不一样，内容较多，如托运人与承运人的定义、承运人责任条款、运费和其他费用条款、责任限额、共同海损等，其内容虽多却也大同小异，可以归类，一般首要条款中要规定所适用的国际公约（如《海牙规则》《维斯比规则》和《汉堡规则》），以便在发生争议时作为依据。

在班轮运输中，关于提单常见的国际公约：

（1）《关于统一提单的若干法律规则的国际公约》，通称为《海牙规则》，1931 年生效。

（2）1968 年在布鲁塞尔制定了《修订统一提单法规国际公约的议定书》，简称《维斯比规则》，1977 年生效。

（3）1978 年联合国贸易会议主持制定了《汉堡规则》，全称为《联合国海上货物运输公约》，1992 年 11 月 1 日生效。

单据样式

样单 4–1（1）

中远海运集装箱运输有限公司 COSCO SHIPPING LINES CO., LTD.	COSU640097XXXX **Booking Confirmation** **订舱确认书**		**DATE:** 31 Mar 2024 16:34(CST)

FROM: Cosco Shipping Lines (Qingdao) Co., Ltd.
客服代表: 一站式客服
TEL: 4009601919 **EMAIL:** cs.qingdao@coscon.com

BOOKING REMARK

订舱号: COSU640097XXXX
服务合同号/运价协议号:

EXTERNAL REFERENCE INFORMATION

B/L Reference Number: BAIXW
Cargosmart Reference Number: CC4635250000

PARTIES INFORMATION

订舱方: COSCO SHIPPING Lines (Qingdao) Company Limited Weifang Branch
托运人: Weifang XXXXXX Import & Export Company Limited

ROUTE INFORMATION

总箱型/尺寸: 1 X 40' Hi-Cube Refrigerated Container
接货地: Qingdao, Qingdao, Shandong, China
装港(挂靠码头): 青岛前湾联合集装箱码头 **ETA:** 13 Apr 2024 22:00(CST)
关区代码: 4218
船名/航次: COSCO SHIPPING CAPRICORN **ETD:** 15 Apr 2024 04:00(CST)
035W
SERVICE CODE: AEU3 **ETA:** 24 May 2024 22:00(CET)
卸港: Rotterdam / Euromax Terminal **ETA:** 24 May 2024 22:00(CET)
交货地: Rotterdam, Zuid-Holland, Netherlands

截止单证（补料）时间: 11 Apr 2024 10:00(CST)

截港时间、VGM截止时间可参考我司班期表，具体航次截止时间还请关注相关码头网站公布信息。
**上述各时间信息均基于我司处理本订舱当时的班期情况，若班期发生更改，请关注我司的通知。
**请务必在截单时间之前给我司提供真实准确的电子单证信息，以便我司据此制作提单。
**电子单证信息必须录入箱号封号，如果在截单时间之前没有用箱，请提前向场站提交指定箱封号申请。
**电子单证只能发送一次，发送之后的更改请提供书面更改单。邮箱：qddoc@coscon.com
**电子单证中提单类型只能选择ORGINAL，如需出海运单(Seaway Bill)或申请电放提单，青岛口岸，请开船后使用提单相关方的企业邮箱发送保函至qdrelease@coscon.com进行办理；其他口岸（连云港/烟台/威海/日照），请联系您的客服代表
**第三地签单的申请保函请务必在船开前提交给我司客服代表
**第三地付费的申请保函请务必在船开前提交给我司客服代表
**欧洲货物HS CODE请注意只能输入6位数字。美加货主合同不要维护反恐申报信息，美加货代合同必须维护反恐申报信息。具体合同性质和维护方法请联系客服代表。

CARGO INFORMATION

货类: Reefer
货品: PEELED GARLIC
出口运输条款: Container Yard **进口运输条款:** Container Yard
BOOKING QTY SIZE/TYPE: 1 X 40' Hi-Cube Refrigerated Container
SOC INDICATOR: N
CARGO WEIGHT: 23508 KG **提箱地:** 远洋大亚
提箱校验码: 9465
查询网站：http://www.yydy.com/dyxt/main.aspx
用户名：cargo 密码：000000
输入船名(不添加航次号)可查询业务员联系方式

注意事项：
**请务必在工作日工作小时内打印并核查设备交接单，如有箱型箱量、船名航次、场站更改，或非协议车辆申请，请在工作日工作小时内提供更改和保函，以免影响提箱。

样单 4–1（2）

中远海运集装箱运输有限公司 COSCO SHIPPING LINES CO., LTD.	COSU640097XXXX **Booking Confirmation** 订舱确认书		DATE: 31 Mar 2024 16:34(CST)

**免费用箱天查询地址
http://elines.coscoshipping.com/NewEB/informationQueryAndSubscribe.html?node=2039
**用箱前请登陆http://elines.coscoshipping.com/NewEBWeb/public/cargoTracking/cargoTracking.xhtml 查询开航日，以免产生超期箱使用费。
**危险品、超限箱、液袋货物请务必先发送申请给客服人员，完成上船确认后再安排提箱事宜。
**请注意中转港、卸货港重量限制，以免产生超重费。
**VGM责任方必须为提单上显示的托运人。
**按照SOLAS VGM公约规定，集装箱最大载货重量不能超过《国际集装箱安全公约》规定的最大载货重量标准。如果超过标准重量，货物不能装船。
**特殊堆放要求，根据青岛码头实际情况，目前仅有有5项可供选择，远离热源/甲板下堆放/甲板上堆放/装载在吃水线以下（水线以下, 远离热源）/在夹板顶部 (ON DECK TOP)。而且，因受船舶实际配载影响，您提交的特殊要求，我司也将仅作为配载参考尽力安排。
**Chile、Costa Rica、Dominican Republic、Guatemala、 Panama、 Peru、Nicaragua、Brazil、Ecuador、Colombia、Honduras、Jamaica提单默认显示运费,Mexico 提单默认显示到付费用,如要求不显示,请在截单前发送不显示运费保函给改单公邮箱: qddoc@coscon.com。针对冷箱运输，发货人/托运人有义务保证箱货交付承运人前，货物的保管、装箱及运输等事项符合冷箱运输。预冷处理的要求，即发货人/托运人保证交付承运人前已将箱货进行了温控处理，调至到所需温度。否则因此造成货物毁损的，承运人不承担相应责任。
**根据加拿大海关规定，从2021年1月4日起对进口至加拿大境内的货物我司停止提供代发HBL的服务，Freight Forward或NVOCC需自行申报HBL。FROB和in-transit货物HBL的代发服务仍将延续。

SPECIAL CARGO INFORMATION

货类:	Reefer
货品:	PEELED GARLIC
REQUIRED TEMP SETTING:	-2 ℃
REQUIRED PRE-COOLING:	N
REQUIRED VENT SETTING:	0 cbm Per Hour
OPERATIONAL:	Y
GENSET:	Not Required
CA:	N
MODIFIED ATMOSPHERE:	N
ADVANCE FRESH AIR MGMT:	N
REQUIRED DEHUMIDITY:	N
SENSITIVE CARGO:	N
TAINT:	N
COLD TREATMENT:	N

OTHER REMARKS

银行信息：
名称：青岛中远海运集装箱运输有限公司
开户行：中国银行青岛市分行
人民币账号：237700405738
美金账号：239000405738
**如您与我司有相关的付费协议，以付费协议确定的银行信息为准。
**如您还有额外的付费要求，请联络您的客服代表。（请注意，额外的付费要求可能需要额外的手续和费用，详情请联络您的客服代表了解。）

您可以通过"中远海运集运在线智能助理"快速联系我们：
1）登录中远海运集运官网（https://lines.coscoshipping.com），进入主页右上角"电子商务平台"，点击"在线客服"。
2）微信关注"中远海运集运"公众号，输入任意信息，点击"在线客服"进行咨询。
3）拨打中远海运集运客服中心热线：4009601919。
公共客服邮箱：cs.qingdao@coscon.com

**请贵司根据报关的要求，自行向我司船代提交出口舱单申报信息。
**特殊装载要求请在订舱后通过电邮通知您的客服代表，并请抄送场站。
**订舱数据如有更改，（包括但不仅限于改港、改目的地、改运输条款、改付费方式、收发货人变更、品名变更、箱型箱量更改、冻柜改温度通风等），请发送更改通知邮件给您的客服代表，并请抄送场站。
**如果船舶爆仓，舱位以我司最终确认为准。
**下列情况我司将收取相应费用：
1）电放提单和单票签发海运单；
2）截单后更改；
3）各国反恐预申报发送后更改;
4）截港时间后，货物未集港；海关未放行（含查验货）；及既未集港也未放行的情况；

订舱提醒：
**请注意核查订舱确认书中的船名、航次、中转港、卸货港、交货地、箱型箱量、冷箱温度通风等信息是否与您的订舱申请一致。
**请务必提供详细、真实的货物名称，如含有危险品应提前进行特殊申报，开船后我司不接受对货物性质的更改。
**您要求的运输路径可能与我公司的标准路径不同，我公司也可能根据实际情况予以调整，敬请关注。
**如果船舶爆仓，舱位以我司最终确认为准。
**如在装港前有拖车、报关等延伸服务需求，请在获得订舱确认单后，邮件通知您的客服代表做安排。

样单 4–1（3）

中远海运集装箱运输有限公司 COSCO SHIPPING LINES CO., LTD.	COSU640097XXXX **Booking Confirmation** **订舱确认书**		**DATE:** 31 Mar 2024 16:34(CST)

中转提醒：
**我公司已经根据我们的路径，尽量安排相近的接转船期，以最大限度避免您的货物在中转港滞留，请关注我们的船期，合理安排您的货物出运。如对转运安排有进一步的要求，请您联系客户服务代表。(请注意,如果要求中转港滞留，将会产生额外费用，具体金额请与您的客服代表确认)

特别提醒：
**贵司应保证向我司及相关港航监管机构提供的各类信息均真实有效，如遇货物超负荷装载、申报不实、违规处罚等，须由贵司承担由此产生的相关风险、责任和费用。
**如货方（与提单背面条款定义一致）未正确申报货物品名，隐瞒、错误申报货物的危险性质，承运人或其代理将：（1）有权要求货方，在瞒报被发现之日起的 2 个工作日内向承运人或其代理支付违约费用每自然箱（UNIT）20000 美元；
（2）立刻终止货方托运的此票货物和其他所有货物的运输，直至查明货物真实品名及性质；（3）有权留置，退运或拍卖瞒报的危险货物，且与此有关的全部费用和损失由货方承担。
前述条款并不影响承运人或其代理就因此所遭受的全部损失和费用向货方索赔，以及对货方托运的仍由承运人或其代理控制下的货物进行留置及拍卖等措施，以实现索赔。
**如货方（与提单背面条款定义一致）私自对集装箱进行结构上的改动，货方应在承运人或其代理发现集装箱被私改后2个工作日内支付违约费用每自然箱（UNIT）2000 美元。前述条款并不影响承运人或其代理就因此所遭受的全部损失和费用向货方索赔。

外贸航线九项客户服务标准
一、订舱：（1）工作日2小时内提供订舱处理状态；（2）开舱后，订舱信息提供完备情况下，普通货及冷藏货，工作日2小时内确认订舱；危险品货及大件货，2个工作日内确认订舱
二、放箱：设备交接单打印后48小时内保证用箱
三、提单签发：提单指示信息提供完备情况下，船开后1个工作日内可签发正本提单
四、发票提供：发票信息提供完备情况下，船开后1个工作日内可提供客户发票
五、船舶准班率：自营船舶综合准班率不低于95%（不可抗力因素除外）
六、中转服务：（1）货物抵达中转港3天前，提供后程船信息；离开中转港1天内，提供装船结果；（2）正常情况下，货物7天内转运，最晚不超过14天
七、到货通知：货物抵达卸港1天前发送到货通知
八、窗口服务：自抵窗口起15分钟内业务办结
九、争议处置：（1）5个工作日内解决发票争议；（2）对于事实清楚的商务争议，7个工作日内处理；（3）投诉受理5个工作日内反馈处理意见
以上服务标准仅作参考，不应在任何条件下被视为担保/保证。

货物跟踪、船期查询，还有更多服务内容，欢迎添加"中远海运集运"或扫描二维码关注我司微信公众号。

- END -

样单 4-2

PROFORMA

PAGE: 1 OF 1

Tel: +86 21 3512 4888

E-Business: elines.coscoshipping.com

PORT TO PORT OR COMBINED TRANSPORT BILL OF LADING

1. Shipper Insert Name Address and Phone/Fax WEIFANG XXXXXX IMPORT AND EXPORT CO., LTD, XXXXXX DISTRICT WEIFANG CHINA	Booking No. 640097XXXX Bill of Lading No. COSU640097XXXX Export References CSO/AGREEMENT NUMBER 000013XX
2. Consignee Insert Name Address and Phone/Fax XXXXXX	Forwarding Agent and References FMC/CHB No. Point and Country of Origin
3. Notify Party Insert Name Address and Phone/Fax (It is agreed that no responsibility shall attach to the Carrier or his agents for failure to notify) XXXXXX	Also Notify Party-routing & Instructions *NETHERLANDS

4. Combined Transport* Pre-Carriage by	5. Combined Transport* Place of Receipt QINGDAO PORT CHINA		
6. Ocean Vessel Voy. No. COSCO SHIPPING CAPRICORN 035W	7. Port of Loading QINGDAO PORT CHINA	Service Contract No.	Doc. Form No.
8. Port of Discharge ROTTERDAM PORT THE*	9. Combined Transport* Place of Delivery ROTTERDAM PORT THE*	Type of Movement FCL / FCL	CY-CY

Marks & Nos. Container / Seal No.	No. of Container or Packages	Description of Goods (If Dangerous Goods, See Clause 21)	Gross Weight	Measurement
N/M	2,276 CARTONS	2,276 CTNS PEELED GARLIC SET TEMP: -2C IMO NO.: UN9783514	24,632.000KGS	56.0000CBM
TOTAL:	2,276 CARTONS		24,632.000KGS	56.0000CBM
OCEAN FREIGHT PREPAID SHIPPER'S LOAD STOW COUNT AND SEAL ON CY-CY TERM				
- SEKU9356784 /NF254969 /		2,276 CARTONS /FCL/FCL /40RQ/		

Declared Cargo Value US$ | Description of Contents for Shipper's Use Only (Not part of This B/L Contract)

10. Total Number of Containers and/or Packages (in words) Subject to Clause 8 Limitation of Liability: SAY ONE CONTAINER TOTAL

11. Freight & Charges	Revenue Tons	Rate	Per	Amount	Prepaid	Collect	Freight & Charges Payable at / by

Received in external apparent good order and condition except as otherwise noted. The total number of the packages or units stuffed in the container, the description of the goods and the weights shown in this Bill of Lading are furnished by the merchants, and which the carrier has no reasonable means of checking and is not a part of this Bills of Lading contract.

The carrier has issued 3 original Bills of Lading, all of this tenor and date, one of the original Bills of Lading must be surrendered and endorsed or signed against the delivery of the shipment and whereupon any other original Bills of Lading shall be void. The merchants agree to be bound by the terms and conditions of this Bill of Lading as if each had personally signed this Bill of Lading.

*Applicable Only When Document Used as a Combined Transport Bill of Lading.

Demurrage and Detention shall be charged according to the tariff published on the Home page of http://lines.coscoshipping. com. If any ambiguity or query, please search by Demurrage & Detention Tariff Enquiry. The complete TERMS AND CONDITIONS appearing on the reverse side of this Bill of Lading are available at http://lines.coscoshipping.com, which also provides other services and more detailed information.

Date Laden on Board 15 JUN 2024

Signed by:

9805 Date of Issue 15 JUN 2024 Place of Issue WEIFANG

Signed for the Carrier, COSCO SHIPPING LINES CO., LTD.

样单 4-3

中远海运集装箱运输有限公司
COSCO SHIPPING LINES CO., LTD.

SEA WAYBILL

PAGE: 1 OF 1

Tel: +86 21 3512 4888
E-Business: elines.coscoshipping.com

NON-NEGOTIABLE SEA WAYBILL FOR COMBINED TRANSPORT OR PORT TO PORT

1. Shipper Insert Name Address and Phone/Fax WEIFANG XXXXXX IMPORT AND EXPORT CO., LTD	Booking No. 640097XXXX Sea Waybill No. COSU640097XXXX Export References CSO/AGREEMENT NUMBER 000013XX
2. Consignee Insert Name Address and Phone/Fax XXXXXX	Forwarding Agent and References FMC/CHB No. Point and Country of Origin
3. Notify Party Insert Name Address and Phone/Fax (It is agreed that no responsibility shall attach to the Carrier or his agents for failure to notify) XXXXXX	Also Notify Party-routing & Instructions *NETHERLANDS

4. Combined Transport* Pre-Carriage by	5. Combined Transport* Place of Receipt QINGDAO PORT CHINA		
6. Ocean Vessel Voy. No. COSCO SHIPPING CAPRICORN 035W	7. Port of Loading QINGDAO PORT CHINA	Service Contract No.	Doc. Form No. 2
8. Port of Discharge ROTTERDAM PORT THE*	9. Combined Transport* Place of Delivery ROTTERDAM PORT THE*	Type of Movement FCL / FCL	CY-CY

Marks & Nos. Container / Seal No.	No. of Container or Packages	Description of Goods (If Dangerous Goods, See Clause 21)	Gross Weight	Measurement
N/M	2,276 CARTONS	2,276 CTNS PEELED GARLIC SET TEMP:-2C IMO NO.:UN9783514	24,632.000KGS	56.0000CBM
TOTAL:	2,276 CARTONS		24,632.000KGS	56.0000CBM

OCEAN FREIGHT PREPAID
SHIPPER'S LOAD STOW COUNT AND SEAL
ON CY-CY TERM

- SEKU9356784 /NF254969 / 2,276 CARTONS /FCL/FCL /40RQ/

Declared Cargo Value US$

Description of Contents for Shipper's Use Only (Not part of This Sea Waybill Contract)

10. Total Number of Containers and/or Packages (in words) Subject to Clause 8 Limitation of Liability: SAY ONE CONTAINER TOTAL

11. Freight & Charges	Revenue Tons	Rate	Per	Amount	Prepaid	Collect	Freight & Charges Payable at/by

Received in external apparent good order and condition except as otherwise noted. The total number of the packages or units stuffed in the container, the description of the goods and the weights shown in this Sea Waybill are furnished by the merchants, and which the carrier has no reasonable means of checking and is not a part of this Sea Waybill contract. The carrier has issued 3 Sea Waybill. The merchants agree to be bound by the terms and conditions of this Sea Waybill as if each had personally signed this Sea Waybill.
*Applicable Only When Document Used as a Combined Transport Sea Waybill.
Demurrage and Detention shall be charged according to the tariff published on the Home page of http://lines.coscoshipping.com. If any ambiguity or query, please search by Demurrage & Detention Tariff Enquiry. The complete TERMS AND CONDITIONS appearing on the reverse side of this Bill of Lading are available at http://lines.coscoshipping.com, which also provides other services and more detailed information.

Date Laden on Board 15 JUN 2024

Signed by:
青岛中远海运集装箱运输有限公司
COSCO SHIPPING LINES (QINGDAO) CO.,LTD.
AS AGENT

9805 Date of Issue 15 JUN 2024 Place of Issue WEIFANG

Signed for the Carrier, COSCO SHIPPING LINES CO.,LTD.

样单 4–4

中远海运集装箱运输有限公司
COSCO SHIPPING LINES CO., LTD.

ORIGINAL

PAGE: 1 OF 1　　Tel: +86 21 3512
E-Business: elines.coscoshipping.com
PORT TO PORT OR COMBINED TRANSPORT BILL OF LADING

1. Shipper　Insert Name Address and Phone/Fax WEIFANG XXXX IMPORT AND EXPORT	Booking No. 630000XXXX Bill of Lading No. COSU630XXXXXXX Export References CSO/AGREEMENT NUMBER 0000XXXX
2. Consignee　Insert Name Address and Phone/Fax TO ORDER OF XXXX	Forwarding Agent and References FMC/CHB No. Point and Country of Origin
3. Notify Party　Insert Name Address and Phone/Fax　(It is agreed that no responsibility shall attach to the Carrier or his agents for failure to notify);	Also Notify Party-routing & Instructions

4. Combined Transport * Pre-Carriage by	5. Combined Transport * Place of Receipt QINGDAO PORT CHINA		
6. Ocean Vessel Voy. No. EVER GENTLE 1145-011W	7. Port of Loading QINGDAO PORT CHINA	Service Contract No.	Doc. Form No.
8. Port of Discharge ROTTERDAM	9. Combined Transport * Place of Delivery ROTTERDAM	Type of Movement FCL / FCL	CY-CY

Marks & Nos. Container / Seal No.	No. of Container or Packages	Description of Goods (if Dangerous Goods, See Clause 20)	Gross Weight	Measurement
N/M	374 CARTONS	374CTNS PEELED GARLIC	5,022.000KGS	11.2000CBM
	1,060 CARTONS	1,060CTNS GARLIC PUREE	16,408.000KGS	39.2000CBM
	400 BUCKETS	400BUCKETS GARLIC PUREE SET TEMP: -1℃	2,226.000KGS	5.6000CBM
TOTAL:	1,834 PACKAGES		23,656.000KGS	56.0000CBM
OCEAN FREIGHT COLLECT SHIPPER'S LOAD STOW COUNT AND SEAL ON CY-CY TERM				
SZI　66　/N40	06　/	1,834 PACKAGES　/FCL/FCL /40RQ/		

Declared Cargo Value US$　　Description of Contents for Shipper's Use Only (Not part of This B/L Contract)

10. Total Number of Containers and/or Packages (in words) Subject to Clause 8 Limitation of Liability　SAY ONE CONTAINER TOTAL

11. Freight & Charges	Revenue Tons	Rate	Per	Amount	Prepaid	Collect	Freight & Charges Payable at / by

Received in external apparent good order and condition except as otherwise noted. The total number of the packages or units stuffed in the container, the description of the goods and the weights shown in this Sea Waybill are furnished by the merchants, and which the carrier has no reasonable means of checking and is not a part of this Sea Waybill contract. The carrier has issued 3 Sea Waybill. The merchants agree to be bound by the terms and conditions of this Sea Waybill as if each had personally signed this Sea Waybill.
*Applicable Only When Document Used as a Combined Transport Sea Waybill.
Demurrage and Detention shall be charged according to the tariff published on the Home page of http://lines.coscoshipping.com. If any ambiguity or query, please search by Demurrage & Detention Tariff Enquiry. The complete TERMS AND CONDITIONS appearing on the reverse side of this Bill of Lading are available at http://lines.coscoshipping.com, which also provides other services and more detailed information.

Date Laden on Board　19 JUN 2021
Signed by
青岛中远海运集装箱运输有限公司
COSCO SHIPPING Lines (Qingdao) Co.,Ltd.
(1)
As AGENT

9805　Date of Issue 19 JUN 2021 Place of Issue WEIFANG　　Signed for the Carrier, COSCO SHIPPING LINES CO.,LTD.

样单 4–5

SITC SITC CONTAINER LINES CO., LTD.

B/L No. SITTAGSU41xxxx

1.Shipper
xxxxxx

2.Consignee
xxxxxx

3.Notify Party(It is agreed that no responsibility shall attach to the Carrier or his agent for failure to notify)
SAME AS CONSIGNEE

4.*Pre-carriage by
(Applicable only when this document is used as a Combined Transport Bill of Lading)

5.*Place of Receipt
QINGDAO,CHINA CY
(Applicable only when this document is used as a Combined Transport Bill of Lading)

6.Vessel/Voy No
STARSHIP VENUS V.2402S

7.Port of Loading
QINGDAO,CHINA

8.Port of Discharge
SURABAYA,INDONESIA

9.*Place of Delivery
SURABAYA,INDONESIA CY
(Applicable only when this document is used as a Combined Transport Bill of Lading)

Port to Port or Combined Transport
BILL OF LADING

RECEIVED for shipment in external apparent good order and condition, unless otherwise indicated. The total number of packages or units stuffed in the container, the description of the goods and the weights shown in this Bill of Lading are furnished by the Merchants and the containers are already sealed by the Merchants, and which the carrier has no reasonable means of checking and is not a part of this Bill of Lading contract. The carrier has issued the number of Bills of Lading stated below, all of this tenor and date, one of the original Bills of Lading must be surrendered and endorsed or signed against the delivery of the goods or the delivery order and whereupon any other original Bills of Lading shall be void.

NOTE: Notwithstanding any customs or privileges to the contrary, the Merchant's attention is drawn to the fact that the Merchant, in accepting this Bill of Lading, expressly agrees to be bound by all the stipulations, exceptions, limitations, liberties, terms and conditions attached hereto or stated herein, whether written, printed, stamped or otherwise incorporated on the front and/or reverse side hereof as well as the provisions of the Carrier's published Tariff Rules, Regulations and Schedules, without exceptions, as fully as if they were all signed by such Merchant, and the carrier's undertaking to carry the goods is made on the basis of the merchant's acceptance and agreements as aforesaid.

This Bill of Lading is governed by the laws of the People's Republic of China. Any claims and disputes arising under or in connection with this Bill of Lading shall be determined by Shanghai Maritime Court or Qingdao Maritime Court at the exclusion of the Courts of any other country.

The printed terms and conditions appearing on the face and reverse side of this Bill of Lading are available at www.sitc.com in SITC's published tariffs.

PARTICULARS FURNISHED BY THE MERCHANT

Container No./Seal No. Marks and Numbers	Number and Kind of packages; description of goods	Gross Weight Kgs	Measurement
NO MARK SITU2757897/20GP/SITZ008113'	1X20GP FCL CONTAINER STC 18CARTON(S) COMMERCIAL KITCHEN EQUIPMENT: COMMERCIAL REFRIGERATOR (HS CODE: 8418) FOOD MACHINERY (HS CODE: 8438) SHOWCASE (HS CODE: 8418) CY-CY SHIPPED ON BOARD SHIPPER'S LOAD,COUNT&SEAL FREIGHT PREPAID Above particulars declared by shipper. Carrier is not responsible. (see clause 12)	2,059.800 KGS	18.950 CBM

SURRENDERED

10.Total No. of Containers Or Packages (in words): SAY ONE CONTAINER ONLY

11.Freight & Charges	Rate	Unit	Prepaid	Collect
LSS PP	JEMBATAN MERAH ARCADE (JMA) BUILDING, 2ND FLOOR Jl. JEMBATAN MERAH NO. 2 SURABAYA 60175 DIRECT 31 352 5053 HP 62 813 31999547 EMAIL : RACHMAD@SITC.CO.ID			

Prepaid at: QINGDAO
Payable at:
Number of Original B(s)/L: THREE

Place of issue and Date: QINGDAO 02 JUN 2024
12.Declared Value/Charge:

LADEN ON BOARD THE VESSEL
DATE 02 JUN 2024 BY STARSHIP VENUS V.2402S

AS AGENT FOR THE CARRIER.
SITC CONTAINER LINES CO., LTD

No.

SITC STANDARD FORM 2011

样单 4–6

SHIPPER

XXXXXXXXXXXX

CONSIGNEE

XXXXXXXXXXXX

NOTIFY PARTY, Carrier not to be responsible for failure to notify

SAME AS CONSIGNEE

ORIGINAL
BILL OF LADING

VOYAGE NUMBER
0XL7XXXXXXXX5S

BILL OF LADING NUMBER
AMXXXXXXXXX9

EXPORT REFERENCES

CNC

CARRIER: CMA CGM Asia Shipping Pte. Ltd.

Head Office: #14-01 The Metropolis, Tower 1
9 North Buona Vista Drive, Singapore 138588
Tel: (65) 6278 9000 - Fax: (65) 6278 4900

PRE CARRIAGE BY*	PLACE OF RECEIPT*	FREIGHT TO BE PAID AT	NUMBER OF ORIGINAL BILLS OF LADING
		QINGDAO	THREE (3)
VESSEL	**PORT OF LOADING**	**PORT OF DISCHARGE**	**FINAL PLACE OF DELIVERY***
CMA CGM KRUGER	QINGDAO CHINA	JAKARTA,INDONESIA	************************

MARKS AND NOS. CONTAINER AND SEALS	NO AND KIND OF PACKAGES	DESCRIPTION OF PACKAGES AND GOODS AS STATED BY SHIPPER SHIPPER'S LOAD STOW AND COUNT SAID TO CONTAIN	GROSS WEIGHT CARGO KGS	TARE KGS	MEASUREMENT CBM
CMAU601 36 SEAL R2 3792 N/M	1 x 40HC	24 PALLETS MULTIDECK OPENED CHILLER,HS CODE:841850 ISLAND FREEZER, HS CODE: 841850 PROMOTION REFRIGERATED CABINET, HS CODE: 841850 SPARE PARTS, HS CODE: 841899 FREIGHT PREPAID *NPWP NO:0017350976007000 1 X 40HC 24 PALLETS SAY TWENTY-FOUR PALLETS	4,495.000	3,860	56.820

Shipped on Board CMA CGM KRUGER 21-XXX-2024 CMA CGM Qingdao As agents for the Carrier

Weight in Kgs Total: 1 CONTAINER(S)　　Sheet 1 of 2　　4,495.000　　3,860　　56.820

SHIPPERS DECLARED VALUE
SUBJECT TO EXTRA FREIGHT AS PER TARIFF AND CLAUSE 8 OF THIS B/L

ADDITIONAL CLAUSES

In the event that this Bill of Lading is a Paperless Bill of Lading, it shall be governed by the Terms and Conditions available on the CNC website (www.cnc-line.com) which the Merchant has read and accepted. The delivery of the cargo carried under a Paperless Bill of Lading shall be made to the Consignee after the Paperless Bill of Lading has been surrendered to the Carrier on the eBusiness platform and after payment of any outstanding Freight and charges.

Said to contain

Shippers stow, load and count

Demurrage and detention payable by the Merchant as per the Carrier's tariff available on the web site www.cnc-line.com, or in any of his agency. However if special free time conditions are granted, then rates applicable as per general tariff grid shall start from the day following the last free day.

For the purpose of the present carriage, clause 14(2) shall exclude the application of the York/Antwerp rules, 2004

The shipper acknowledges that the Carrier is authorized to carry the goods identified in this bill of lading on the deck of any vessel and in taking remittance of this bill of lading the Merchant (including the shipper, the consignee and the holder of the bill of lading, as the case may be) confirms his express acceptance of all the terms and conditions of this bill of lading and expressly confirms his unconditional and irrevocable consent to the carriage of the goods on the deck of any vessel

Mis-declaration of cargo weight endangers crew, port workers and vessels' safety. Your cargo may be weighed at any place and time of carriage and any mis-declaration will expose you to claims for all losses, expenses or damages whatsoever resulting thereof and be subject to freight surcharge

Following the exceptional measures adopted by various governments in relation with the outbreak of COVID-19 virus and the operational constraints resulting thereof, the Merchants are hereby notified that the carriage of cargo may be disrupted or delayed.Cargo may not be loaded on the intended vessel and may be on forwarded to the port of destination on any alternative vessel at Carrier's sole discretion. Furthermore in case of disruption of ports' operations, the cargo may be discharged in an alternative port without notice and - subject to availability - be on forwarded to the original intended port of destination.Carrier reserve its rights to accomplish the bill of lading in any alternative port. All additional costs, including but not limited to storage, demurrage, plugging, monitoring at the alternative discharge port or extra on forwarding costs, shall be on Merchant's account and payable before delivery and the

If the Pre-Carriage of Onward Carriage boxes are filled out, shipment will be treated as Through Combined Transport. Carrier undertakes entire transport from place where the good taken in charge to the place designated for their delivery and assumes full liability for such transport as per clause 6 of this B/L.

RECEIVED by the carrier from the shipper in apparent good order and condition (unless otherwise noted herein) the total number or quantity of Containers or other packages or units indicated above stated by the shipper to comprise the cargo specified above for transportation subject to all the terms hereof from the place of receipt or the port of loading, whichev l applicable, to the port of discharge or the place of delivery, whichever is applicable. Delivery of the Goods will only be made on payment of all Freight and charges. On presentation of this document (duly endorsed) to the Carrier, by or on behalf of the holder, the rights and liabilities arising in accordance with the terms hereof shall (without prejudice to any rule of common law r statutes rendering them binding upon the shipper, holder and carrier) become binding in all respects between the Carrier and Holder as though the contract contained herein or evid h r by had been made between them.

In witness whereof three (3) original Bills of Lading, unless otherwise stated above, have been issued. In the event one of which is accomplished, the others shall be void.

PLACE AND DATE OF ISSUE　QINGDAO　21 XXX 2024

SIGNED FOR THE CARRIER CMA CGM Asia Shipping Pte. Ltd.
BY CMA CGM Qingdao
as agents for the carrier CMA CGM Asia Shipping.

IGNED FOR THE SHIPPER
*APPLICABLE ONLY WHEN THIS DOCUMENT IS USED AS A COMBINED TRANSPORT BILL OF LADING

BL LARACCAS - printed by www.ehc.franc

样单 4–7

369 CGO 9235xxxx

HAWB AHSHAA50xxxx

SHIPPER'S NAME AND ADDRESS / SHIPPER'S ACCOUNT NUMBER QINGDAO IFASHION JEWELRY CO., LTD. NUMBER 8, THE SOUTH OF XIYUANZHUANG, TONGJI STREET, JIMO, QINGDAO, CHINA	Not Negotiable / Consolidation AIR WAYBILL (Air Consignment Note) Issued By KERRY EAS LOGISTICS 嘉里大通物流 Copies 1,2 and 3 of this Air Waybill are original and have the same validity.
CONSIGNEE'S NAME AND ADDRESS / CONSIGNEE'S ACCOUNT NUMBER XXXXXXXXXXXXXX	It is agreed that the goods described herein are accepted in apparent good order and condition (except as noted) for carriage SUBJECT TO THE CONDITIONS OF CONTRACT ON THE REVERSE HEREOF. ALL GOODS MAY BE CARRIED BY ANY OTHER MEANS INCLUDING ROAD OR ANY OTHER CARRIER UNLESS SPECIFIC CONTRARY INSTRUCTIONS ARE GIVEN HEREON BY THE SHIPPER, AND SHIPPER AGREES THAT THE SHIPMENT MAY BE CARRIED VIA INTERMEDIATE STOPPING PLACES WHICH THE CARRIER DEEMS APPROPRIATE. THE SHIPPER'S ATTENTION IS DRAWN TO THE NOTICE CONCERNING CARRIER'S LIMITATION OF LIABILITY. Shipper may increase such limitation of liability by declaring a higher value for carriage and paying a supplemental charge if required.
NOTIFY PARTY SAME AS CONSIGNEE	ACCOUNTING INFORMATION FREIGHT COLLECT
AIRPORT OF DEPARTURE (ADDR.OF FIRST CARRIER) AND REQUESTED ROUTING ZHENGZHOU	REFERENCE NUMBER / OPTIONAL SHIPPING INFORMATION

to	By first Carrier	Routing and Destination	to	by	to	by	CURRENCY	CHGS CODE	WT/VAL PPD	WT/VAL COLL	OTHER PPD	OTHER COLL	DECLARED VALUE FOR CARRIAGE	DECLARED VALUE FOR CUSTOMS
BCN	5Y						CNY	CP		C		P	NVD	NCV

Airport of Destination	Flight/Date	For Carrier Use Only	Flight/Date	AMOUNT OF INSURANCE	INSURANCE
BARCELONA	5Y0522/23MAY			NVD	INSURANCE: - If Carrier offers insurance, and such insurance is requested in accordance with the conditions thereof, indicate amount to be insured in figures in box marked "Amount of Insurance"

HANDLING INFORMATION

NO. OF PIECES RCP	GROSS WEIGHT	KG lb	RATE CLASS / COMMODITY ITEM NO.	CHARGEABLE WEIGHT	RATE / CHARGE	TOTAL	NATURE AND QUANTITY OF GOODS (INCL. DIMENSIONS OR VOLUME)
40	342.0	K	Q	342.0			NECKLACE PO: 55569-06/1 STYLE: 4602/537/303,4602/537/8 08 711719 60 X 40 X 20(CM) / 40; TOTAL: 1.92 CBM
40	342.0						

PREPAID	WEIGHT CHARGE	COLLECT	Other Charges
	VALUATION CHARGE		
	TAX		
	TOTAL OTHER CHARGES DUE AGENT		Shipper certifies that the particulars on the face hereof are correct and that insofar as any part of the consignment contains dangerous goods, such part is properly described by name and is in proper condition for carriage by air according to the applicable Dangerous Goods Regulations.
	TOTAL OTHER CHARGES DUE CARRIER		KERRY EAS LOGISTICS LIMITED SHANGHAI BRANCH Signature of Shipper or his Agent
TOTAL PREPAID		TOTAL COLLECT	
CURRENCY CONVERSION RATES		CC CHARGES IN DEST. CURRENCY	08-MAY-2024 SHANGHAI PU DONG APT Executed on (Date) at (Place) Signature of Issuing Carrier or its Agent
FOR CARRIER'S USE ONLY AT DESTINATION		CHARGES AT DESTINATION	TOTAL COLLECT CHARGES

COPY

样单 4–8

订舱委托书

<table>
<tr><td>委托号</td><td></td><td rowspan="7">收
货
人</td><td rowspan="7" colspan="2">M/S ×××××× LTD
Add: Village：×××.
PO: ×××,
OP: ×××,
District：×××,
Pin: 8283XX, Jharkhand,
India</td><td colspan="2">目 的 港</td></tr>
<tr><td>合同号</td><td>14CIMM-XSG-055</td><td>英</td><td>KOLKATA</td></tr>
<tr><td>发票号</td><td></td><td>中</td><td>加尔各答</td></tr>
<tr><td>付款方式</td><td>100%LC</td><td colspan="2">启 运 港</td></tr>
<tr><td>信用证号</td><td></td><td>英</td><td>QING DAO</td></tr>
<tr><td>装期</td><td>2021/5/15
（最晚）</td><td>中</td><td>青岛港</td></tr>
<tr><td>效期</td><td></td><td>信保</td><td></td></tr>
<tr><td>运输方式</td><td>海运</td><td>产地</td><td colspan="2">淄博</td><td>计价术语</td><td>FOB</td></tr>
<tr><td colspan="2">货物描述</td><td>数量</td><td>净重</td><td>毛重</td><td>单价</td><td>金额</td></tr>
<tr><td colspan="2">1. Equipment of Sinter Plant (Part Quantities)- Power Pulley - Fuel Crushing-2BC-WD11-11-1.25-6550
2. Equipment of Sinter Plant (Part Quantities)- Power Pulley P-7BC-WD11-11-1.6-8050
3. Equipment of Sinter Plant (Part Quantities) - Power Pulley SF-4BC-WD11-110-160-80-63</td><td>1PCS
1PCS
1PCS
1PCS
1PCS
1PCS</td><td>4,170KG</td><td>4,605KG</td><td>××.00USD</td><td>××.00USD</td></tr>
<tr><td colspan="2">合计</td><td>6PCS</td><td>4,170KG</td><td>4,605KG</td><td colspan="2"></td></tr>
<tr><td colspan="2">尺码：</td><td colspan="3">商品编码：</td><td colspan="2">危规号：</td></tr>
<tr><td colspan="3">唛头</td><td colspan="4">备注</td></tr>
<tr><td colspan="4">收货人:　××× LTD
地址:　Bokaro, Jharkhand, India
包装箱号：　外箱尺寸：　毛重：　净重：</td><td colspan="3"></td></tr>
<tr><td colspan="2">部门：　印分</td><td colspan="3">业务：　全波</td><td colspan="2">日期：2021.4.30</td></tr>
</table>

样单 4–9

订 舱 委 托

SHIPPER:	WEIFANG × × × IMPORT AND EXPORT CO. LTD, × × × , KUIWEN DISTRICT WEIFANG CHINA
CONSIGNEE:	
NOTIFY PART:	

PORT OF LOADING: QINGDAO PORT CHINA	PORT OF DISCHARGE: ROTTERDAM

MARKS	NO. OF PACKAGES	DESCRIPTION OF GOODS	GR. WT.	MEASUREMENT
N/M	2, 026CTNS 105CTNS ———— 2, 131CTNS	2026CTNS PEELED GARLIC H.S:070320 105CTNS GARLIC PUREE H.S:200599 CHINESE ORIGIN TEMP: -2 °C VENT: CLOSED FREIGHT COLLECT SAY: TWO THOUSAND ONE HUNDRED AND THIRTY ONE CARTONS ONLY.	23, 207KGS 1, 670KGS ———— 2, 4877KGS	51.8CBM 4.2CBM ———— 56.0CBM

ATTN：郭丽女士

您好！

请订 2021 年 05 月 28 日青岛到荷兰鹿特丹 1X40'RH 呎保鲜柜，因为装食品，要八九成新箱子。请做箱检划拨指箱封号，请指定大亚场站作为入货场站，请出具三正三副正本提单！

潍坊×××进出口有限公司

李小霞

20210508

思考：

1. 怎样办理出口订舱手续？
2. 常见的货运单证有哪些？

四、技能训练

实训模拟

1. 根据下述给出的条件缮制海运委托书

※ 合同资料：

合同号码：LXY296

THE BUYER: CECLERC SAS

ADDRESS: 172 RUE LOUIS CALMEL, GENNEVILLIERS，FRANCE

THE SELLER: WEIFANG PENGHUI IMPORT AND EXPORT CO.，LTD

ADDRESS: 28 XINHUA BUILDING KUIWEN DISTRICT, WEIFANG CHINA

NAME OF COMMODITY:

9, 600 CANS OF CANNED MUSHROOM, 800 CARTONS

SPECIFICATIONS:

260 GRAMS/CAN, 12 CANS IN A CARTON

N.W.: 3.12KGS/CARTON,

G.W.: 3.2KGS/CARTON

MEAS: 25.6CBM

PRICE TERM: CIF MARSEILLES USD36.90/CTN

TOTAL AMOUNT: USD29,520.00

COUNTRY OF ORIGIN: P. R. CHINA

SHIPPING MARK: CEC
LXY296
MARSEILLES
NO.1-800

TIME OF SHIPMENT: BEFORE SEP. 10, 2023

EXPIRY DATE: SEP. 28, 2023

PORT OF SHIPMENT: QINGDAO, CHINA

空白订舱委托书和提单

请翻译左侧的条款：

空白提单

PARTIAL SHIPMENT AND TRANSSHIPMENT ARE PROHIBITED.
PORT OF DESTINATION: MARSEILLES, FRANCE
GOOD TO BE SHIPPED IN FULL CONTAINER VIA REGULAR LINERS
※ 附加信息 :
开证行 : CMCIFRPA, FRANCE
单据日期: 20230827
出口企业中文名称: 潍坊鹏辉进出口有限公司
进口企业中文名称: 赛克拉公司
信用证号码: P02L220761000080
商品名称（中文): 蘑菇罐头
货物共 800 箱，需装 1×20’TEU.
2. 根据下述给出的条件缮制海运提单
※ 信用证资料:
MESSAGE TYPE: MT700
SENDER: CMCIFRPAXXX
RECEIVER: PCBCCNBJSDW
SEQUENCE OF TOTAL
1/2
FORM OF DOCUMENTARY CREDIT
IRREVOCABLE
DOCUMENTARY CREDIT NUMBER
P02L230761000080
DATE OF ISSUE
230705
APPLICABLE RULES
UCP LATEST VERSION
DATE AND PLACE OF EXPIRY
230928 CHINA
APPLICANT: CECLERC SAS
ADDRESS: 172 RUE LOUIS CALMEL, GENNEVILLIERS, FRANCE
BENEFICIARY: WEIFANG PENGHUI IMPORT AND EXPORT CO., LTD
ADDRESS: 28 XINHUA BUILDING KUIWEN DISTRICT, WEIFANG, CHINA
CREDIT AMOUNT: USD29, 520.00
SHIPMENT FROM: QINGDAO, CHINA
FOR TRANSPORTATION TO: MARSEILLES, FRANCE
LATEST DATE OF SHIPMENT: SEP. 10, 2023

PARTICAL SHIPMENTS AND TRANSSHIPMENT ARE NOT ALLOWED.
COVERING:
9, 600 CANS OF CANNED MUSHROOM, 260 GRAM/CAN, 12 CANS IN A CARTON.
PRICE TERMS: CIF MARSEILLES, FRANCE
DOCUMENTS REQUIRED:
FULL SET (3/3) OF CLEAN SHIPPED ON BOARD OCEAN BILL OF LADING MADE OUT TO ORDER OF ISSUING BANK, NOTIFYING APPLICANT AND MARKED FREIGHT PREPAID SHOWING FINAL DESTINATION AS MARSEILLES, FRANCE.
……
ADDITIONAL CONDITIONS:
+FOR SHIPMENT BY SEA, GOODS MUST BE SHIPPED IN CONTAINER.
※ 附加信息：
发票显示：
CONTRACT NO.: LXY296
DESCRIPTION OF GOODS:
9, 600 CANS OF CANNED MUSHROOM
SHIPPING MARKS: CEC
LXY296
MARSEILLES
NO.1-800
OCEAN VESSEL VOYAGE: COSCO SHIPPING TAURUS 022W

请翻译左侧的条款：

五、真题训练

1. **单选**：信用证规定贸易术语为 CIF London，提单上运费栏目应为（　　）。

A. Freight Prepaid　　B. Freight Collected
C. Freight to Collect　　D. Freight to be Collected

2. **单选**：海运提单收货人一栏填写：ABC Trading Corp. 该提单是（　　）。

A. 记名提单　　B. 指示提单
C. 不记名提单　　D. 空白抬头、空白背书提单

错题本：

3. **单选：**某出口公司以 CFR 报价，如果该货物采用多式联运，应采用（　　）术语为宜。

A. FCA　　B. CIP

C. DDP　　D. CPT

4. **单选：**根据《UCP600》规定，海运提单的签发日期应理解为（　　）。

A. 货物开始装船的日期

B. 货物装船完毕的日期

C. 货物装运过程中的任何一天

D. 运输合同中的装运日

5. **单选：**下列构成不清洁提单的批注是（　　）。

A. 货物装二手麻袋

B. 强调承运人对于货物或包装性质所引起的风险不负责任

C. 否认承运人知晓货物的内容、重量、容积、质量或技术规格

D. 五箱水渍

6. **多选：**出口货物托运人缮制货物托运委托书的依据是（　　）。

A. 外销出仓单　　B. 销售合同　　C. 信用证

D. 配舱回单　　E. 场站收据

7. **判断：**倒签提单是指提单签发后，晚于信用证规定的交单期限才交到银行的提单，或晚于货物到达目的港的提单。（　　）

8. **判断：**信用证规定装运港为 Japanese Port，缮制提单时，装运港一栏应照样填 Japanese Port，以免单证不符。（　　）

9. **判断：**合同规定装运时间为“2023 年 5/6 月份装运”，则卖方交货时应在 5 月、6 月每月交一批。（　　）

小结：

学习情境五

办理报检业务

一、学习目标

知识目标

能表述出入境商品检验检疫的基础知识；
能描述报检流程；
能讲述报检单填制规范。

技能目标

能正确申报出境货物，完成度需达到 90%；
能准确填制报检委托书，完成度需达到 90%。

素养目标

养成严谨制单的工作作风；
遵守法律法规；
培养有效沟通技能。

二、工作任务

背景导入

随着社会的发展以及我国国情和国际环境的巨大变化，我国出口商品检验检疫制度也在不断地改革和调整。根据《中华人民共和

环节引导图 5

根据海关总署 2018 年第 60 号公告，自 2018 年 8 月 1 日起将执行新版《中华人民共和国海关进出口货物报关单填制规范》。从 8 月 1 日起，全国所有关区全面切换为新报关单，报关单、报检单将合并为一张报关单。

出入境检验检疫管理职责和队伍正式划入海关总署，机构改革后，海关的职责更宽广，队伍更壮大，达到"1+1 ＞ 2"的效果。

请思考：为什么说"1+1 ＞ 2"？"关检合一"有哪些优势？

怎么理解"1+1>2"？

国进出口商品检验法》及其实施条例有关规定，我国进出口检验系统正在逐步减少出口法检商品种类。

潍坊瑞达进出口有限公司的该批货物已经调出《出入境检验检疫机构实施检验检疫的出境商品目录》，不再实行出口商品法定检验，因此可以直接报关。

如果潍坊瑞达进出口有限公司有需要法检的商品，须经海关商检部门对所报检的商品进行检验，若检验结果符合其相应质量标准，则提供电子底账数据号（通关单号）。

电子底账数据号

思维导图

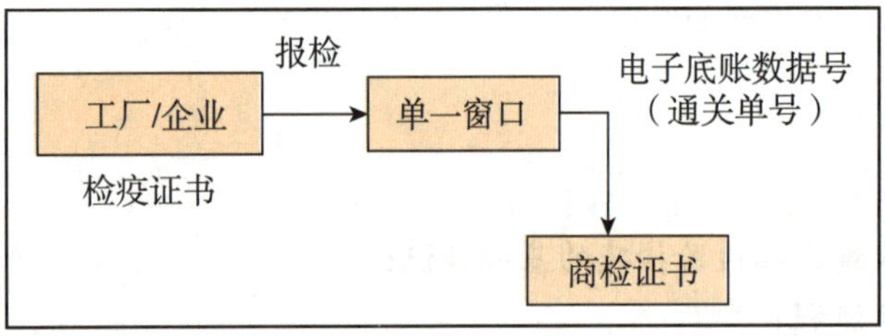

相关资料

图 5.1　中国国际贸易单一窗口界面

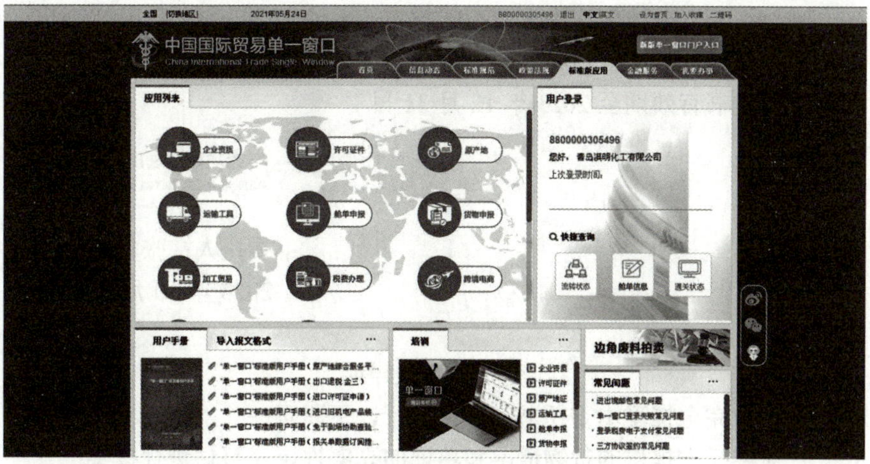

图 5.2　中国国际贸易单一窗口门户入口

代理报检委托书

编号：2023（正通）

本委托人（备案号 / 组织机构代码 37009102××）保证遵守国家有关检验检疫法律、法规的规定，保证所提供的委托报检事项真实、单货相符。否则，愿承担相关法律责任。具体委托情况如下：

本委托人将于 2023 年 10 月间进口 / 出口如下货物：

品名	纯棉羽绒被罩套装	H.S. 编码	63079000
数（重）量	2 400 套 /5 600KGS	包装情况	200 箱
信用证 / 合同号	PO23L3000/RD2308	许可文件号	×××
进口货物 收货单位及地址	×××	进口货物提 / 运单号	×××
其他特殊要求	无特殊要求		

特委托　青岛中远物流有限公司潍坊分公司（代理报检注册登记号 370700114079×××），代表本委托人办理上述货物的下列出入境检验检疫事宜：

☑ 1. 办理报检手续；

☑ 2. 代缴纳检验检疫费；

☑ 3. 联系和配合检验检疫机构实施检验检疫；

☑ 4. 领取检验检疫证单。

☑ 5. 其他与报检有关的相关事宜　无

思考：
我国为什么实行关检融合，对外贸进出口有哪些变化？

联　系　人：潍坊瑞达进出口有限公司
联系电话：0536-123456
本委托书有效期至2023年12月31日

潍坊瑞达进出口有限公司
WEIFANG RUIDA IMPORT AND EXPORT CO., LTD.

委托人：张华
2023年10月20日

受托人确认声明

本企业完全接受本委托书。保证履行以下职责：

1. 对委托人提供的货物情况和单证的真实性、完整性进行核实；

2. 根据检验检疫有关法律法规规定办理上述货物的检验检疫事宜；

3. 及时将办结检验检疫手续的有关委托内容的单证、文件移交委托人或其指定的人员；

4. 如实告知委托人检验检疫部门对货物的后续检验检疫及监管要求。

如在委托事项中发生违法或违规行为，愿承担相关法律和行政责任。

联　系　人：周冰
联系电话：139××××6688

受托人（加盖公章）
2023年10月20日

布置任务

如果你是张华，能否根据上述材料办理报检流程？办理报检业务需要提供哪些单证？

三、探求新知

知识导航——报检单

◆报检单

1. 报检概述

商品检验是指对商品的品质、重量、包装、残损以及货物装运技术条件进行检验和鉴定，以确定交货的品质、数量和包装等是否与合同规定相一致，并出具证明文件作为买卖双方交接货物、支付货款和处理索赔的依据。

2. 货物的报检范围

（1）国家法律法规规定必须由出入境检验检疫机构检验检疫的货物。

（2）输入国家或地区规定必须凭检验检疫机构出具的证书方准入境的货物。

（3）有关国际公约、协议规定须经检验检疫的货物。

（4）对外贸易合同、信用证规定由检验检疫机构出证的货物。

（5）其他法律、行政法规规定须经检验检疫的货物。

3. 报检的工作流程

通常包括提交报检申请、接受现场查验、出具检验检疫证书等步骤。

4. 出境货物报检时应提供的材料

出境报检时，在“单一窗口”填写出境货物报检申请并提供合同、发票、装箱单等必要的单证。还应当符合下列要求：

（1）国家实施许可制度管理的货物，应提供有关证明。

（2）出境货物须经生产者或经营者检验合格并加附检验合格证或检测报告；申请重量鉴定的，应加附重量明细单或磅码单。

（3）凭样成交的货物，应提供经买卖双方确认的样品。

（4）报检出境运输工具、集装箱时，还应提供检疫证明，并申报有关人员健康状况。

（5）生产出境危险货物包装容器的企业，必须向海关申请包装容器的性能鉴定。

生产出境危险货物的企业，必须向海关申请危险货物包装容器的使用鉴定。

（6）报检出境危险货物时，应当取得危险货物包装容器性能鉴定结果单和使用鉴定结果单。

（7）申请原产地证明书和普惠制原产地证明书的，应提供商业发票等资料。

（8）出境特殊物品的，根据法律法规规定应提供有关的审批文件。

3. 检验检疫证书

（1）种类

• 品质检验证书（Inspection Certificate of Quality），亦称质量检验证书。

• 重量或数量检验证书（Inspection Certificate of Weight or Quantity）。

• 兽医检验证书（Veterinary Inspection Certificate）。

• 卫生检验证书（Sanitary Inspection Certificate）。

• 消毒检验证书（Inspection Certificate of Disinfections or Sterilization）。

考一考：下面的标志你都认识吗？具有什么含义。

- 温度检验证书（Inspection Certificate of Temperature）。
- 熏蒸检验证书（Inspection Certificate of Fumigation）。
- 包装检验证书（Inspection Certificate of Packing）。
- 衡量证书（Certificate of Measurement &/or Weight）。
- 船舱检验证书（Inspection Certificate of Hold/Tank）。
- 集装箱检验证书（Inspection Certificate on Container）。
- 价值证明书（Certificate of Value）。
- 生丝品级及公量检验证书（Inspection Certificate for Raw Silk Classification & Condition Weight）。

（2）作用

- 它是出口人凭以交单结汇和银行凭以议付或付款的结汇单据之一。当信用证要求提供检验证书时，出口人必须按规定交付各种证书，而不能以别的单据来顶替。证书内所列的内容如果与信用证的规定不符，银行将拒绝议付或付款。
- 它是证明卖方交货的品质、数（重）量、包装的安全以及卫生条件等是否符合合同规定的依据。如果证书所列的内容与合同不符，进口人有权据以拒付货款、拒收货物甚至提出索赔。
- 它是明确责任的有效证件。承运人或其他贸易关系人申请检验检疫机构证明出入境货物的积载情况、验舱、舱口检视、签封样品等，都是一种明确责任范围的证明文件。在发生商务纠纷或争议时，检验检疫机构签发的证书是证明事实状态，明确责任归属的重要凭证。

健康证书样例

熏蒸消毒证书样例

植物检疫证书样例

新报检单样例

操作技能

◆报检单的缮制

请缮制填写报检单。

中华人民共和国海关
出境货物检验检疫申请

报检单位（加盖公章）：			*编号		
报检单位登记号：		联系人：	电话：	报检日期：	年 月 日
发货人	（中文）				
	（外文）				
收货人	（中文）				
	（外文）				
货物名称（中/外文）	H.S.编码	产地	数/重量	货物总值	包装种类及数量
运输工具名称号码		贸易方式		货物存放地点	
合同号		信用证号		用途	
发货日期		输往国家（地区）		许可证/审批号	
启运地		到达口岸		生产单位注册号	
集装箱规格、数量及号码					
合同、信用证订立的检验检疫条款或特殊要求		标记及号码		随附单据（划“√”或补填）	
				□合同 □信用证 □发票 □换证凭单 □装箱单 □厂检单	□包装性能结果单 □许可/审批文件
需要证单名称（划“√”或补填）				*检验检疫费	
☒品质证书 □重量证书 □数量证书 □兽医卫生证书 □健康证书 □卫生证书 □动物卫生证书	__正__副 __正__副 __正__副 __正__副 __正__副 __正__副 __正__副	□植物检疫证书 □熏蒸/消毒证书 □出境货物换证凭单 □	__正__副 __正__副 __正__副	总金额（人民币元） 计费人 收费人	
报检人郑重声明： 1. 本人被授权报检。 2. 上列填写内容正确属实，货物无伪造或冒用他人的厂名、标志、认证标志，并承担货物质量责任。 签名：				领 取 证 单 日期 签名	
注：有“*”号栏由海关填写			◆中华人民共和国海关制		

出境货物检验检疫申请是国家海关部门根据检验检疫、鉴定工作的需要，为保证检验检疫工作规范化和程序化而设制的。它是申请人根据有关法律、行政法规或合同约定申请海关对其某种货物实施检验检疫、鉴定意愿的书面凭证，它表明了申请人正式向海关申请检验检疫、鉴定，以取得该批货物合法出口的合法凭证。出境货物检验检疫申请同时也是海关对出入境货物实施检验检疫启动检验检疫程序的依据。

其具体填写内容如下：

1. 报检单位（Declaration Inspection Unit）

指向检验检疫机构申报检验、检疫、鉴定业务的单位；报检单位应加盖公章。

本案例中张华报检单应填写：

报检单位：

2. 编号（No.）

由检验检疫机构受理人指定，前 6 位为检验检疫机构代码，第 7 位为报检类代码，第 8 位、第 9 位为年份代码，第 10 位至第 15 位为流水号。

编号：

3. 报检单位登记号（Register No.）

指报检单位在海关备案登记的登记证号码。

本栏填 10 位数登记证号码，填报报检人员姓名和报检人员的联系方式。

报检单位登记号：

4. 报检日期（Date of Declaration Inspection）

指检验检疫机构接受报检当天的日期。

本栏填制的报检日期统一用阿拉伯数字表示。

报检日期：

5. 发货人（Consignor）

指本批货物的贸易合同中卖方名称或信用证中的受益人的名称，如需要出具英文证书的，填写中英文。

发货人：

6. 收货人（Consignee）

指本批货物的贸易合同中买方名称或信用证中的申请人名称。

本栏也有中英文名称，但对于本国而言，进口商大多是国外企业，因此可以只填报英文名称，不必翻译成中文。

收货人：

7. 货物名称（中 / 英文）（Description of Goods）

指被申请报检的出境货物名称、规格、型号、成分及英文对照。

本栏按合同、信用证、商业发票中所列商品名称中的中英文填写。注意：废旧物资在此栏内需注明。

货物名称（中 / 英文）：

8. H.S. 编码（H.S. Code）

指海关《协调编码名称及编码制度》中所列编码，以当年海关公布的商品税则编码为准。H.S. 编码应与货物相对应，并与海关报关时的 H.S. 编码一致。

H.S. 编码：

产地：

9. 产地（Production Area）

指货物的生产 / 加工的省（自治区、直辖市）以及地区（市）名称。在进境货物报检单中是指该进口货物的原产国或地区。

本栏填报货物生产地的省市县的中文名称。

10. 数 / 重量（Quantity/Weight）

以商品编码分类中标准数量、重量为准，重量一般以净重填写，如填写毛重，或以毛重作净重，则需注明。

11. 货物总值（Amount）

指出境货物的商业总值及币种。

本栏应严格按合同填写，应与商业发票或报关单上货物总值一致。不需填报价格术语。

12. 包装种类及数量（Number and Type of Packing）

指货物实际运输外包装的种类及数量。

13. 运输工具名称号码（Means of Conveyance）

填写货物实际装载的运输工具类别名称（如船舶、飞机、汽车、火车等）及运输工具编号（船名、飞机航班号、车牌号码、火车车次）。报检时，未能确定运输工具编号的，可只填写运输工具类别。

14. 贸易方式（Terms of Trade）

该批货物出口的贸易方式。常见的贸易方式有一般贸易、来料加工、易货贸易、补偿贸易等。

15. 货物存放地点（Place of Goods）

指本批货物存放的地点位置。注明具体地点、厂库。

16. 合同号（Contract No.）

合同号指对外贸易合同、订单、形式发票等的号码。

本栏填报的合同号应与随附合同、订单等的号码一致。

17. 信用证号（L/C No.）

填写本批货物的信用证编号。

18. 用途（Purpose）

指本批货物出境用途，如种用、食用、奶用、观赏或演艺、伴侣动物、实验、药用、饲用或其他等。

19. 发货日期（Shipment Date）

按本批货物信用证或合同所列的出境日期填写。按实际开船日或起飞日等填报发货日期，以年月日的顺序填报。

20. 输往国家（地区）（Destination Country/Area）

指出口货物直接运抵的国家（地区），是货物的最终销售或消费的国家。

本案例中张华报检单应填写：

数 / 重量：

货物总值：

包装种类及数量：

运输工具名称号码：

贸易方式：

货物存放地点：

合同号：

信用证号：

用途：

发货日期：

输往国家：

许可证号 / 审批号：

包装种类及数量：

本栏填报输往国家（地区）的中文名称。

21. 许可证号 / 审批号（Licence No./Approve No.）

凡申领进出口许可证或其他审批文件的货物，本栏应填报有关许可证号或审批号。无许可证号或无审批文件的出境货物本栏免报。

22. 启运地（Place of Departure）

指装运本批货物离境的交通工具的启运口岸 / 地区城市名称。

23. 到达口岸（Final Destination）

指装运本批货物的交通工具最终抵达目的地停靠的口岸名称。

最终目的港预知时，本栏按实际到达口岸的中文名称填报，最终到达口岸不可预知时，可按尽可能预知的到达口岸填报。

本案例中张华报检单应填写：

启运地：

24. 生产单位注册号（Manufacture Register No.）

指生产 / 加工本批货物的单位在检验检疫机构的注册登记编号。

本栏填报实际生产单位的注册编号。

生产单位注册号：

25. 集装箱规格 / 数量及号码（Type of Container and Container Number）

填写装载本批货物的集装箱规格，如 40 英尺（内长 12.03 米）、20 英尺（内长 5.9 米）等，以及分别对应的数量和集装箱号码全称。若集装箱太多，可用附单形式填报。集装箱号码指集装箱的识别号码，其组成规则是：集装箱代号（前 3 位字母）+ 设备识别号（U 为海运集装箱）+ 顺序号（6 位数字）+ 检测号（最后 1 位）。

集装箱规格 / 数量及号码：

26. 合同、信用证订立的检验检疫条款或特殊要求

指贸易合同或信用证中贸易双方对本批货物特别约定而订立的质量、卫生等条款和报检单位对本批出境货物的检验检疫的其他特别要求。

27. 标记和号码（Marks and Number of Packages）

按出境货物实际运输包装标志填写，如没有标记，填写 N/M，标记填写不下时可用附页填报。

28. 随附单据（画“ √ ”或补填）

按照实际随附的单据种类画“ √ ”或补充填报随附单据。

29. 需要证单名称

标记和号码：

按需要检验检疫机构出具的证单，在对应的“□”内打“ √ ”，并注明所需要证单的正副本的数量。

30. 检验检疫费用

由检验检疫机构计费人员核定费用后填写，如熏蒸费、消毒费等。

31. 领取证单

报检人在领取单证时填写领证日期和领证人签名。

32. 报检人郑重声明

必须有报检人的亲笔签名。

张华缮制完成的出境货物报检单：

中华人民共和国海关

出境货物检验检疫申请

申请单位（加盖公章）	潍坊瑞达进出口有限公司					*编号	37××××			
申请单位登记号	37007102××	联系人	张华	电话：		申请日期：	2023	年 11	月 20	日

发货人	（中文）	潍坊瑞达进出口有限公司
	（外文）	WEIFANG RUIDA IMPORT AND EXPORT CO., LTD.
收货人	（中文）	×××
	（外文）	BIG TREE PTY LTD.

货物名称（中/外文）	H.S.编码	产地	数/重量	货物总值	包装种类及数量
全棉羽绒被罩套装 100% COTTON BEDDING DUVET COVER SET	63079000	山东潍坊	2 400 套	230 400 美元	200 纸箱

运输工具名称号码	船舶	贸易方式	一般贸易	货物存放地点	×××		
合同号	RD2308	信用证号	PO23L3000	用途	其他		
发货日期	2023.11.27	输往国家（地区）	澳大利亚	许可证/审批号	无		
启运地	青岛	到达口岸	墨尔本	生产单位注册号	×××/无		
集装箱规格、数量及号码							

合同、信用证订立的检验检疫条款或特殊要求	标记及号码	随附单据（划“√”或补填）	
	BT RD2308 MELBOURNE CTN 1-200	☑合同 ☑信用证 ☑发票 □换证凭单 ☑装箱单 ☑厂检单	□包装性能结果单 □许可/审批文件

需要证单名称（划“√”或补填）				*检验检疫费	
☑品质证书	1 正 2 副	□植物检疫证书	__正__副	总金额（人民币元）	
□重量证书	__正__副	□熏蒸/消毒证书	__正__副		
□数量证书	__正__副	☑出境货物换证凭单	1 正 1 副	计费人	
□兽医卫生证书	__正__副	□			
□健康证书	__正__副			收费人	
□卫生证书	__正__副				
□动物卫生证书	__正__副				

报检人郑重声明：	领 取 证 单	
1. 本人被授权报检。 2. 上列填写内容正确属实，货物无伪造或冒用他人的厂名、标志、认证标志，并承担货物质量责任。 签名：穆晓明	日期	
	签名	
注：有“*”号栏由海关填写	◆中华人民共和国海关制	

商品通过检验后，海关商检部门签发通关单或发放通关单号。

知识拓展

质检总局、海关总署联合公告 2013 年第 109 号

（关于调整《出入境检验检疫机构实施检验检疫的进出境商品目录》的公告）

发布时间：2013-08-08

为贯彻落实国务院关于促进进出口稳增长、调结构的有关要求，根据《中华人民共和国进出口商品检验法》及其实施条例有关规定，质检总局决定对《出入境检验检疫机构实施检验检疫的进出境商品目录》进行调整，现公告如下：

一、对 1 507 个海关商品编码项下的一般工业制成品不再实行出口商品检验。其中，1 420 个海关商品编码项下的商品调出《出入境检验检疫机构实施检验检疫的出境商品目录》；87 个海关商品编码项下的商品需要实施出境动植物检疫，仍保留在《出入境检验检疫机构实施检验检疫的出境商品目录》中。对危险化学品、烟花爆竹、打火机、玩具及童车产品、食品接触产品、汽车和稀土等工业品继续实行出口商品检验；对出口危险化学品包装及其他危险货物包装继续实行性能和使用检验。

二、根据有关部门要求，将 2 个海关商品编码项下的褐煤产品新增进口检验检疫监管，进出口商品收 / 发货人或代理人须持出入境检验检疫机构签发的《入境货物通关单》向海关办理进口手续。

本公告自 2013 年 8 月 15 日起施行。

质检总局　海关总署

2013 年 8 月 1 日

（注：质检总局，全称是“中华人民共和国国家质量监督检验检疫总局”，已于 2018 年 3 月撤销。根据第十三届全国人民代表大会第一次会议批准的国务院机构改革方案，将国家质量监督检验检疫总局的出入境检验检疫管理职责和队伍划入海关总署。）

海关总署公告2021年第39号

（关于调整必须实施检验的进出口商品目录的公告）

根据《中华人民共和国进出口商品检验法》及其实施条例，海关总署决定对必须实施检验的进出口商品目录进行调整，现公告如下：

一、对涉及机电产品、金属材料、化工品、仿真饰品等234个10位海关商品编号取消监管条件“A”，海关对相关商品不再实施进口商品检验。

二、对涉及进口再生原料的8个10位海关商品编号增设监管条件“A”，海关对相关商品实施进口商品检验。

三、对涉及出口钢坯、生铁的24个10位海关商品编号增设海关监管条件“B”，海关对相关商品实施出口商品检验。

本公告自2021年6月10日起实施，调整后的监管要求见附件。

特此公告。

附件：必须实施检验的进出口商品目录调整表

海关总署

2021年6月1日

（以上资料来源：中华人民共和国海关总署官方网站）

海关总署关于调整必须实施检验的进出口商品目录的公告

必须实施检验的进出口商品目录调整表

小贴士

据初步测定，不再实施法定检验的出口商品涉及机电、轻纺和资化3大类47个子类、1 507个海关商品编码，占2013年列入法检目录的2 141个海关商品编码的70.43%。按2012年数据统计，拟减少的法检商品种类共涉及1 008.6万批次、4 463.6亿美元，占全部5 412.3亿美元出口法检货值的82.5%。

鞋类、靴类、灯具、照明灯饰品、大部分服装、电话机、音箱、收录机、开关等不再实行出口商品检验。

单据样式

样单 5-1

221000000×××8

中华人民共和国海关

出境货物检验检疫申请

电子底账数据号 3768002222×××00000

申请单位(加盖公章)：临沂市．×××食品饮料有限公司　　　　*编　号 2210000000×××

申请单位登记号：3718000249　　联系人：刘云　　电话：158××××18××　　申请日期：2021 年 06 月 10 日

发货人	(中文) 潍坊×××进出口有限公司	
	(外文) ***	
收货人	(中文) ***	
	(外文) JARDINS DU MIDI	

货物名称(中/外文)	H. S. 编码	产地	数/重量	货物总值	包装种类及数量
蒜泥罐头	2005999100(R/S)	临沂市平邑县	1720千克	8 288美元	1 460其他

运输工具名称号码	水路运输	贸易方式	一般贸易	货物存放地点	临沂康发
合同号	JDM20200×××121B	信用证号	***	用途	食用
发货日期	***	输往国家(地区)	荷兰	许可证/审批号	3700/01069
启运地	黄岛	到达口岸	荷兰	生产单位注册号	3718000249
集装箱规格、数量及号码					

合同、信用证订立的检验检疫条款或特殊要求	标记及号码	随附单据(划 ✓ 或补填)	
本单位知悉所应提交的证明声明类材料内容，保证持有上述材料，符合法律法规要求，并自存留档	N/M	☑合同	□包装性能结果单
		□信用证	□许可/审批文件
		☑发票	☑合格保证
		□换证凭单	□
		☑装箱单	□
		☑厂检单	□

需要证单名称		*检验检疫费	
□品质证书 _正_副	☑植物检疫证书 1 正 2 副	总金额(人民币元)	
□重量证书 _正_副	□熏蒸/消毒证书 _正_副		
□数量证书 _正_副	□出境货物换证凭单 _正_副	计费人	
□兽医卫生证书 _正_副	□出境货物检验检疫工作联系单 _正_副		
□健康证书 _正_副	□	收费人	
□卫生证书 _正_副	□		
□动物卫生证书 _正_副	□		

申请人郑重声明：	领取证单	
1. 本人被授权申请检验检疫。	日期	
2. 上列填写内容正确属实，货物无伪造或冒用他人的厂名、标志、认证标志，并承担货物质量责任。		
签名：________	签名	

注：有“*”号栏由海关填写

样单 5–2

代理报检委托书

编号：

本委托人（备案号 / 组织机构代码________）保证遵守国家有关检验检疫法律法规的规定，保证所提供的委托报检事项真实、单货相符。否则，愿承担相关法律责任。具体委托情况如下：

本委托人将于____年__月间进口 / 出口如下货物：

品 名		H.S. 编码	
数（重）量		包装情况	
信用证 / 合同号		许可文件号	
进口货物 收货单位及地址		进口货物提 / 运单号	
其他特殊要求	×××		

特委托___________（代理报检注册登记号__________），代表本委托人办理上述货物的下列出入境检验检疫事宜：

☑ 1. 办理报检手续；

☑ 2. 代缴纳检验检疫费；

☑ 3. 联系和配合检验检疫机构实施检验检疫；

☑ 4. 领取检验检疫证单。

☑ 5. 其他与报检有关的相关事宜

联 系 人：__________________

联系电话：__________________

本委托书有效期至_____年__月__日

委托人（加盖公章）

年　　月　　日

受托人确认声明

本企业完全接受本委托书。保证履行以下职责：

1. 对委托人提供的货物情况和单证的真实性、完整性进行核实；

2. 根据检验检疫有关法律法规规定办理上述货物的检验检疫事宜；

3. 及时将办结检验检疫手续的有关委托内容的单证、文件移交委托人或其指定的人员；

4. 如实告知委托人检验检疫部门对货物的后续检验检疫及监管要求。

如在委托事项中发生违法或违规行为，愿承担相关法律和行政责任。

联 系 人：__________________

联系电话：__________________

受托人（加盖公章）

年　月　日

思考：

1. 目前我国有何种类型的货物需要报检？
2. 如何填写出境货物报检单？

四、技能训练

实训模拟

空白报检单

根据下述给出的条件缮制出境货物报检单。

※ 信用证材料：

ISSUING BANK: CMCIFRPA, FRANCE

L/C NO.: P02L230761000080

ISSUING DATE: 230705

BENEFICIARY: WEIFANG PENGHUI IMPORT AND EXPORT CO. , LTD

28 XINHUA BUILDING KUIWEN DISTRICT, WEIFANG, CHINA

APPLICANT: CECLERC SAS

172 RUE LOUIS CALMEL, GENNEVILLIERS, FRANCE

AMOUNT: USD29, 520.00

SHIPMENT FROM QINGDAO FOR TRANSPORTATION TO MARSEILLES

9, 600 CANS OF CANNED MUSHROOM,

260 GRAM/CAN, 12 CANS IN A CARTON.

PACKED IN SEAWORTHY CARTONS.

N.W.: 3.12KGS/CARTON, G.W.: 3.20KGS/CARTON

MEAS: 25.6CBM
S/C NO.: LXY296.
TRADE TERM: CIF MARSEILLES, FRANCE
※ 附加信息：
唛头：CEC
LXY296
MARSEILLES
NO.1-800
发票号码：PH0901
发票日期：2023 年 7 月 15 日
生产厂家：潍坊鹏辉食品厂
商品名称（中文）：蘑菇罐头
包装：260 GRAMS/CAN,12 CANS IN A CARTON
船名：COSCO SHIPPING TAURUS 022W
集装箱号码：1×20'FCL LPUA2233566
商品编码：2003901090
总毛重：2 560 千克
该批货物存于前湾港码头仓库，拟于 2023 年 9 月 9 日装运，2023 年 9 月 2 日由报检员付冉冉向当地海关报验。出口公司的报检单位登记号为××01AA469。

请翻译左侧条款：

五、真题训练

1. 单选：在买卖合同的检验条款中，关于检验时间和地点的规定，使用最多的是（　　）。
A. 在出口国检验　　B. 在进口国检验
C. 在出口国检验，进口国复检　　D. 在第三国检验

2. **单选**：一般出口商品报检最迟应于报关或装运出口前（　　）向商检机构提出申请。
A. 6 天　　B. 10 天　　C. 7 天　　D. 20 天

错题本：

3. **单选**：对产地和报关地相一致的出境货物，经检验检疫合格的，出具（　　）。

A.《出境货物通关单》　　B.《出境货物换证凭单》

C.《出境货物换证凭条》　　D.《出境货物不合格通知单》

4. **单选**：下列哪种单证不是在所有出口报检时都要提供的单证（　　）。

A. 信用证　　B. 商业发票

C. 合同　　D. 出境货物报检单

5. **单选**：下列无资格签发检验证书的机构是（　　）。

A. CIQ　　B. CCIC　　C. SGS　　D. CCPIT

6. **多选**：入境货物报检单上的货物总值应与（　　）上所列的一致。

A. 报关单　　B. 合同　　C. 发票

D. 装箱单　　E. 海运提单

7. **判断**：对列入《法检目录》的出口商品，由检验检疫机构实施强制性检验，对合格商品检验检疫机构签发《出境货物通关单》。此《出境货物通关单》必须在向海关申报时交给海关审核。若没有提交纸制通关单，即使检验检疫机构电脑有合格记录，海关也不予放行。（　　）

8. **判断**：在国际贸易中，对所有的进出口货物都必须进行检验并出具证书。（　　）

9. **判断**：电子报检是指报检人使用报检软件通过检验检疫电子业务服务平台将报检数据以电子方式传输给检验检疫机构，经检验检疫业务管理系统和检务人员处理后，将受理报检信息反馈报检人，实现远程办理出入境检验检疫报检的行为。（　　）

10. **简答**：简述检验证书的作用。

小结：

学习情境六

申领原产地证明书

一、学习目标

知识目标

熟悉产地证的申领程序；

掌握一般原产地证、普惠制原产地证和区域性优惠原产地证的主要内容。

技能目标

能制作和办理一般原产地证，完成度需达到90%；

能制作和办理普惠制产地证，完成度需达到90%。

素养目标

养成严谨制单的工作作风；

培养注重细节意识；

培养爱国情怀。

环节引导图6

如何理解“中国制造”开始向“中国质造”与“中国智造”大步迈进？

二、工作任务

背景导入

根据信用证要求，澳大利亚BIG TREE公司需要潍坊瑞达进出口有限公司提供普惠制产地证书，于是张华登录中国国际贸易“单一窗口”在线申领普惠制产地证书。该系统先将普惠制产地证信息及商业发票信息录入到系统中，待收到确认回执后，将系统自动生成的普惠制产地证书申请书及普惠制原产地证书打印出来，去海关向关员面签并做好随时抽查货物及工厂原产地相关问题的回答。

思维导图

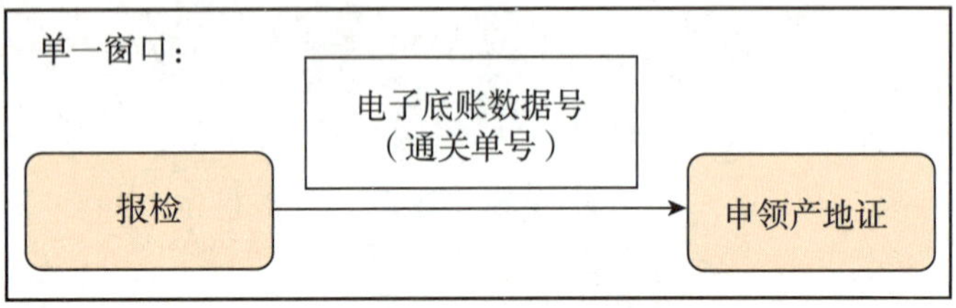

为什么说原产地证书是国际贸易中的“纸黄金”？

相关资料

图 6.1　原产地证申报系统登录界面

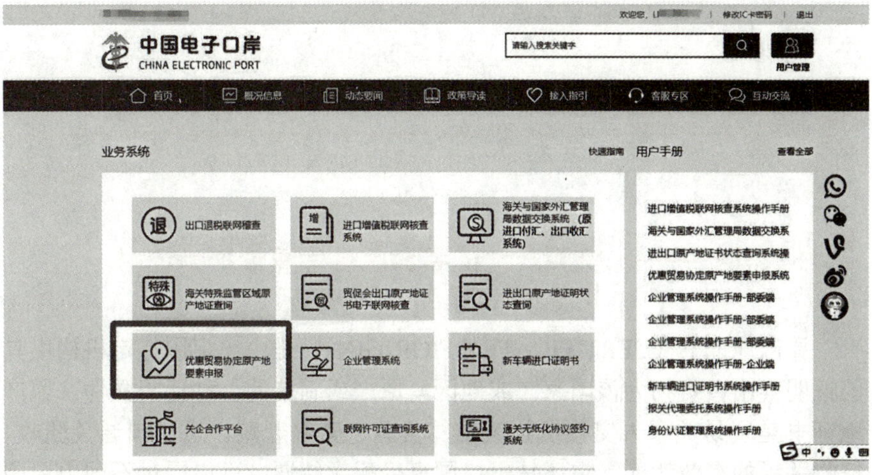

图 6.2　创建原产地证界面

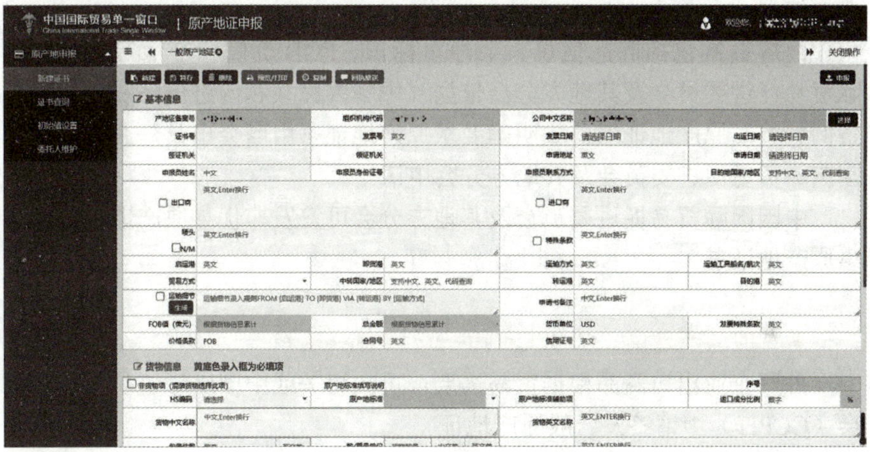

图 6.3　编辑一般原产地证界面

一般原产地证明书样例

布置任务

如果你是张华，能否根据已知条件制作一般原产地证书？

三、探求新知

知识导航——一般原产地证书和区域优惠性产地证书

原产地证书（CERTIFICATE OF ORIGIN），是由出口国特定机构出具的证明其出口货物为该国家（或地区）原产或制造的一种证明文件。原产地证书是贸易关系人交接货物、结算货款、索赔理赔、进口国通关验收、征收关税的有效凭证。它还是出口国享受配额待遇、进口国对不同出口国实行不同贸易政策的凭证；也是进口国海关采取不同的国别政策和关税待遇的依据。

中华人民共和国出口货物原产地证书签证管理办法

内容通常包括商品信息、毛净重标识、FOB 价值和产地等。中国国际贸易促进委员会及其地方分会依据《中华人民共和国进出口货物原产地条例》签发原产地证书。如明确要求原产地证书由商会出具，企业应向中国国际贸易促进委员会及其地方分会申请。

中国国际贸易促进委员会及其地方分会可签发非优惠原产地证书和优惠原产地证书。

◆一般原产地证（C/O, Certificate of Origin）

外贸企业出口商品根据贸易需要，可向海关或中国国际贸易促进委员会（CCPIT）申请签发一般原产地证。

中国国际贸易促进委员会一般原产地证的业务流程：

1. 在中国国际贸易促进委员会原产地证申报系统提交原产地证书申请

未注册的单位首先根据注册程序申请注册登记，已在中国国际贸易促进委员会注册登记的申请单位，应在中国国际贸易促进委员会原产地证申报系统中提交原产地证书申请。

2. 审核

签证机构依据中华人民共和国原产地规则、法规和有关规定，通过中国国际贸易促进委员会原产地证申报系统贸促会端对申请单位提交的原产地证书相关数据进行审核，审核通过方可予以签发。经审核，含有进口成分的货物未达到原产地标准的，应申请《加工装配证明书》或《转口证明书》。

3. 签发

审核通过后，申请单位持商业发票、装箱单、第十一栏盖章签字的空白原产地证书以及签证机构要求的其他文件前往签证机构领取纸质证书。

签证机构对申请人提交的文件审核无误后，即在原产地证第十二栏加盖由中国国际贸易促进委员会统一刻制的“中国国际贸易促进委员会单据证明专用章”，并由授权签证员签字；签证机构只签发原产地证正本一份，副本三份，其中一正二副交申请企业。另一副本、商业发票等有关文件，由签证机构存档。

4. 原产地证的更改、补充及重新签发

申请单位要求更改或补充已签发原产地证的内容，必须申明更改理由并提供依据，经签证机构审查符合要求后，重新办理申请手续，收回原发原产地证，换发新证；如果已签发的原产地证遗失或毁损，从签发之日起半年内，申请单位必须向签证机构说明理由并提供确实的依据，经签证机构审查同意后重新办理申请手续。签证机构在新签证书第五栏内加注英文“Certificate No. ... Dated ... is cancelled”。证书第十一栏和第十二栏的日期应为重发证书的实际申请日期和签发日。

◆区域性优惠原产地证书

区域性优惠原产地证书是我国的原产货物出口到缔约方进口国海关通关时，国外客户享受关税减免待遇的必要凭证。近年来，欧盟、日本等发达国家和地区相继调整了普惠制方案，普惠制优惠逐渐弱化，各种技术性壁垒层出不穷。而与普惠制原产地证相比，区域性贸易协定的关税优惠是对等互惠的，企业受到的技术性贸易壁垒非常少，区域性优惠原产地证项下产品所享有的优惠幅度和范围更为深广。面对金融危机带来的外需减弱和国际贸易保护的双重压力，我国外贸企业应充分利用区域优惠原产地规则，积极申办区域优惠原产地证书，从而享受实实在在的关税减免政策，降低交易成本，强化产品价格优势，提升产品国际竞争力，主动抓住机遇，开拓新兴市场，谋求更广阔的国际贸易发展空间。

目前，中国国际贸易促进委员会可签发《亚太自由贸易协定》《中国—新加坡自由贸易协定》《中国—新西兰自由贸易协定》《中国—秘鲁自由贸易协定》《中国—哥斯达黎加自由贸易协定》《海峡两岸经济合作框架协议》项下的优惠原产地证书。企业持中国国际贸易促进委员会签发的优惠原产地证书可享受5%至50%的关税优惠，销往新加坡的产品可享受零关税的优惠待遇。

中国—日本
RCEP

操作技能

普惠制适用国家

◆普惠制产地证的缮制

请缮制填写普惠制产地证。

<table>
<tr><td colspan="3">1. Goods consigned from (Exporter's name, Address, country)</td><td colspan="3" rowspan="2">Reference No.

GENERALIZED SYSTEM OF PREFERENCES CERTIFICATE OF ORIGIN
(Combined declaration and certificate)

FORM A
Issued in THE PEOPLE'S REPUBLIC OF CHINA
(country)</td></tr>
<tr><td colspan="3">2. Goods consigned to (Consignee's name, Address, country)</td></tr>
<tr><td colspan="3">3. Means of transport and route (as far as known)</td><td colspan="3">4. For official use</td></tr>
<tr><td>5. Item number</td><td>6. Marks and numbers of packages</td><td>7. Number and kind of packages; description of goods</td><td>8. Origin criterion</td><td>9. Gross weight or other quantity</td><td>10. Number and date of invoices</td></tr>
<tr><td colspan="3">11. Certification
It is hereby certified, on the basis of control carried out, that the declaration by the exporter is correct.

Place and date, signature and stamp of certifying authority</td><td colspan="3">12. Declaration by the exporter
The undersigned hereby declares that the above details and statements are correct; that all the goods were produced in
CHINA
and that they comply with the origin requirements specified for those goods in the Generalized System of Preferences for goods exported to

(importing country)

Place and date, signature of authorized signatory</td></tr>
</table>

普惠制产地证明书（FORM A）共12栏。普惠制产地证书标题栏右上角，填上检验检疫机构编定的证书号（Reference No.），此栏不得留空，否则证书无效。

1. 出口商名称、地址和国家（Goods consigned from）

出口商名称、地址和国家（Goods consigned from）：

此栏带有强制性，应填出口商详细地址，包括街道名、门牌号码等。中国地名的英文译文应采用汉语拼音，如SHANDONG（山东）、QINGDAO（青岛）、WEIFANG（潍坊），等等。

例如：WEIFANG SUNNY IMPORT AND EXPORT CO., LTD.

NO. 666 DONGFENG STREET, WEIFANG, CHINA

2. 收货人名称、地址和国家（Goods consigned to）

收货人名称、地址和国家（Goods consigned to）：

该栏应填给惠国最终收货人名称（即信用证上规定的提单通知人或特别声明的收货人），如最终收货人不明确，可填发票抬头人，但不可填中间转口商的名称。

欧盟、挪威对此栏是非强制性要求，如果商品直接运往上述给惠国，而且进口商要求将此栏留空时，则可以不填。

3. 所知的运输方式和航线（Means of transport and route）

所知的运输方式和航线（Means of transport and route）：

本栏一般填写三项内容：

（1）提单或其他运输单据的签发日期（可省略）。

（2）运输方式（如海运、陆运、空运）。

（3）起运地，转运地，目的地。

例如：（ON/AFTER NOV. 8，2020）FROM QINGDAO, CHINA TO NEWYORK, USA VIA（W/T）HONGKONG BY SEA.

对输往内陆给惠国的商品，如瑞士、奥地利，由于这些国家没有海岸，因此如系海运，都须经第三国，再转运至该国，填证时应注明。

例如：（ON/AFTER NOV. 6，2004）BY VESSEL FROM QINGDAO, CHINA TO HAMBURG, GERMANY W/T HONGKONG, IN TRANSIT TO SWITZERLAND.

4. 供官方使用（For official use）

供官方使用（For official use）：/

此栏由签证当局填写，申请签证的单位应将此栏留空。正常情况下此栏空白。特殊情况下，签证当局在此栏加注，如：

（1）货物已出口，签证日期迟于出货日期，签发“后发”证书时，此栏盖“ISSUED RETROSPECTIVELY”红色印章。日本允许提单日后10天内签证，但不接受“后发”证书。

（2）证书遗失、被盗或损毁，签发“复本”证书时盖上“DUPLICATE”红色印章，并在此栏注明原证书的编号和签证日期，并声明原发证书作废，其文字是“THIS CERTIFICATE IS IN REPLACEMENT OF CERTIFICATE OF ORIGIN NO. ... WHICH IS CANCELLED”。

（3）出口日本产品采用日本原料的要在此栏填上“CERTIFICATE OF MATERIALS IMPORTED FROM JAPAN WHICH WERE USED FOR MANUFACTURE OF THE GOODS DESCRIBED IN THIS CERTIFICATE

ATTACHED”。

（4）出口欧盟国家的产品采用欧盟国家原料的要在此栏加注：“EC Cumulation”或“Cumul CE”。

商品顺序号（item number）：

5. 商品顺序号（Item number）

如同批出口货物有不同品种，则按不同品种、发票号等分列“1”“2”“3”……，以此类推。单项商品，此栏填“1”。（不能空白不填）

唛头及包装号（Marks and numbers of packages）：

6. 唛头及包装号（Marks and numbers of packages）

此栏应按照出口发票上所列唛头填写完整图案、文字标记及包装号码，不可简单地填写“AS PER INVOICE NO. ...”（按照发票）或者“AS PER B/L NO. ...”（按照提单）；唛头不得出现中国以外的地区和国家制造的字样，也不能出现香港、澳门、台湾原产地字样（例如：MADE IN TAIWAN, HONG KONG PRODUCTS 等）；如货物无唛头应填“N/M”或“NO MARK”。如唛头过多，此栏不够填则打上“SEE THE ATTACHMENT”，用附页填打所有唛头（附页的纸张要与原证书一样大小），在右上角打上证书号，并由申请单位和签证当局授权签字人分别在附页末页的右下角和左下角手签、盖印。附页手签的笔迹、地点、日期均要与证书第 11、12 栏相一致。

包装件数，包装种类及商品的名称（Number and kind of packages; Description of goods）：

7. 包装件数，包装种类及商品的名称（Number and knd of packages; Description of goods）

此栏填法应注意：

（1）包件数量必须用英文和阿拉伯数字同时表示，如 THREE HUNDRED AND FIFTY（350）CARTONS OF TEA。

（2）数量、品名要求在一页内打完，如果内容过长，则可以合并包装箱数，品名合并。例如：THREE HUNDRED AND FIFTY (350) CARTONS OF GLOVE, SCARF, TIE, CAP。

（3）包装必须填写具体的包装种类（例如：POLYWOVEN BAG, DRUM, PALLET, WOODEN CASE 等），不能只填写“PACKAGE”。如果没有包装，应填写“NUDE CARGO”（裸装货），“IN BULK”（散装货），“HANGING GARMENTS”（挂装）。

（4）商品名称必须具体填明（具体到能找到相对应的 4 位 H.S. 编码），不能笼统填“MACHINE”（机器）、“GARMENT”（服装）等。例如：玩具电扇应注明为“TOYS: ELECTRIC FANS”，不能只列“ELECTRIC FANS”（电扇）。

（5）商品的商标、牌名（BRAND）及货号（ARTICLE NUMBER）一般可以不填。

（6）商品名称等项列完后，应在下一行加上表示结束的符号，以防止加填伪造内容。国外信用证有时要求填写合同、信用证号码等，可加填在此栏空白处。例如：

THREE HUNDRED AND FIFTY（350）CARTONS OF TEA

L/C NO. 1PDB0097

S/C NO. YF120718

****

8. 原产地标准（Origin criterion）

此栏用字最少，但却是国外海关审核的核心项目。对含有进口成分的商品，因情况复杂，国外要求严格，极易弄错而造成退证查询，应认真审核，慎重填具。现将填写该栏原产地标准符号的一般规定说明如下：

（1）完全原产品，不含任何进口成分，出口到所有给惠国，填“P”。

（2）含有进口成分的产品，出口到欧盟、挪威、瑞士和日本，填“W”，其后加上出口产品的 H.S. 品目号，如“W”42.02。条件：

① 产品列入了上述给惠国的“加工清单”，符合其加工条件。

② 产品未列入“加工清单”，但产品生产过程中使用的进口原材料和零部件要经过充分加工，产品的 H.S. 品目号不同于所用的原材料或零部件的 H.S. 品目号。

（3）含有进口成分的产品，出口到加拿大，填“F”。条件：进口成分的价值未超过产品出厂价的 40%。

（4）含有进口成分的产品，出口到波兰，填“W”，其后加上出口产品的 H.S. 品目号，如“W”42.02。条件：进口成分的价值未超过产品离岸价的 50%。

（5）含有进口成分的产品，出口到俄罗斯、乌克兰、白俄罗斯、哈萨克斯坦、捷克、斯洛伐克 6 国，填“Y”，其后加上进口成分价值占该产品离岸价格的百分比，如“Y”38%。条件：进口成分的价值未超过产品离岸价的 50%。

（6）输往澳大利亚、新西兰的商品，此栏可以留空。

9. 毛重或其他数量（Gross weight or other quantity）

此栏填写出口货物的量值并与商品的计量单位联用。如 100 台彩电，此栏填“100 SETS”；1 000 公吨（1 公吨等于 1 000 千克）散装生铁，此栏填“N.W.1 000M/T”（净重 1 000 公吨）或“1 000 M/T（N.W.）”。如果只有毛重时，则需注明“G.W.”。

10. 发票日期和号码（Number and date of invoices）

此栏不得留空。月份一律用英文（可用缩写）表示，此栏的日期必须按照正式商业发票填具，发票日期不得迟于出货日期。例如：FPP7918 MAR. 20, 2020。

11. 签证当局的证明（Certification）

此栏填写检验检疫局的签证地点、日期。例如：QINGDAO CHINA, MAR. 24, 2020。

出入境检验检疫局签证人经审核后在此栏（正本）签名，盖签证印章。本栏签发日期不得早于第 10 栏发票日期和第 12 栏申报日期，而且应早于货物的出运日期（第 3 栏）。

12. 出口商声明（Declaration by the exporter）

在生产国横线上填英文的“中国”（CHINA）。进口国横线上填最终进口国，进口国必须与第 3 栏目的港的国别一致。凡货物运往欧盟十五国范围内，进口国不明确时，进口国可填 E.U.。

原产地标准（Origin criterion）：

毛重或其他数量（Gross weight or other quantity）：

发票日期和号码（Number and date of invoices）：

签证当局的证明（Certification）：

出口商声明（Declaration by the exporter）：

另外，申请单位应授权专人在此栏手签，标上申报地点、日期，并加盖申请单位中英文印章。手签人手迹必须在检验检疫局注册备案，并保持相对稳定。例如：QINGDAO CHINA, MAR. 23, 2020。

注：此栏日期不得早于发票日期（第 10 栏）（最早是同日）。盖章时应避免覆盖进口国名称和手签人姓名。本证书一律不得涂改，证书不得加盖校对章。

非优惠原产地证书样本

◆一般原产地证明书的缮制

请根据下列单据中的序号对应缮制技巧填写说明，完成一般原产地证明书。

一般原产地证明书

ORIGINAL

<table>
<tr><td colspan="2">1. Exporter (full name and address)</td><td colspan="4" rowspan="2">CERTIFICATE No.

CERTIFICATE OF ORIGIN
OF
THE PEOPLE'S REPUBLIC OF CHINA</td></tr>
<tr><td colspan="2">2. Consignee (full name and address)</td></tr>
<tr><td colspan="2">3. Means of transport and route</td><td colspan="4" rowspan="2">5. For certifying authority use only</td></tr>
<tr><td colspan="2">4. Country/region of destination</td></tr>
<tr><td>6. Marks and numbers</td><td>7.Number and kind of packages;
Description of goods</td><td>8. H.S. CODE</td><td>9. Quantity</td><td colspan="2">10. Number and date of invoices</td></tr>
<tr><td colspan="2">11. Declaration by the exporter
The undersigned hereby declares that the above details and statements are correct; that all the goods were produced in China and that they comply with the Rules of Origin of the People's Republic of China.

____
Place and date, signature and stamp of authorized signatory</td><td colspan="4">12. Certification
It is hereby certified that the declaration by the exporter is correct.

____
Place and date, signature and stamp of certifying authority</td></tr>
</table>

一般原产地证明书共 12 栏。一般原产地证明书标题栏（右上角），填上签证机构编定的证书编号（Certificate No.）。此栏不得留空，否则证书无效。

1. 出口方（Exporter）

填写出口公司的详细地址、名称和国家（地区）名。若经其他国家或地区需填写转口商名称时，可在出口商后面加填英文 VIA，然后再填写转口商名称、地址和国家。

2. 收货方（Consignee）

填写最终收货人的名称、地址和国家（地区）名。通常是外贸合同中的买方或信用证上规定的提单通知人。如信用证规定所有单证收货人一栏留空，在这种情况下，此栏应加注“TO WHOM IT MAY CONCERN”或“TO ORDER”，但不得留空。若需填写转口商名称时，可在收货人后面加填英文 VIA，然后再填写转口商名称、地址和国家。

3. 运输方式和路线（Means of transport and route）

填写目的港和装运港、运输方式。若经转运，还应注明转运地。

4. 目的地国家（地区）（Country/region of destination）

填写目的地国家（地区）。一般应与最终收货人或最终目的港（地）国别一致，不能填写中间商国家名称。

5. 签证机构用栏（For certifying authority use only）

由签证机构在签发后发证书、补发证书或加注其他声明时使用。证书申领单位应将此栏留空。一般情况下该栏不填。

6. 运输标志（Marks and numbers）

填写唛头。应按照出口发票上所列唛头填写完整图案、文字标记及包装号码，不可简单填写“按照发票（AS PER INVOICE NO.）”或者“按照提单（AS PER B/L NO.）”。货物无唛头时，应填写 N/M（NO MARK）。此栏不得留空。如唛头多，本栏填写不够，可填写在第 7、8、9 栏的空白处，如还不够，可附页。

7. 商品名称、包装数量及种类（Number and kind of packages；description of goods）

填写商品名称及包装数量。商品名称要填写具体名称，不得用概括性表述，例如服装（GARMENT）。包装数量及种类要按具体单位填写，有时信用证要求在所有单证上加注合同号、信用证号码等，可加注在此栏。本栏的末行要打上表示结束的符号（××××××），以防加添内容。

8. 商品编码（H.S. Code）

此栏要求填写 H.S. 编码，应与报关单一致。若同一证书包含有几种商品，则应将相应的税目号全部填写。此栏不得留空。

9. 量值（Quantity）

此栏要求填写出口货物的量值以及商品的计量单位。如上述的 100 台彩电，此栏填“100 SETS”；1 000 公吨（1 公吨等于 1 000 千克）散装生铁，此栏填“N.W. 1 000 M/T”（净重 1 000 公吨）或“1 000 M/T（N.W.）”。如果只有毛重时，则需注明“G.W.”。

本案例中张华填写：

出口方（Exporter）：

收货方（Consignee）：

运输方式和路线（Means of transport and route）：

目的地国家（地区）（Country/region of destination）：

签证机构用栏（For certifying authority use only）：

运输标志（Marks and numbers）

商品名称、包装数量及种类（Number and kind of packages；description of goods）

本案例中张华填写：

商品编码（H.S. Code）：

量值（Quantity）：

发票号码及日期（Number and date of invoices）

出口方声明（Declaration by the exporter）：

签证机构签字、盖章（Certification）：

10. 发票号码及日期（Number and date of invoices）

此栏填写申请出口货物的商业发票日期和号码。此栏不得留空。为避免对月份、日期的误解，月份一律用英文表述。

11. 出口方声明（Declaration by the exporter）

填写出口人的名称、申报地点及日期，由已在签证机构注册的人员签名并加盖有中英文的印章。

12. 签证机构签字、盖章（Certification）

填写签证地址、日期。签证机构签证人经审核后在此栏（正本）签名，并盖签证印章。

张华缮制完成的原产地证书：

WEIFANG RUIDA IMPORT AND EXPORT CO., LTD. 3999TAIXIANG STREET, WEIFANG, CHINA	GENERALIZED SYSTEM OF PREFERENCES CERTIFICATE OF ORIGIN (Combined declaration and certificate) **FORM A** Issued in THE PEOPLE'S REPUBLIC OF CHINA (country)
Goods consigned to (Consignee's name, Address, country) BIG TREE PTY LTD. 9/46 JOHNSTON STREET ABBOTSFORD VIC 306 AUSTRALIA	
Means of transport and route (as far as known) SHIPMENT FROM QINGDAO TO MELBOURNE BY SEA	For official use

Item number	Marks and numbers of packages	Number and kind of packages; description of goods	Origin criterion	Gross weight or other quantity	Number and date of invoice
1	BT RD2308 MELBOURNE CTN 1-200	TWO HUNDRED (200) CARTONS OF 100% COTTON BEDDING DUVET COVER SET **************** L/C NO.: PO23L3000	"P"	9,600SETS	RDCI0810 Nov. 5, 2023

Certification	Declaration by the exporter
It is hereby certified, on the basis of control Carried out, that the declaration by the exporter is correct. WEIFANG, CHINA Nov. 27, 2023 Place and date, signature and stamp of certifying authority	The undersigned hereby declares that the above details and statements are correct; that all the goods were produced in **CHINA** and that they comply with the origin requirements specified for those goods in the Generalized System of Preferences for goods exported to **AUSTRALIA** (importing country) WEIFANG, CHINA Nov. 27, 2023 Place and date, signature of authorized signatory

样单 6–1

ORIGINAL

1. Exporter	Serial No. Certificate No. CERTIFICATE OF ORIGIN OF THE PEOPLE'S REPUBLIC OF CHINA
2. Consignee	
3. Means of transport and route	5. For certifying authority use only
4. Country / region of destination	

6. Marks and numbers	7. Number and kind of packages; description of goods	8. H.S.Code	9. Quantity	10. Number and date of invoices

SAMPLE

11. Declaration by the exporter The undersigned hereby declares that the above details and statements are correct, that all the goods were produced in China and that they comply with the Rules of Origin of the People's Republic of China. Place and date, signature and stamp of authorized signatory	12. Certification It is hereby certified that the declaration by the exporter is correct. Place and date, signature and stamp of certifying authority

page 1 of 1

样单 6–2

ORIGINAL

1. Goods consigned from (Exporter's business name, address, country)	Reference No. G21788498317×××
WEIFANG ××× IMPORT AND EXPORT CO LTD ××× BUILDING KUIWEN DISTRICT WEIFANG CHINA	**GENERALIZED SYSTEM OF PREFERENCES** **CERTIFICATE OF ORIGIN** **(Combined declaration and certificate)** **FORM A** Issued in THE PEOPLE'S REPUBLIC OF CHINA (Country) See notes overleaf
2. Goods consigned to (Consignee's name, address, country) ×××	
3. Means of transport and route (as far as known) FROM QINGDAO PORT CHINA TO ROTTERDAM BY SEA	4. For official use Verification: origin.customs.gov.cn

5. Item number	6. Marks and numbers of packages	7. Number and kind of packages, description of goods	8. Origin criterion (see notes overleaf)	9. Gross weight or other quantity	10. Number and date of invoices
1	N/M	THREE HUNDRED AND SEVENTY FOUR (374) CARTONS OF PEELED GARLIC PACKED IN CARTON	"P"	5,022KGS G.W.	JDM202008A-2621 JUN. 10, 2021
2		ONE THOUSAND AND SIXTY (1060) CARTONS AND FOUR HUNDRED (400) BUCKETS OF GARLIC PUREE PACKED IN PACKAGE *** *** *** *** *** ***	"P"	18,634KGS G.W.	

11. Certification	12. Declaration by the exporter
It is hereby certified, on the basis of control carried out, that the declaration by the exporter is correct. JINAN CUSTOMS 中华人民共和国 济南 FORM A Jinan, China, JUN. 16, 2021 0000091574955 Place and date, signature and stamp of certifying authority	The undersigned hereby declares that the above details and statements are correct; that all the goods were produced in CHINA (country) and that they comply with the origin requirements specified for those goods in the Generalized System of Preferences for goods exported to NETHERLANDS (importing country) 李 × Jinan, China, JUN. 16, 2021 Place and date, signature of authorized signatory

1970446226

样单 6-3

海峡两岸经济合作框架协议原产地证书

正　本

如有任何涂改、损毁或填写不清均将导致本原产地证书失效

1.出口商（名称、地址）：	编号： 签发日期： 有效期至：
2.生产商（名称、地址）：	5.受惠情况 ☐ 依据海峡两岸经济合作框架协议给予优惠关税待遇； ☐ 拒绝给予优惠关税待遇（请注明原因）
3.进口商（名称、地址）：	进口方海关已获授权签字人签字
4.运输工具及路线： 离港日期： 船舶/飞机编号等： 装货口岸： 到货口岸：	6.备注：

7.项目编号	8. HS 编码	9.货品名称、包装件数及种类	10.毛重或其他计量单位	11.包装唛头或编号	12. 原产地标准	13.发票价格、编号及日期

14.出口商声明 —本人对于所填报原产地证书内容的真实性与正确性负责； —本原产地证书所载货物，系原产自本协议一方或双方，且货物属符合海峡两岸经济合作框架协议之原产货物。 出口商或已获授权人签字 地点和日期	15.证明 依据《海峡两岸经济合作框架协议》临时原产地规则规定，兹证明出口商所做申报正确无讹。 地点和日期，签字和签证机构印章 电话：　　　　传真： 地址：

样单 6–4

Original

1. Products consigned from (Exporter's business name, address, country)	Serial No. : Reference No. : **ASEAN-CHINA FREE TRADE AREA PREFERENTIAL TARIFF CERTIFICATE OF ORIGIN (Combined Declaration and Certificate) FORM E** Issued in THE PEOPLE'S REPUBLIC OF CHINA (Country) See Overleaf Notes
2. Products consigned to (Consignee's name, address, country)	
3. Means of transport and route (as far as known) Departure date Vessel's name / Aircraft etc. Port of Discharge	4.For Official Use ☐ Preferential Treatment Given ☐ Preferential Treatment Not Given(Please state reason/s) Signature of Authorised Signatory of the Importing Party

5. Item number	6. Marks and numbers on packages	7.Number and type of packages, description of products (including quantity where appropriate and HS number in six digit code)	8.Origin criteria (see Overleaf Notes)	9. Gross weight or net weight or other quantity, and value (FOB) only when RVC criterion is applied	10. Number, date of invoices
		SAMPLE			

11. Declaration by the exporter The undersigned hereby declares that the above details and statement are correct; that all the products were produced in CHINA (Country) and that they comply with the origin requirements specified for these products in the Rules of Origin for the ACFTA for the products exported to (Importing Country) Place and date,signature of authorized signatory	12. Certification It is hereby certified,on the basis of control carried out,that the declaration by the exporter is correct.
13. ☐ Issued Retroactively ☐ Exhibition ☐ Movement Certificate ☐ Third Party Invoicing	Place and date,signature and stamp of certifying authority

page 1 of 1

样单 6–5

ORIGINAL

1. Exporter's name and address:	Serial No.: Certificate No.: CERTIFICATE OF ORIGIN Form for China-Peru FTA Issued in the People's Republic of China (see Overleaf Instruction)
2. Producer's name and address, if known:	
3. Consignee's name and address:	
4. Mean of transport and route (as far as known): Departure Date: Vessel/Flight/Train/Vehicle No.: Port of loading: Port of discharge:	For Official Use Only: 5.Remarks:

6. Item number (Max 20)	7.Number and kind of Packages;description of goods	8. HS code (Six digit code)	9. Origin criterion	10. Gross weight,quantity (Quantity Unit) or other measures(liters, m³,etc.)	11. Number and date of invoice	12. Invoiced value

SAMPLE

13. Declaration by the exporter: The undersigned hereby declares that the above details and statement are correct ,that all the goods were produced in CHINA (Country) and that they comply with the origin requirements specified in the FTA for the goods exported to PERU (Importing Country) Place and date,signature of authorized signatory	14. Certification: On the basis of control carried out,it is hereby certified that the information herein is correct and that the goods described comply with the origin requirements specified in the China-Peru FTA. Place and date,signature and stamp of authorized body

page 1 of 1

思考：

1. 原产地证书有哪些，有什么区别？
2. 如何通过网上电子申报系统申领和缮制产地证？

四、技能训练

实训模拟

空白产地证

请翻译右侧信用证条款：

根据下述给出的条件缮制产地证。

※ 信用证资料：

APPLICANT: CECLERC SAS

172 RUE LOUIS CALMEL, GENNEVILLIERS, FRANCE

BENEFICIARY: WEIFANG PENGHUI IMPORT AND EXPORT CO., LTD

28 XINHUA BUILDING KUIWEN DISTRICT, WEIFANG, CHINA

SHIPMENT FROM: QINGDAO, CHINA

FOR TRANSPORTATION TO: MARSEILLES,FRANCE

MERCHANDISE: 9, 600 CANS OF CANNED MUSHROOM

COUNTRY OF ORIGIN: P. R. CHINA

CIF VALUE: USD29, 520.00

DOCUMENTS REQUIRED:

…

+ CERTIFICATE OF ORIGIN ISSUED BY THE CONCERNED GOVERNMENT AGENCY/APPROVED AUTHORITY/CHAMBER OF COMMERCE CERTIFYING THE MERCHANDISE ARE OF CHINA ORIGIN.

…

ADDITIONAL CONDITIONS:

ALL DOCUMENTS MUST BE MADE OUT IN THE NAME OF THE APPLICANT UNLESS OTHERWISE STIPULATED BY THE L/C.

※ 附件信息：

工厂出仓单显示：

合同号：LXY296

9, 600 CANS OF CANNED MUSHROOM, 260 GRAMS/CAN,

12 CANS IN A CARTON, TTL 800 CARTONS
N.W.: 3.12KGS/CARTON,
G.W.: 3.20KGS/CARTON
MEAS: 25.6CBM
发票号码：PH0901
发票日期：2023 年 7 月 5 日
H.S. Code: 2003901090
产地证出口商的签发日期：2023 年 9 月 3 日

错题本：

五、真题训练

1. **单选：**《普惠制原产地证明书》（FORM A）中的原产地标准栏目，如果出口商品为完全原产品，不含有任何进口成分，出口到所有给惠国，正确填写代码是（　　）。

A. “P”　　B. “F”　　C. “Y”　　D. “W”

2. **单选：** 装货港和卸货港的表示方法，发票、产地证、海关发票等单据的这两部分内容的表达方法较简单，一般按（　　）。

A. 托运人的意愿填
B. 合同和信用证价格条款以及实际情况填
C. 买方的意愿填
D. 开证行的意愿填

3. **单选：** CEPA 原产地证书是指（　　）。

A. 中国—东盟自贸区原产地证书
B. 中国—巴基斯坦自贸区原产地证书
C. 中国—智利自贸区原产地证书
D. 大陆—港澳更紧密经贸关系原产地证书

4. **判断：** 原产地证明必须显示发货人或出口商的名称。（　　）

5. **判断：** 普惠制产地证的签证日期不得早于发票日期和申报日期，而应早于货物的出运日期。（　　）

6. **判断：** 普惠制产地证中“发货人”一栏可以填写受惠国的出口商或中间商。（　　）

小结：

学习情境七

办理报关业务

环节引导图 7

一、学习目标

• 知识目标

能复述进出口报关的基本程序；
能解释报关单填制规范。

• 技能目标

能准确填制出口货物报关单，完成度达到 90%；
能准确填制报关委托书，完成度达到 90%。

• 素养目标

养成严谨制单的工作作风；
培养注重细节意识；
培养有效沟通技能。

中华人民共和国海关总署网址

二、工作任务

背景导入

潍坊瑞达进出口有限公司在委托货代青岛中远物流潍坊分公司办理报检的同时，也委托其办理报关业务。张华备齐装运单据、外贸合同、商业发票、装箱单等报关材料连同报关委托书交给货代公司委托办理报关手续。

思维导图

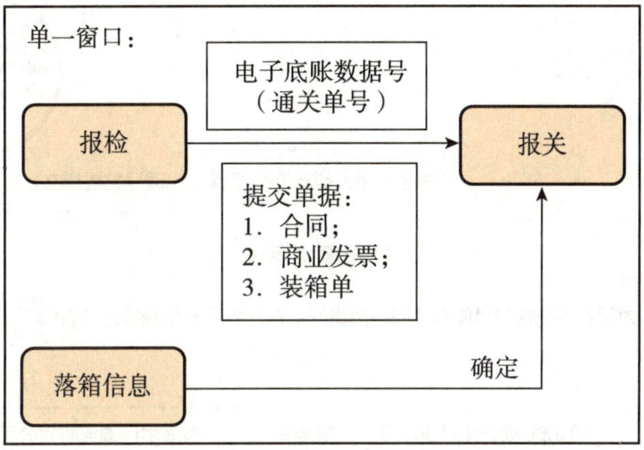

查验通知书

相关资料

单一窗口货物申报界面

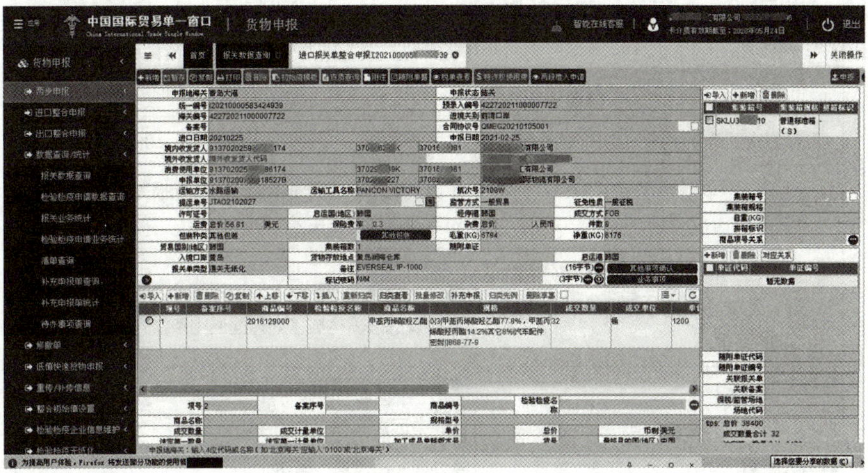

图 7.1　中国国际贸易单一窗口货物申报

代理报关委托书

编号：0004375××××

我单位现 A（A 逐票、B 长期）委托贵公司代理 ABCD 等通关事宜。（A. 填单申报　B. 辅助查验　C. 垫缴税款　D. 办理海关证明联　E. 审批手续　F. 核销手册　G. 申办减免税手续　H. 其他）详见《委托报关协议》。

我单位保证遵守《海关法》和国家有关法规，保证所提供的情况真实、完整、单货相符。否则，愿承担相关法律责任。

本委托书有效期自签字之日起　　年　　月　　日止。

委托方（盖章）：

法定代表人或其授权签署《代理报关委托书》的人（签字）

年　　月　　日

委托报关协议

为明确委托报关具体事项和各自责任，双方经平等协商签订协议如下：

<table>
<tr><td>委托方</td><td>潍坊瑞达进出口有限公司</td><td>被委托方</td><td colspan="2">青岛中远物流有限公司潍坊分公司</td></tr>
<tr><td>主要货物名称</td><td>纯棉羽绒被罩套装</td><td>*报关单编码</td><td colspan="2">No. ×××××</td></tr>
<tr><td>H.S.编码</td><td>63079000</td><td>收到单证日期</td><td colspan="2">2023 年 11 月 23 日</td></tr>
<tr><td>货物总价</td><td>230 400 美元</td><td rowspan="4">收到单证情况</td><td>合同☑</td><td>发票☑</td></tr>
<tr><td>进出口日期</td><td>2023 年 11 月 27 日</td><td>装箱清单☑</td><td>提（运）单☐</td></tr>
<tr><td>提单号</td><td></td><td>加工贸易手册☐</td><td>许可证件☐</td></tr>
<tr><td>贸易方式</td><td>一般贸易</td><td colspan="2">其他</td></tr>
<tr><td>原产地/货源地</td><td>山东潍坊</td><td>报关收费</td><td colspan="2">人民币：100 元</td></tr>
<tr><td colspan="2">其他要求：</td><td colspan="3">承诺说明：本公司承诺遵守《委托报关协议》完成对本次货物的报关</td></tr>
<tr><td colspan="2">背面所列通用条款是本协议不可分割的一部分，对本协议的签署构成了对背面通用条款的同意。</td><td colspan="3">背面所列通用条款是本协议不可分割的一部分，对本协议的签署构成了对背面通用条款的同意。</td></tr>
<tr><td colspan="2">委托方业务盖章：
潍坊瑞达进出口有限公司
经办人签章：
联系电话：2023 年 11 月 24 日</td><td colspan="3">被委托方业务盖章：
青岛中远物流有限公司潍坊分公司
经办报关员盖章：李达
联系电话：2023 年 11 月 24 日</td></tr>
</table>

布置任务

如果你是张华，能否根据上述材料缮制报关单？

三、探求新知

知识导航——报关单

◆报关概述

1. 含义

报关是指进出境运输工具负责人、进出口货物的收发货人、进出境物品的所有人或他们的代理人向海关办理货物、物品或运输工具进出境手续及相关海关事务的过程。

由上可知，按照报关对象的不同，报关可以分为运输工具报关、货物报关和物品报关三类。

2. 程序

在我国，出口货物的报关须经过出口货物的发货人或其代理人办理出口申报、配合查验、缴纳税费、装运货物等四个作业环节。

出口申报→配合查验→缴纳税费→装运货物

3. 应提交的单证

（1）基本单证是指出口货物的货运单据和商业单据，主要有出口装货单据、商业发票、装箱单等。

（2）特殊单证主要是指出口许可证等。

（3）预备单证主要是指贸易合同、进出口企业的有关证明文件等，这些单证海关在审单、征税时可能需要调阅或者收取备案。

◆报关单

1. 含义

进出口货物报关单是由海关总署规定统一格式和填制规范，进出口货物的收发货人或其代理人按照海关规定情况对进出口货物实际情况做出电子或书面申明，以此要求海关对其货物按适用的海关制度办理通关手续的法律文书。

报关单样式

2. 各联的用途

（1）海关作业联和海关留存联。

（2）企业留存联。

（3）出口收汇证明联。

（4）出口退税证明联。

3. 填制要求

（1）报关单的填报必须真实，要做到两个相符：一是单证相符，即报关单与合同、批文、发票、装箱单等随附单据相符；二是单货相符，即报关单中所报内容与实际出口货物情况相符。

（2）不同合同、不同提运单、不同贸易方式、不同征免性质、不同许可证号的货物，不能填在同一份报关单上。

（3）报关单内容填报要准确、齐全，若有更改，必须在更改项目上加盖校对章。

（4）向海关递交的报关单，事后发现差错，须立即填写报关单更正单，向海关办理更正手续。

操作技能

◆报关单的缮制

请根据下列单据中的序号对应缮制技巧填写说明，完成报关单。

中华人民共和国海关出口货物报关单

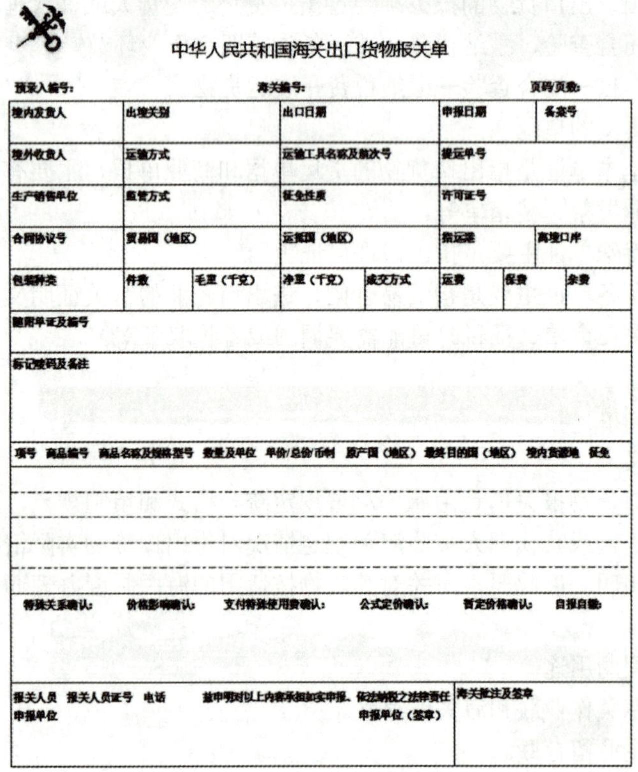

中华人民共和国海关出口货物报关单

预录入编号：　　海关编号：　　页码/页数：

境内发货人	出境关别		出口日期		申报日期		备案号
境外收货人	运输方式		运输工具名称及航次号		提运单号		
生产销售单位	监管方式		征免性质		许可证号		
合同协议号	贸易国（地区）		运抵国（地区）		指运港		离境口岸
包装种类	件数	毛重（千克）	净重（千克）	成交方式	运费	保费	杂费
随附单证及编号							
标记唛码及备注							

项号　商品编号　商品名称及规格型号　数量及单位　单价/总价/币制　原产国（地区）　最终目的国（地区）　境内货源地　征免

特殊关系确认：　价格影响确认：　支付特许权使用费确认：　公式定价确认：　暂定价格确认：　自报自缴：

报关人员　报关人员证号　电话　兹申明对以上内容承担如实申报、依法纳税之法律责任　海关批注及签章

申报单位　申报单位（签章）

1. 预录入编号

指预录入单位录入报关单的编号，用于申报单位与海关之间引用其申报后尚未接受申报的报关单。由计算机自动打印，无须填写。

2. 海关编号

指海关接受申报时给予报关单的顺序编号。

海关编号由9位数字组成，其中前2位为接受申报海关（办事处）的编号（《关区代码表》中相应海关代码的后2位），第3位为海关接受申报公历年份4位数字的最后1位，后6位为顺序编号。

H2000系统的海关编号长度为18位数字。海关编号由各直属海关在接受申报时确定，并标志在报关单的每一联上。一般来说海关编号就是预录入编号，由计算机自动打印，不须填写。

2018年8月1日《中华人民共和国海关进出口货物报关单填制规范》

3. 出口口岸

指货物实际运出我国关境的口岸海关的名称，填写隶属海关的名称和代码。可查询我国《关区代码表》。例如青岛海关4200，如货物实际从青岛前湾港三期码头口岸出口，则应填隶属海关青岛保税港口岸代码“青保税港4258”，不可填青岛海关。

4. 备案号

备案号指进出口企业在海关办理加工贸易合同备案或征、减、免税审批备案等手续时，海关给予《进料加工登记手册》《来料加工及中小型补偿贸易登记手册》《外商投资企业履行产品出口合同进口料件及加工出口成品登记手册》或其他有关备案审批文件的编号。

一份报关单只允许填报一个备案号，备案号长度为12位。

具体填报要求如下：

（1）加工贸易合同项下货物，出口报关单填报《登记手册》编号。

（2）凡涉及减免税备案审批的报关单，本栏目填报《征免税证明》编号，不得为空。

（3）无备案审批文件的报关单，本栏目免于填报。

笔记：

5. 出口日期

指运载所申报货物的运输工具办结出境手续的日期。本栏目供海关打印报关单证明联用，预录入报关单及EDI报关单均免于填报。无实际进出境的报关单填报办理申报手续的日期，以海关接受申报的日期为准。在H2000通关系统中，本栏目为8位数，顺序为年（4位）、月（2位）、日（2位），如2014.08.21。

6. 申报日期

指海关接受货物的发货人或其委托的报关企业申请的日期。电子数据报关单申报日期为海关计算机系统接受申报数据时记录的日期。该项填报方式同出口日期。除特殊情况外，出口货物申报日期不得晚于出口日期。

7. 经营单位

指已在海关注册登记，对外签订并执行出口贸易合同的中国境内企业、单位或个体工商户。本栏目应填报经营单位的中文名称及编码。编码为10位数字，指经营单位向所在地主管海关办理注册登记手续时，海关给企业设置的注册登记编码。例如：青岛建新首饰品有限公司，其经营单位的编码为“3728964566”。

8. 运输方式

运输方式指载运货物进出关境时所使用的运输工具的分类，包括江海（2）、铁路（3）、汽车（4）、航空（5）、邮递（6）和其他运输（9）等共10大类。应根据实际运输方式按海关规定的《运输方式代码表》填报相应的运输方式名称或代码，如填写“铁路运输”或“3”。

根据2018最新报关单填写规范补充10大类运输方式。

9. 运输工具名称

指载运货物出境所使用的运输工具的名称或运输工具编号，一份报关单只允许填报一个运输工具名称。江海运输填报船舶编号（来往港澳小型船舶为监管簿编号）或者船舶英文名称。同时后面加上运输工具的航次编号，用“/”分隔。例如“DONGFENG”号轮H908航次，在“运输工具名称”栏填报为：“DONGFENG/H908”。

10. 提运单号

指出口货物提单或运单的编号，一份报关单只允许填报一个提运单号，一票货物对应多个提运单时，应分单填报。

11. 发货单位

指自行出口货物的单位和委托有外贸进出口经营权的企业出口货物的单位。本栏目应填报发货单位的中文名称或其海关注册编码。

12. 贸易方式

指以国际贸易中出口货物的交易方式为基础，结合海关对出口货物监管需要设定的对出口货物的管理方式。贸易方式本栏目应根据实际情况，并按海关规定的《监管方式代码表》选择相应的贸易方式简称或代码。

比较常用的海关监管方式包括：一般贸易（0110）、易货贸易（0130）、旅游购物商品（0139）、来料加工（0214）、不作价设备（0320）、减免设备结转（0500）、补偿贸易（0513）、进料对口（0615）、进料深加工（0654）、低值辅料（0815）、合资合作设备（2025）、外资设备物品（2225）、货样广告品A（3010）、货样广告品B（3039）等。

13. 征免性质

指海关根据《海关法》《关税条例》及国家有关政策对出境货物实施征、减、免税管理的性质类别。

本栏目应按照海关核发的《征免税证明》中批注的征免性质填报，或根据实际情况按海关规定的《征免性质代码表》选择填报相应的征免性质简称或代码。一份报关单只允许填报一种征免性质。如“一般征税（101）”。

14. 结汇方式

指出口货物的发货人或其代理人收结外汇的方式。本栏目应按海关规定的《结汇方式代码表》选择相应的结汇方式名称或缩写或代码。主要结汇方式有：信汇（M/T，1）、电汇（T/T，2）、票汇（D/D，3）、付款交单（D/P，4）、承兑交单（D/A，5）和信用证（L/C，6）。

15. 许可证号

如需申领出口许可证的货物，必须填报国务院商务主管部门及其授权发证机关签发的出口货物许可证的编号，不得为空。

一份报关单只允许填报一个许可证号。

16. 运抵国（地区）

指在未发生任何商业性交易或其他改变货物法律地位的活动的情况下，货物被出口国（地区）所发往的或最后运抵的国家或地区。如果货物在运抵进口国之前在第三国发生中转，并且发生某种商业性交易或活动，则应把第三国作为运抵国（地区）填报。本栏目应按海关规定的《国别（地区）代码表》填报相应国别（地区）的中文名称或代码。如填写“美国”或“502”。无实际进出境的，本栏目填报“中国”（代码“142”）。

17. 指运港

指出口货物运往境外的最终目的港。本栏目应根据按海关规定的《港口航线代码表》填报相应的港口中文名称或代码。无实际进出境的，本栏目为空。

18. 境内货源地

指出口货物在境内的生产地或原始发货地（包括供货地点）。如出口货物在境内多次周转，不能确定生产地的，应以最早的起运地为准。本栏目应根据出口货物生产厂家或发货单位所属国内地区，并按海关规定的《国内地区代码表》填报相应的国内地区名称或代码。

19. 批准文号

本栏目应填报《出口收汇核销单》编号。自2012年8月1日起，我国出口企业报关时不再提供核销单，此栏留白。

20. 成交方式

本栏目应根据实际成交价格条款按海关规定的《成交方式代码表》选择填报相应的成交方式名称或代码。主要成交方式代码：CIF（1）、CFR（2）和FOB（3）。无实际进出境的，进口填报CIF价，出口填报FOB价。

21. 运费

是指进出口货物从始发地至目的地的国际运输所需要的各种费用。本栏目用于成交价格中含有运费的出口货物，即出口成交方式为CIF、CFR的，应填报该份报关单所含全部货物的国际运输费用。可按运费单价、总价或运费率三种方式之一填报，同时注明运费标记（运费率标记免填），并按海关规定的《货币代码表》选择填报相应的币种代码。“1”表示运费

笔记：

笔记：

率；“2”表示每吨货物的运费单价；“3”表示运费总价。例如：

（1）5% 的运费率填报为“5”。

（2）26 美元的运费单价填报为“502/26/2”（注：502 为美元代码）。

（3）8 000 美元的运费总价填报为“502/8000/3”。

22. 保险费

是指被保险人允予承保某种损失、风险而支付给保险人的对价或报酬。本栏目用于成交价格中含有保险费的出口货物，即出口成交方式为 CIF 的，应填报该份报关单所含有全部货物国际运输的保险费用。可按保险费总价或保险费率两种方式之一填报，同时注明保险费标记（保险费率标记免填），并按海关规定的《货币代码表》选择填报相应的币种代码。“1”表示保险费率；“3”表示保险费总价。例如：

（1）0.5% 的保险费率填报为“0.5”。

（2）8 000 港元保险费总价填报为“110/8000/3”（注：110 为港元的代码）。

23. 杂费

指成交价格以外的、应计入货物价格或应从货物价格中扣除的费用，如手续费、佣金、回扣等。可按杂费总价或杂费率两种方式之一填报，同时注明杂费标记（杂费率标记免填），并按海关规定的《货币代码表》选择相应的币种代码。应计入完税价格的杂费填报为正值或正率，应从完税价格中扣除的杂费填报为负值或负率。“1”表示杂费率；“3”表示杂费总价。例如：

（1）应计入完税价格的 2.1% 的杂费率填报为“2.1”。

（2）应从完税价格中扣除的 1% 的回扣率填报为“1”。

（3）应计入完税价格的 800 英镑杂费总价填报为“303/800/3”。（注：303 为英镑代码）。

笔记：

24. 合同协议号

本栏目应填写出口货物合同（协议）的全部字头和号码。

25. 件数

本栏目应填报出口货物的实际外包装的总件数。本栏目不得填报为零，不能为空。裸装、散装货物，本栏目填报为“1”。如本批货物包装共 500 纸箱，本栏目填写“500”。

26. 包装种类

本栏目应根据出口货物的实际外包装种类，或按海关规定的《包装种类代码表》选择填报相应的包装种类代码。包装种类要填报包装种类的中文，不能填写英文，如“木箱”“纸箱”“铁桶”“散装”等。

27. 毛重

指货物及包装材料的重量之和。本栏目填报出口货物实际毛重，计量单位为千克，不足 1 千克的填报为 1。

28. 净重

指货物的毛重减去外包装材料后的重量，即商品本身的实际重量。

本栏目填报规则同毛重栏目。

29. 集装箱号

集装箱号是在每个集装箱箱体两侧标示的全球唯一的编号。本栏目用于填报和打印集装箱编号及数量，非集装箱货物填报为 0。常用的集装箱规格为 20 英尺（20′）集装箱和 40 英尺（40′）集装箱，其中一个 20 英尺的集装箱为一个标准箱。多个集装箱的，第一个集装箱号填报在“集装箱号”栏中，其余的按此格式依次填报在“标记唛码及备注”栏中。如一批货物装在一个 20 英尺的集装箱里，集装箱号为 TEXU3605231，自重 2 275 千克，则本栏目填写“TEXU3605231/20/2275”。

30. 随附单据

指随出口货物报关单一并向海关递交的单证或文件。合同、发票、装箱单、许可证等必备的随附单证不在本栏目填报。应按海关规定的《监管证件名称代码表》选择填报，格式为:“监管证件代码”+“监管证件编号”。所申报货物涉及多于一个监管证件的，其余监管证件的代码和编号填报在“标记唛码及备注”栏中。

31. 生产厂家

生产厂家指出口货物的境内生产企业。进口货物填报用途，应根据进口货物的实际用途按海关规定的《用途代码表》选择填报相应的用途代码。

32. 标记唛码及备注

标志唛码指货物的运输标志。本栏目上部填写标记唛码中除图形以外的文字、数字等。本栏目下部填报随附单据栏中其余的监管证件的代码和编号。

33. 项号

本栏目分两行填报及打印。第一行填报货物在报关单中的商品排列序号。第二行专用于加工贸易和实行原产地证书联网管理等已备案的货物，填报该项货物在登记手册中的项号或对应的原产地证书上的商品项号。

34. 商品编号

商品编号指按海关规定的商品分类编码规则确定的出口货物的商品编号。

《加工贸易登记手册》中商品编号与实际商品编号不符的，应按实际商品编号填报。

35. 商品名称、规格型号

商品名称是指出口货物规范的中文名称。商品的规格型号是指反映商品性能、品质和规格的一系列指标，如品牌、等级、成分、含量、大小等。本栏目分两行填报，第一行填报出口货物规范的中文商品名称，必要

笔记：

时可加注原文，第二行填报规格型号，亦可填报原文。商品名称应与所提供的商业发票相符；商品名称应当规范，规格型号应当足够详细，以能满足海关归类、审价以及监管的要求为准。

36. 数量及单位

数量及单位指进（出）口商品的实际数量及计量单位。

本栏目分三行填报及打印。

具体填报要求如下：

（1）进出口货物必须按海关法定计量单位填报。法定第一计量单位及数量打印在本栏目第一行。

（2）凡海关列明第二计量单位的，必须报明该商品第二计量单位及数量，打印在本栏目第二行。无第二计量单位的，本栏目第二行为空。

（3）成交计量单位与海关法定计量单位不一致时，还需填报成交计量单位及数量，打印在商品名称、规格型号栏下方（第三行）。成交计量单位与海关法定计量单位一致时，本栏目第三行为空。

加工贸易等已备案的货物，成交计量单位必须与备案登记中同项号下货物的计量单位一致，不相同时必须修改备案或转换一致后填报。

37. 最终目的国（地区）

指已知的出口货物的最终实际消费、使用或进一步加工制造国家（地区）。应按海关规定的《国别（地区）代码表》选择相应的国家（地区）中文名称或代码。

38. 单价

本栏目应填报同一项号下出口货物实际成交的商品单位价格。

无实际成交价格的，本栏目填报货值。

39. 总价

本栏目应填报同一项号下出口货物实际成交的商品总价。

无实际成交价格的，本栏目填报货值。

40. 币制

指出口货物实际成交价格的币种。本栏目应按海关规定的《货币代码表》选择填报相应的币制名称或代码，如《货币代码表》中无实际成交币种，需转换后填报。

41. 征免

指海关对出口货物进行征税、减免、免税或特案处理的实际操作方式。本栏目应按照海关核发的《征免税证明》或有关政策规定，对报关单所列每项商品选择填报海关规定的《征减免税方式代码表》中相应的征减免税方式。

42. 税费征收情况

本栏目供海关批注出口货物税费征收及减免情况。

笔记：

43. 录入员

本栏目用于记录预录入操作人员的姓名并打印。

44. 录入单位

本栏目用于记录并打印电子数据报关单的录入单位名称。

45. 申报单位

指经海关注册登记，有权向海关办理报关手续，并对申报内容的真实性、有效性、合法性直接向海关负责的中国境内企业或单位。自理报关的，应填报出口货物的经营单位名称及代码；委托代理报关的，应填报经海关批准的专业或代理报关企业名称及代码。本栏目还包括报关单位地址、邮编和电话等分项目。

46. 填制日期

指报关员填制报关单的日期，电子数据报关单的填制日期由计算机自动打印。

47. 海关审单批注栏

本栏目指供海关内部作业时签注的总栏目，由海关关员手工填写在预录入报关单上。其中“放行”栏填写海关对接受申报的出口货物做出放行决定的日期。

笔记：

张华缮制的报关单：

中华人民共和国海关出口货物报关单

预录入编号：　　　　　　　　海关编号：

出口口岸 青岛	备案号	出口日期	申报日期 20231124
经营单位 潍坊瑞达进出口有限公司	运输方式 江海运输	运输工具名称 XIN CANG ZHOU v.222S	提运单号
发货单位 潍坊瑞达进出口有限公司	贸易方式 一般贸易	征免性质 一般征税	结汇方式 信用证

许可证号	运抵国（地区） 澳大利亚	指运港 墨尔本	境内货源地 潍坊

批准文号	成交方式 CIF	运费 USD2 600	保费	杂费

合同协议号 RD2308	件数 200	包装种类 纸箱	毛重（千克） 5 800	净重（千克） 5 600

集装箱号	随附单据	生产厂家 潍坊佰惠针织厂

标记唛码及备注　BT
RD2308
MELBOURNE
CTN 1-200

项号	商品编号	商品名称、规格型号	数量及单位	最终目的国（地区）	单价	总价	币制	征免
1	63079000	纯棉羽绒被罩套装 RD0213	2 400SETS 5 800KG	澳大利亚	96.00	230 400.00	美元	照章征免

税费征收情况

录入员　录入单位	兹声明以上申报无讹并承担法律责任	海关审单批注及放行日期（签章）
		审单　审价
报关员 单位地址	申报单位（签章） 潍坊瑞达进出口有限公司 WEIFANG RUIDA IMPORT AND EXPORT CO., LTD.	征税　统计
邮编　电话	填制日期	查验　放行

单据样式

样单 7–1

通关无纸化出口放行通知书

青岛×××　国际物流有限公司

你公司以通关无纸化方式向海关发送下列电子报关单数据业经海关审核放行，请携带本通知书及 相关单证至港区办理装货/提货手续。

临沂海关海关审单中心

2022年　10月　18日

421320220000×××　8

预录入编号：421320220000193388　　海关编号：421320220000193388

出口关别((4258)) 前湾口岸	备案号	出口日期	申报日期 20221018	
收发货人 青岛 ××× 贸有限公司	运输方式(2) 水路运输	运输工具名称 CMA CGM MUSCA/OPPE1E	提运单号 QDGS165679	
生产销售单位(913702110×××00) 青岛 ××× 贸有限公司	监管方式 (0110) 一般贸易	征免性质 (101) 一般征税	结汇方式	
许可证号	运抵国(地区)(TTO) 特立尼达和多巴哥	指运港(地区)(TT0000) 特立尼达和多巴哥	境内货源地(37029) 青岛其他	
批准文号	成交方式(3) FOB	运费(TT0000)	保费(TT0000)	杂费(37029)
合同协议号 SHFG58	件数 785	包装种类 其他包装	毛重（千克） 27485	净重（千克） 27415
集装箱号 APZU3539090*1(1)	随附单证		生产厂家	

序号	商品名称、规格型号	数量及单位	原产国（地区）	单价	币值
1	手推车斗 0|0|小推车用|无品牌|无型号	2000件 10250千克	特立尼达和多巴哥(TTO) 原产国:中国	×××.5000	USD (美元)
2	车轮 0|0|小推车用|无品牌|无型号	2200件 9510千克	特立尼达和多巴哥(TTO) 原产国:中国	×××.9000	USD (美元)
3	车轴 0|0|小推车用|无品牌|无型号	2200件 1480千克	特立尼达和多巴哥(TTO) 原产国:中国	×××.1000	USD (美元)
4	铝锁盒 0|0|非工业用|铝制|门窗用铝锁盒	10000件 310千克	特立尼达和多巴哥(TTO) 原产国:中国	×××.4500	USD (美元)
5	塑料把套 0|0|手推车用|无品牌|无型号	5000件 135千克	特立尼达和多巴哥(TTO) 原产国:中国	×××.1500	USD (美元)
6	螺钉 0|0|铁|无品牌|无型号|5mm	20000件 510千克	特立尼达和多巴哥(TTO) 原产国:中国	×××.0600	USD (美元)
7	翻斗用合页 0|0|小推车用|无品牌|无型号	40000件 5220千克	特立尼达和多巴哥(TTO) 原产国:中国	×××.4000	USD (美元)

兹申明，以上通知由我公司根据海关电子回执打印，保证准确无讹。

青岛 ×××　国际物流有限公司(签印)

2022年10月19日

打印时间：2022年10月19日　08:29:47　　第1页/共1页

样单 7-2

JG09
报关单证明第 1 次打印

出口退税联

主页

中华人民共和国海关出口货物报关单

预录入编号：E2021000067267[illegible]1　　　　海关编号：431020210000000[illegible]

出口口岸(4258)	备案号	出口日期	申报日期
前湾口岸		20210731	20210726

境内收发货人(3707967[illegible])	运输方式	运输工具名称	提运单号
潍坊[illegible]进出口有限公司	水路运输	COSCO SHIPPING LIBRA	COSU63636311710

生产销售单位	贸易方式(0110)	征免性质	结汇方式
潍坊[illegible]进出口有限公司	一般贸易		

许可证号	运抵国（地区）(309)	指运港（地区）(309)	境内货源地(37159)
	荷兰	荷兰	临沂

批准文号	成交方式	运费	保费	杂费
	FOB	/0/	/0/	/0/

合同协议号	件数	包装种类	毛重（千克）	净重（千克）
JDM202008A-3221	2158	纸箱	25109	21082

集装箱号	随附单据
SZLU968383[illegible]	

标记唛码及备注

商品序号	商品编号	商品名称、规格型号	数量/单位	数量及单位	目的国(地区)	单价	总价	币制	征免
1	0703209000	保鲜蒜米	法定数量/法定单位	21082千克	荷兰	15	.5.3	USD	
		0|0|保鲜	第二数量/第二单位	0	(309)			美元	
			申报数量/申报单位	21082千克					

税费征收情况

录入员　　录入单位	兹声明以上申报无讹并承担法律责任	海关审单批注及放行日期（签章）
		审单　　审价
报关员	申报单位（签章）	征税　　统计
单位地址		查验　　放行
邮编　　电话	填制日期	

Page 1 of 1　　　　打印日期：2021-08-20
出口退税专用

样单 7-3（1）

中华人民共和国海关出口货物报关单　*E2024000118611[illegible]*

预录入编号：　海关编号：　（临沂海关）　仅供核对用　页码/页数：1/2

境内发货人（9137021109209×××） 青岛[illegible]工贸有限公司	出境关别（4218） 青开发区	出口日期	申报日期	备案号
境外收货人 [illegible] MANUFACTURERS LTD	运输方式（2） 水路运输	运输工具名称及航次号 CMA CGM LYRA/OPPJFE	提运单号 QGD059059×××	
生产销售单位（913702110×××） 青岛[illegible]工贸有限公司	监管方式（0110） 一般贸易	征免性质（101） 一般征税	许可证号	
合同协议号 SH[illegible]78	贸易国（地区）（TTO） 特立尼达和多巴哥	运抵国（地区）（TTO） 特立尼达和多巴哥	指运港（TTO000） 特立尼达和多巴哥	离境口岸（370201） 黄岛

包装种类（99）	件数	毛重（千克）	净重（千克）	成交方式（3）	运费	保费	杂费
其他包装	726	27469	27419	FOB			

随附单证及编号
随附单证2：代理报关委托协议（电子）

标记唛码及备注
备注：N/M　集装箱标箱数及号码：1:TEMU5333333;

项号	商品编号	商品名称及规格型号	数量及单位	单价/总价/币制	原产国（地区）	最终目的国（地区）	境内货源地	征免
1	8716900000	手推车斗 0|0|小推车用|无品牌|无型号	9770千克 0000件	[illegible]000 [illegible]0.00 美元	中国（CHN）	特立尼达和多巴哥（TTO）	（37029）青岛其他	照章征税（1）
2	8716900000	车轮 0|0|小推车用|无品牌|无型号	8360千克 [illegible]00件	[illegible]000 [illegible].00 美元	中国（CHN）	特立尼达和多巴哥（TTO）	（37029）青岛其他	照章征税（1）
3	8716900000	车轴 0|0|小推车用|无品牌|无型号	1272千克 30件	[illegible]000 [illegible].00 美元	中国（CHN）	特立尼达和多巴哥（TTO）	（37029）青岛其他	照章征税（1）
4	7318159001	螺丝和螺帽 0|0|钢铁制|400mpa|无品牌|无型号|14MM	2030千克 [illegible]00件	0.[illegible]00 [illegible]0.00 美元	中国（CHN）	特立尼达和多巴哥（TTO）	（37029）青岛其他	照章征税（1）
5	8716900000	翻斗用合页 0|0|小推车用|无品牌|无型号	5360千克 [illegible]0件	0.0[illegible]90 [illegible]00.00 美元	中国（CHN）	特立尼达和多巴哥（TTO）	（37029）青岛其他	照章征税（1）
6	7616999000	铝镀盒 0|0|非工业用|铝制|门窗用铝镀盒	372千克 [illegible]00件	0.[illegible]00 [illegible]00.00 美元	中国（CHN）	特立尼达和多巴哥（TTO）	（37029）青岛其他	照章征税（1）

特殊关系确认：否　价格影响确认：否　支付特许权使用费确认：否　公式定价确认：　暂定价格确认：　自报自缴：是

报关人员　报关人员证号　电话　兹申明对以上内容承担如实申报、依法纳税之法律责任 申报单位（91370211065085383W）青岛顺通捷运国际物流有限公司　申报单位（签章）	海关批注及签章

样单 7-3（2）

中华人民共和国海关出口货物报关单　*E2024000118676[illegible]*

预录入编号：　海关编号：　（临沂海关）　仅供核对用　页码/页数：2/2

项号	商品编号	商品名称及规格型号	数量及单位	单价/总价/币制	原产国（地区）	最终目的国（地区）	境内货源地	征免
7	7318140090	螺钉 0|0|铁|无品牌|无型号|5mm	255千克 [illegible]件	0[illegible]0 [illegible]00 美元	中国（CHN）	特立尼达和多巴哥（TTO）	（37029）青岛其他	照章征税（1）

样单 7-4

1 次打印

1

出口退税专用

中华人民共和国海关出口货物报关单

预录入编号： 965314799　　　　海关编号：422020140200136292

出口口岸 机场单证 0101	备案号	出口日期 2014-07-20	申报日期 2014-07-18
经营单位 青岛建新首饰品有限公司 3728964566	运输方式 航空运输；运输工具名称 @1442200101541504/	提运单号	
发货单位 青岛建新首饰品有限公司 3728964566	贸易方式 一般贸易 0110	征免性质 一般征税 （ 101 ）	结汇方式 电汇
许可证号	运抵国(地区) 美国 （ 502 ）	指运港 美国 （ 502 ）	境内货源地 即墨 （37289）
批准文号	成交方式 FOB；运费	保费	杂费
合同协议号 ISW0718	件数 69；包装种类 纸箱	毛重(千克) 658	净重(千克) 630
集装箱号 0	随附单证		生产厂家

标记唛码及备注

项号	商品编号	商品名称、规格型号	数量及单位	最终目的国(地区)	单价	总价	币制	征免
1.	71171900 (0)	项链 种类：项链|材质：铁塑料合制|	600.0000千克 0.0000 600.0000千克	美国 (502)	1.0000	600.00	USD 美元	照章征税 用途：
2.	71171900 (0)	手链 种类：手链|材质：铁塑料合制|	10.0000千克 0.0000 10.0000千克	美国 (502)	1.0000	10.00	USD 美元	照章征税 用途：
3.	71179000 (0)	耳环 种类：耳环|材质：玻璃铁合制|	20.0000千克 0.0000 20.0000千克	美国 (502)	1.0000	20.00	USD 美元	照章征税 用途：

税费征收情况

录入员　录入单位	兹声明以上申报无讹并承担法律责任	海关审单批注及放行日期(签章)
报关员		审单　审价
单位地址	报关专用章 青岛机场	征税　统计
邮编　电话	填制日期	查验　放行 签发关员：王彩兰 签发日期：2014-07-30

思考：

1. 报关员的工作有哪些？
2. 请比较一下进口货物报关单与出口货物报关单的异同。

四、技能训练

实训模拟

根据下述给出的条件缮制出口货物报关单

1. THE SELLER: WEIFANG PENGHUI IMPORT AND EXPORT CO., LTD
潍坊鹏辉进出口有限公司（3728900000）

2. THE BUYER: CECLERC SAS

3. PORT OF LOADING: QINGDAO, CHINA
FINAL DESTINATION: MARSEILLES, FRANCE
CARRIER: COSCO LOGISTICS (QINGDAO) COMPANY

4. TERMS OF PAYMENT: L/C AT SIGHT

5. MERCHANDISE: 9,600 CANS OF CANNED MUSHROOM (蘑菇罐头),
260 GRAMS/CAN, 12, CANS IN A CARTON
TOTAL: 800 CARTONS
N.W.: 3.12KGS/CARTON,
G.W.: 3.20KGS/CARTON　MEAS: 25.6CBM
UNIT PRICE: USD36.90/CTN CIF MARSEILLES

6. H.S. Code: 2003901090
OCEAN VESSEL VOYAGE: COSCO SHIPPING TAURUS 022W
INVOICE NO.: PH0901
N.W.: 2, 496KGS
G.W.: 2, 560KGS
1×20’ CONTAINER NO.: LPUA2233566

青岛中远物流有限公司于 2023 年 9 月 6 日向青岛海关申报出口，提单日期为 2023 年 9 月 10 日。

出口货物报关单空白单据

请翻译左侧条款：

错题本：

五、真题训练

1. **单选**：出口货物向海关申报的时间应是（　　）。

A. 备货 24 小时前　　B. 装货 24 小时前

C. 装货 24 小时后　　D. 货到目的港 24 小时后

2. **单选**：德国某公司受联合国世界卫生组织委托，将数台德国产医疗设备运至我国。我方在进口报关单起运国和原产国栏目分别填报（　　）。

A. 联合国，德国　　B. 德国，德国

C. 德国，联合国　　D. 联合国，联合国

3. **多选**：报关程序按时间先后分为三个阶段：前期阶段、进出境阶段、后续阶段。其中对进出口收发货人而言，在进出境阶段包括（　　）等环节。

A. 进出口申报　　B. 缴纳税费

C. 备案　　D. 配合查验

E. 销案

4. **判断**：办理进出口货物的海关申报手续，可以选择纸质报关单或电子数据报关单的形式，两种形式的报关单具有同等的法律效力。（　　）

5. **判断**：进口货物的收货人或其代理人应当自载运该货的运输工具申报进境之日起 14 天内向海关办理进口货物的通关申报手续。（　　）

小结：

学习情境八

办理保险业务

一、学习目标

知识目标

了解国际海洋货物运输保险险别；
掌握投保单的主要内容；
掌握保险单的类别和主要内容。

技能目标

熟练缮制投保单，完成度需达到90%；
熟练审查保险单，正确率需达到90%。

素养目标

养成严谨制单的工作作风；
培养注重细节意识；
培养有效沟通技能。

环节引导图8

二、工作任务

背景导入

潍坊瑞达进出口有限公司与澳大利亚BIG TREE公司签订的合同中采用了CIF术语成交，因此需要在装船前办理出口货物运输保险事宜。于是张华着手填制国际货运保险投保单，备齐商业发票等单据，向中国人民保险公司潍坊分公司办理海运保险手续。

思维导图

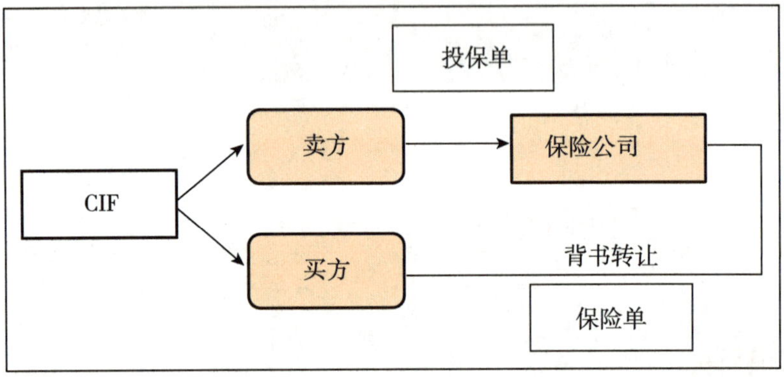

相关资料

合同（Contract No.: RD2308）原文中保险信息：

（9）保险（Insurance）：To be effected by the Seller for 110% of the invoice value covering All Risks and War Risk as per CIC of the PICC dated 01/01/1981.

信用证（L/C No.: PO23L3000）原文中保险信息：

DOCUMENTS REQUIRED　　46A:

+ INSURANCE POLICY/CERTIFICATE IN DUPLICATE ENDORSED IN BLANK FOR 110% INVOICE VALUE COVERING ALL RISKS AND WAR RISK OF CIC OF THE PICC DATED 01/01/1981 INCLUDING WAREHOUSE TO WAREHOUSE AND I.O.P. AND SHOWING THE CLAIMING CURRENCY IS THE SAME AS THE CURRENCY OF THE CREDIT.

布置任务

如果你是张华，能否根据上述材料制作投保单和保险单？

三、探求新知

知识导航——投保单和保险单

◆投保单（Application）

投保单又称要保单或要保书，是投保人向保险人递交的书面要约。投保单一般是由保险人按统一的格式事先印制而成，由投保人如实填写，如投保人填写不实，将会影响保险合同的效力。保险人据此核实情况，决定承保后记载在保险合同上。如果投保单上记载，而保险单有遗漏的，则投保单的内容与记载在保险单的内容具有同等效力。

常见投保单样式

◆保险单（Insurance Policy）

1. 含义

是保险人根据投保人或被保险人的要求，表示已经承诺保险责任而出具的凭证，也是保险人与投保人之间的正式合同，其效力随着货物安全抵达目的地即告终止。保险单是被保险人索赔的主要依据，也是保险公司理赔的主要依据。

由于国际贸易的货物多数是通过海上运输的，在海上运输途中，船只和货物都有可能由于自然灾害和意外事故而造成各种损失，所以要进行保险。因此，海上运输保险单也就成为国际贸易中不可或缺的货运单据之一。

2. 种类

保险单可分为保险单（Insurance Policy）、保险凭证（Insurance Certificate）、联合保险凭证（Combined Insurance Certificate）和预约保险单（Open Policy）等。

（1）保险单（Insurance Policy）

俗称“大保单”，它是一种独立的保险凭证，一旦货物受到损失，承保人和被保人都要按照保险条款和投保险别来分清货损，处理索赔。

（2）保险凭证（Insurance Certificate）

保险凭证俗称“小保单”，是一种简单的保险凭证，它不印刷保险条款，只印刷承保责任界限，以保险公司的保险条款为准。这种保险凭证格式简单，但其作用与保险单完全相同。

（3）联合保险凭证（Combined Insurance Certificate）

联合保险凭证利用商业发票在上面加盖保险章，注明保险编号、险别、金额、装载船名、开船日期等，以此作为保险凭证。它与保险单有同等效力，但不能转让。一般用于港澳地区中资银行开来的信用证项下业务。

（4）预约保险单（Open Policy）

预约保险单是保险公司承保被保险人在一定时期内发运的、以 CIF 价格条件成交的出口货物或以 FOB、CFR 价格条件成交的进口货物的保险单。预约保险单载明保险货物的范围、险别、保险费率、每批运输货物的最高保险金额以及保险费的结付办法等。凡属于预约保险范围内的进出口货物，一经起运，即自动按预约保险单所列条件承保，但被保险人在获悉每批保险货物起运时，应立即以起运通知书或其他书面形式将该批货物的名称、数量、保险金额、运输工具的种类和名称、航程起讫地点、开航日期等情况通知保险公司。

◆最常见的货运保险险别和保险条款

温故求新：
海损的类型有哪些？

在国际进出口贸易中，货物因运输方式不同，除陆运、航空及邮政运输外，主要是海洋运输，保险也是以海洋运输货险为主的。在海运途中，船只和货物由于遭受暴风、巨浪、雷电、海啸、洪水等自然灾害，或由于船舶或驳运工具搁浅、触礁沉没、碰撞、失火、爆炸以及船长、船员不法行为等意外事故所造成的各种损失，都称为海上损害，简称“海损”（Average）。

海损中，按照损失程度的大小，货物的损失可分为全部损失和部分损失两大类。全部损失简称“全损”，是指整批保险货物全部灭失或可视同全部灭失的损害。根据全损情况的不同，又可分为实际全损和推定全损。按照损失的性质，部分损失可分为单独海损和共同海损。

常见的海运货物保险的保险险别：

1. 基本险

又称主险，是可以独立投保，不必依附于其他险别项目下的险别。我国现行的《海洋运输货物保险条款》中规定的基本险有平安险、水渍险和一切险三种：

（1）平安险（Free from Particular Average，简称 FPA），又称单独海损不赔险。

根据我国《海洋运输货物保险条款》的规定，平安险的承保责任如下：

① 被保险货物在运输途中由于恶劣气候、雷电、海啸、地震、洪水等自然灾害造成整批货物的全部损失或推定全损。

② 由于运输工具遭受搁浅、触礁、沉没、互撞、与流冰或其他物体发生碰撞以及失火、爆炸意外事故造成货物的全部或部分损失。

③ 在运输工具已经发生搁浅、触礁、沉没、焚毁意外事故的情况下，货物在此前后又在海上遭受恶劣气候、雷电、海啸等自然灾害所造成的部分损失。

④ 在装卸或装运时由于一件或数件货物整件落海造成的全部或部分损失。

⑤ 被保险人对遭受承保责任内危险的货物采取抢救，防止或减少货损的措施而支付的合理费用，但以不超过该批被救货物的保险金额为限。

⑥ 运输工具遭遇海难后，在避难港由于卸货所引起的损失以及在中途港、避难港由于卸货、存仓以及运送货物所产生的特别费用。

⑦ 共同海损的牺牲、分摊和救助费用。

⑧ 运输契约订有“船舶互撞责任”条款，根据该条款规定由货方偿还船方的损失。

（2）水渍险（With Particular Average，WPA 或 WA），又称单独海损赔偿险。其责任范围是：平安险责任范围的全部责任；由于自然灾害或意外事故所造成的货物部分损失。

水渍险对单独海损予以赔偿，但根据免赔率条款（Franchise Clause）的规定，对鱼类、盐、水果和谷物等不予赔偿，对糖、烟叶、麻、毛皮等，损失未达到保额价值的 5% 以上不予赔偿。但可以加保不受免赔率限制条款（Irrespective Of Percentage 简称 I.O.P），则单独海损，不论损失大小，一律照赔。

（3）一切险（All Risks），除包括上述平安险和水渍险范围的责任条款外，包括货物在运输过程中，由于外来灾害所造成的部分或全部损失。

一切险是保险范围最广的一种险别，费用也较高，但并非包括所有一切风险，仍有一些是不包括在承保范围之内的，这点要特别注意。

2. 附加险（Additional Risk）

基本险的扩展，它不能单独投保，而必须在投保主险的基础上加保，它承保的是外来风险引起的损失。按承保风险的不同，附加险又可分为一般附加险、特别附加险以及特殊附加险。

（1）一般附加险。一般附加险承保的是由一般外来风险造成的全部或部分损失，包括偷窃提货不着险、淡水雨淋险、短量险、混杂 / 沾污险、渗漏险、碰损破碎险、串味险、受潮受热险、钩损险、浸淤险、锈损险和包装破裂险等 11 种。

（2）特殊附加险。特殊附加险所承保的是由于特殊外来风险所造成的全部和部分损失，有战争险、罢工暴动民变险等。

（3）特别附加险。特别附加险通常与政治、国家行政管理、战争以及一些特殊的风险密切相关，如交货不到险、进口关税险、舱面险、拒收险、黄曲霉素险、到香港（包括九龙在内）或澳门存仓火险责任扩展条款和卖方利益险等。

笔记：
三个基本险之间的关系？

比较：《协会货物条款》与《海洋运输货物保险条款》的异同点。

英国伦敦保险协会制定的《协会货物条款》在国际保险业中有着广泛的影响。伦敦保险协会 1982 年 1 月修订的保险条款一共有六种：

（1）协会货物条款（A）(Institute Cargo Clause A，简称 I.C.C.(A))；

（2）协会货物条款（B）(Institute Cargo Clause B，简称 I.C.C.(B))；

（3）协会货物条款（C）(Institute Cargo Clause C，简称 I.C.C.(C))；

（4）协会战争险条款（货物）(Institute War Clause-Cargo)；

（5）协会罢工险条款（货物）(Institute Strikes Clause-Cargo)；

（6）恶意损坏条款（Malicious Damage Clause）。

以上六种保险条款中，前三种即协会货物条款 (A)(B)(C) 是主险或基本险，后三种则为附加险。

操作技能

◆投保单的缮制

请根据下列单据中的序号对应缮制技巧填写说明，完成投保单。

进出口货物运输保险投保单
APPLICATION FORM FOR CARGO TRANSPORTATION INSURANCE

1. 发票号 Invoice No.		2. 合同号 Contract No.		3. 信用证号 L/C No.	
4. 被保险人 Insured					
5. 标记 Marks & Numbers	6. 包装及数量 Quantity	7. 保险货物项目 Description of Goods		8. 保险金额 Insured Amount	
9. 总保险金额（大写） Total Amount Insured					
10. 装载运输工具 Conveyance		11. 启运日期 Date of Commencement		13. 赔款偿付地点 Loss If Any Payable at	
12. 运输路线 Voyage	自 From　　到 to		转载地点 Port of Transshipment		
14. 投保险别 Insurance coveraged required:			15. 投保人（签名盖章） Application's Signature & Stamp:		
申请保险单正本份数为：3 Issued in 3 Original(s) Only.	□保险单(Insurance Policy) □保险凭证(Insurance Certificate)		16. 投保日期 DATE		

各保险公司的投保单格式不尽相同，但内容基本一致，内容如下：

1. 发票号（Invoice No.）

填写投保标的的商业发票号码。

2. 合同号（Contract No.）

填写投保标的的买卖合同的号码。

3. 信用证号（L/C No.）

填写本次交易中买方开来的信用证号码。若采用托收方式支付，则此栏空白不填。

4. 被保险人（Insured）

托收项下，填写出口商的名称；信用证若无特别规定，一般应为信用证的受益人或合同的卖方即发货人。

5. 标记（Marks & No.）

此栏填写装运唛头，与发票、提单上的相同栏目内容一致。此栏也可填写“AS PER INVOICE NO. ×××”。

6. 包装及数量（Quantity）

数量即出口货物的总数量，如总重量或总包装件数。

7. 保险货物项目（Description of Goods）

保险物资项目即货物的品名或规格，一般按提单的填法，填大类名称或货物的统称，不必详细列明各种规格等细节。

8. 保险金额（Amount Insured）

填写计算投保加成后的总保险金额，或成交金额，但需标明成交价格条件。

9. 总保险金额（大写）（Total Amount Insured）

将保险金额以大写的形式填入。计价货币也应以全称形式填入。注意保险金额使用的货币应与信用证使用的货币一致，保险总金额大写应与保险金额的阿拉伯数字一致。

10. 装载运输工具（Per Conveyance）

此栏填写运输的名称，如是海运填写船名。如果中途转船，各程运输的船名都应填写在该栏。

11. 启运日期（Date of Commencement）

此栏填写本保险单项下货物运输单据的签发日期，或填写“AS PER B/L NO.”。

12. 起讫地点（From ... Via ... To ... ）

在 From 后面填写装运港名称，To 后面填写目的港名称，如有转运在 VIA 后填写转运港名称。

13. 赔款偿付地点（Claim Payable at）

此栏填写保险赔款的支付地点和赔付的货币名称，根据合同或信用证规定的保险条款填写。如信用证未作规定，或是托收方式支付，则填写目

本案例中张华填写：

发票号（Invoice No.）：

合同号（Contract No.）：

信用证号（L/C No.）：

被保险人（Insured）：

标记	包装及数量

保险货物项目

保险金额（Amount Insured）：

总保险金额（大写）（Total Amount Insured）：

装载运输工具（Per Conveyance）：

起讫地点（From ... Via ... To ... ）：

赔款偿付地点（Claim Payable at）：

投保险别（Conditions）:

投保人签章（Applicants Signature）:

投保日期（Date）:

的港，赔付货币为投保金额相同的货币。

14. 投保险别（Conditions）

按合同规定或信用证条款填写。

15. 投保人签章（Applicants Signature）

上述内容填完后投保人须签字盖章才能生效。

16. 投保日期（Date）

此栏填写投保的日期。

张华缮制的投保单：

进出口货物运输保险投保单

APPLICATION FORM FOR CARGO TRANSPORTATION INSURANCE

发票号 **Invoice No.**	RDCI0810	合同号 **Contract No.**	RD2308	信用证号 **L/C No.**	PO23L3000
被保险人 **Insured**	WEIFANG RUIDA IMPORT AND EXPORT CO., LTD.				
标记 **Marks & Numbers**	包装及数量 **Quantity**	保险货物项目 **Description of Goods**		保险金额 **Insured Amount**	
BT RD2308 MELBOURNE CTN 1-200	200CTNS	100% COTTON BEDDING DUVET COVER SET		USD253,440.00	
总保险金额（大写） **Total Amount Insured**		SAY US DOLLARS TWO HUNDRED AND FIFTY-THREE THOUSAND FOUR HANDRED AND FORTY ONLY.			
装载运输工具 **Conveyance**	XIN CANG ZHOU v. 222S	启运日期 **Date of Commencement**	Nov. 27, 2023	赔款偿付地点 **Loss If Any Payable at**	MELBOURNE, AUSTRALIA
运输路线 **Voyage**	自 到 **From** QINGDAO **to** MELBOURNE		转载地点 **Port of Transshipment**	×××	
投保险别 **Insurance coveraged required:** ALL RISKS AND WAR RISK			投保人（签名盖章） **Application's Signature & Stamp:** 潍坊瑞达进出口有限公司 WEIFANG RUIDA IMPORT AND EXPORT CO., LTD. 张华		
申请保险单正本份数为：**3** **Issued in 3 Original(s) Only.**	☑保险单(**Insurance Policy**) ☐保险凭证(**Insurance Certificate**)		投保日期 **DATE**	Nov. 26, 2023	

◆保险单的缮制

请根据下列单据中的序号对应缮制技巧填写说明，完成保险单。

1. 中国人民保险公司

The People's Insurance Company of China

总公司设于北京 Head Office Beijing	一九四九年创立 Established in 1949

2. 货物运输保险单

CARGO TRANSPORTATION INSURANCE POLICY

3. 发票号 INVOICE NO. 合同号 CONTRACT NO.	4. 保单号次 POLICY NO. 信用证号 L/C NO.

5. 被保险人
THE INSURED

中国人民保险公司(以下简称“本公司”)根据被保险人的要求，由被保险人向本公司缴付约定的保险费，按照本保险单承保险别和背面所载条款与下列特款承保下述货物运输保险，特立本保险单。

THIS POLICY OF INSURANCE WITNESSES THAT THE PEOPLE'S INSURANCE COMPANY OF CHINA (HEREINAFTER CALLED “THE COMPANY”) AT THE REQUEST OF THE INSURED AND IN CONSIDERATION OF THE AGREED PREMIUM PAID TO THE COMPANY BY THE INSURED, UNDERTAKES TO INSURE THE UNDERMENTIONED GOODS IN TRANSPORTATION SUBJECT TO THE CONDITIONS OF THIS POLICY AS PER THE CLAUSES PRINTED OVERLEAF AND OTHER SPECIAL CLAUSES ATTACHED HEREON.

6. 标记 MARKS & NOS.	7. 包装及数量 QUANTITY	8. 保险货物项目 DESCRIPTION OF GOODS	9. 保险金额 AMOUNT INSURED

10. 总保险金额 TOTAL AMOUNT INSURED	

11. 保费 PREMIUM	AS ARRANGED	12. 启运日期 DATE OF COMMENCEMENT		13. 装载运输工具 PER CONVEYANCE	

14. 自 FROM		经 VIA		至 TO	

15. 承保险别
CONDITIONS

16. 所保货物，如发生保险单项下可能引起索赔的损失或损坏，应立即通知本公司下述代理人查勘。如有索赔，应向本公司提交保单正本（本保险单共有_____份正本）及有关文件。如一份正本已用于索赔，其余正本自动失效。

IN THE EVENT OF LOSS OR DAMAGE WHICH MAY RESULT IN A CLAIM UNDER THIS POLICY, IMMEDIATE NOTICE MUST BE GIVEN TO THE COMPANY'S AGENT AS MENTIONED HEREUNDER. CLAIMS, IF ANY, ONE OF THE ORIGINAL POLICY WHICH HAS BEEN ISSUED IN _______ ORIGINAL(S) TOGETHER WITH THE RELEVANT DOCUMENTS SHALL BE SURRENDERED TO THE COMPANY. IF ONE OF THE ORIGINAL POLICY HAS BEEN ACCOMPLISHED. THE OTHERS TO BE VOID.

17. 赔款偿付地点 CLAIM PAYABLE AT		19. 中国人民保险公司 The People's Insurance Company of China
18. 出单日期 ISSUING DATE		(Authorized Signature)

本案例中张华填写：

发票号（Invoice No.）：

保险单号（Policy No.）：

被保险人（The Insured）：

标记	包装及数量

保险货物项目

保险金额（Amount Insured）：

总保险金额（Total Amount Insured）：

1. 保险公司名称（Name of Insurance Company）

此栏应填写信用证和合同要求的保险公司名称。例如：来证规定"INSURANCE POLICY IN DUPLICATE BY PICC"，信用证要求出具由中国人民保险公司出具的保险单。

2. 保险单据名称（Name）

此栏按照信用证和合同填制。

3. 发票号码（Invoice No.）

此栏应填写投保货物商业发票号码。

4. 保险单号（Policy No.）

此栏应填写保险公司的保险单号码。

5. 被保险人（The Insured）

被保险人即保险单的抬头，按照合同和 L/C 的要求填写。一般应填写信用证的受益人。海运保单可以转让，因而凡是以 L/C 受益人为被保险人的，受益人均应背书。

6. 标记（Marks & Nos.）

此栏应填制装运唛头，与发票、提单上同一栏内容相同或填上"AS PER INVOICE NO. ×××"（按 ××× 号发票上的标记）。

7. 包装及数量（Quantity）

此栏应填制外包装单位的总件数，与提单上同一栏目内容相同。如果以包装件数计价，应填写最大包装的总件数；如果以毛重或净重计价，可填件数及毛重或净重；如果是裸装货物，则表示其件数即可；散装货物则表示其重量，并在其后注明"IN BULK"字样。

8. 保险货物项目（Description of Goods）

按发票品名填写，如品名繁多，可使用统称，即可与提单上名称相同。

9. 保险金额（Amount Insured）

小写保险金额，按合同要求填制。根据《UCP600》第 28 条 f 款规定：如信用证对投保金额未作规定，投保金额须至少为货物的 CIF 或 CIP 价格的 110%。如货价中含有佣金保额应为扣佣前的 110% 的金额。保险金额有小数，采用进一法：即不论是"1 009.12"还是"1 009.86"都按"1 010.00"填。

10. 总保险金额（Total Amount Insured）

填写保险金额的大写，即把小写金额用英文大写进行叙述。

11. 保费（Premium）

此栏一般由保险公司填制或已印好“AS ARRANGED”。出口公司不必填写。

12. 启运日期（Date of Commencement）

一般是货物装船完毕的日期，即提单上的日期。也可填写“As Per B/L”。

13. 装载运输工具（Per Conveyance ）

填写运输工具的名称，并应与运输单据列出的运输工具相一致。

海洋运输填写船名和航次，若需转船，则应为分别写一程船名和二程船名，中间用“/”分开。铁路运输填写“By Train”或“By Railway”，最好再加上车号。如“By Train No.×××”；航空运输填写“By Air”或“By Airplane”；邮包运输填写“By Parcel”。

14. 运输起讫地（From ... To ...）

填写提单的货物实际装运的启运港口和目的港口名称。若需转运，则应加填转运港名称，即 From（装运港）To（目的港）W/T（With Transshipment）at 或 Via（转运港）。

15. 承保险别（Conditions）

本栏是保险单的核心内容。必须与信用证或合同规定的保险条款保持一致，并注明保险责任起讫时间、适用保险条款名称及其颁布年份。

16. 保险单份数（Number of Insurance Policy）和“Original”字样

正本提单必须要有“ORIGINAL”字样，并显示该套保险单据正本的出具份数，如信用证无明确规定保险单的份数，保险公司一般出具一套三份正本的保险单。根据《UCP600》第 28 条 b 款规定：如果保险单据表明其以多份正本出具，所有正本均须提交。

17. 赔款偿付地点（Claim Payable at ...）

除非 L/C 另有规定，一般进口商所在地为保险赔款偿付地点。

18. 保险单签发日期和地点（Date and Place of Issue）

填写保险单的签发日期。由于保险公司提供仓至仓服务，所以保险公司手续应在货物离开出口方仓库前办理，保险单的签发日期应不早于货物离开仓库的日期和不晚于提单签发日期。

19. 保险公司签章（Authorized Signature）

此栏盖保险公司的公章，并由得到保险公司授权的人签字。

保费（Premium）:
AS ARRANGED

启运日期（Date of Commencement）:

运输起讫地（From ... To ...）:

承保险别（Conditions）:

保险单份数（Number of Insurance Policy）和“Original”字样:

赔款偿付地点（Claim Payable at ...）:

保险单签发日期和地点（Date and Place of Issue）:

保险公司签章（Authorized Signature）:

保险公司出具的保险单：

中国人民保险公司

The People's Insurance Company of China

总公司设于北京　　　　一九四九年创立

Head Office Beijing　　　　Established in 1949

货物运输保险单

CARGO TRANSPORTATION INSURANCE POLICY

发票号　　　　保单号次

INVOICE NO. RDCI0810　　　　POLICY NO.

合同号　　　　信用证号

CONTRACT NO. RD2308　　　　L/C NO. PO23L3000

被保险人　　潍坊瑞达进出口有限公司

THE INSURED　　WEIFANG RUIDA IMPORT AND EXPORT CO., LTD.

中国人民保险公司(以下简称“本公司”)根据被保险人的要求，由被保险人向本公司缴付约定的保险费，按照本保险单承保险别和背面所载条款与下列特款承保下述货物运输保险，特立本保险单。

THIS POLICY OF INSURANCE WITNESSES THAT THE PEOPLE'S INSURANCE COMPANY OF CHINA (HEREINAFTER CALLED “THE COMPANY”) AT THE REQUEST OF THE INSURED AND IN CONSIDERATION OF THE AGREED PREMIUM PAID TO THE COMPANY BY THE INSURED, UNDERTAKES TO INSURE THE UNDERMENTIONED GOODS IN TRANSPORTATION SUBJECT TO THE CONDITIONS OF THIS POLICY AS PER THE CLAUSES PRINTED OVERLEAF AND OTHER SPECIAL CLAUSES ATTACHED HEREON.

标　记 MARKS & NOS	包装及数量 QUANTITY	保险货物项目 DESCRIPTION OF GOODS	保险金额 AMOUNT INSURED
BT RD2308 MELBOURNE CTN 1-200	200CTNS	100% COTTON BEDDING DUVET COVER SET	USD253,440.00

总保险金额 TOTAL AMOUNT INSURED	SAY US DOLLARS TWO HUNDRED AND FIFTY-THREE THOUSAND FOUR HANDRED AND FORTY ONLY.

保费 PREMIUM	AS ARRANGED	启运日期 DATE OF COMMENCEMENT	Nov. 27, 2023	装载运输工具 PER CONVEYANCE	XIN CANG ZHOU v. 222S

自 FROM	QINGDAO	经 VIA	***	至 TO	MELBOURNE, AUSTRALIA

承保险别　COVERING ALL RISKS AND WAR RISK OF CIC OF THE PICC DATED 01/01/1981 CONDITIONS INCLUDING WAREHOUSE TO WAREHOUSE AND I.O.P.

所保货物，如发生保险单项下可能引起索赔的损失或损坏，应立即通知本公司下述代理人查勘。如有索赔，应向本公司提交保单正本（本保险单共有 2 份正本）及有关文件。如一份正本已用于索赔，其余正本自动失效。

IN THE EVENT OF LOSS OR DAMAGE WHICH MAY RESULT IN A CLAIM UNDER THIS POLICY, IMMEDIATE NOTICE MUST BE GIVEN TO THE COMPANY'S AGENT AS MENTIONED HEREUNDER. CLAIMS, IF ANY, ONE OF THE ORIGINAL POLICY WHICH HAS BEEN ISSUED IN TWO ORIGINAL(S) TOGETHER WITH THE RELEVANT DOCUMENTS SHALL BE SURRENDERED TO THE COMPANY. IF ONE OF THE ORIGINAL POLICY HAS BEEN ACCOMPLISHED. THE OTHERS TO BE VOID.

赔款偿付地点 CLAIM PAYABLE AT	MELBOURNE IN AUSTRALIA	中国人民保险公司 The People's Insurance Company of China 李毅欣
出单日期 ISSUING DATE	Nov. 27, 2023	(Authorized Signature)

单据样式

样单 8-1（1）

中国平安 PING AN

EB01 01 0043 3856 3

中国平安财产保险股份有限公司

进出口货物运输险投保单

投保情况： □新保（原投保公司： ） □续保（上年保单号： ）

贸易方式： □进口（B01） □出口（B02）

☆以下信息是本公司为您提供理赔及售后服务的重要依据，请务必详实填写。

被保险人资料	正式名称：
	行业类型：
	证件类型：□组织机构代码证 □税务登记证 □工商登记证 □营业执照
	证件号码：
	通讯地址： 国家 省/自治区 市/县 区/镇
	电话总机：
	联系人姓名： Email：
	办公电话： 移动电话：
	是否同被保险人： □是 □否 投保人同被保险人时可不填写投保人资料
投保人资料	正式名称：
	行业类型：
	证件类型：□组织机构代码证 □税务登记证 □工商登记证 □营业执照
	证件号码：
	通讯地址： 国家 省/自治区 市/县 区/镇
	电话总机：
	联系人姓名： Email：
	办公电话： 移动电话：

被保险货物：

1.货物标的描述：	
	全新货物： □是 □否
2.货物数量：	3.货物包装：
4.货物唛头： □易碎 □恒温 □冷藏 □鲜活 □其他（请列明）：	
5.包装方式： □散装 □托盘 □捆包状 □袋状 □箱状 □桶状 □裸装 □其他形状包装	

运输信息：

1.□集装箱整箱 □集装箱拼箱 □非集装箱		2.整船运输： □是 □否	
3.舱面货： □是 □否		4.转载： □是 □否	
5.运输工具名称：		6.船龄：	7.起运日期：
8.航程：自 国 港/地		至 国 港/地	
经 国 港/地			

其他相关信息：

1.发票金额/币种：	2.保险金额/币种：	（加成比例： ）
3.发票号/提运单号：	4.费率：	5.保险费/币种：
6.免赔：		
7.赔款偿付地点：	8.预计全年投保金额/币种：	
9.货运公司资料（名称，注册资本）：		
10.过去3年损失记录：		

样单 8-1(2)

运输方式： **主险险别/条款：** **附加险：**

运输方式		主险险别/条款			附加险
陆运	□铁路	□陆上运输一切险			□战争险 □罢工险 □Termination of Transit Clause（Terrorism） □其他（请列明）：
	□公路	□陆上运输险			
□海洋		□一切险	或/or,	□ICC（A）	
		□水渍险	或/or,	□ICC（B）	
		□平安险	或/or,	□ICC（C）	
□航空		□航空运输一切险 □航空运输险 □INSTITUTE CARGO CLAUSES（AIR）			
□邮包		□邮包一切险 □邮包险			

信用证方式：

□否	□是
	1.信用证号：
	2.信用证要求的保险条款措辞：

三项重要声明：

□被保险人已放弃向　　　　　　　　　　　　　　　　公司（承运人）追偿的权利
□被保险人为取得清洁提单已向船东出具保函。
□倒签单声明：本投保单所载货物已于　　年　　月　　日启运，并于　　年　　月　　日　　时　　分向保险公司进行投保，属倒签投保，被保险人保证该批货物迄今为止一直处于安全运输状态，如有不实申报，保险公司可以不承担保险责任，并不退还保险费。

特别约定：

投保人声明：

1、本人兹申明上述各项内容填写属实。

2、本人确认已收到了主险及附加险条款，且贵公司已向本人详细介绍了条款的具体内容，特别就该条款中有关免除保险人责任的条款（包括但不限于责任免除、投保人及被保险人义务），以及付费约定的内容做了明确说明，本人已完全理解，并同意投保。

投保人签字（盖章）：　　　　　　　　　　　日期：

Name/Seal of Proposer:　　　　　　　　　　　Date:

以下内容由保险公司填写：

机构代码		业务渠道代码			
业务员姓名		业务员代码		业务员手机	
主介绍人姓名		主介绍人代码		业务员签字	
代理人名称		代理人协议		校验	
付款方式：□公司柜面	□银行柜面	□银行转帐	□网上银行	□电话银行	□银保通
审核人代码		审核人姓名		审核日期	
货物大类		货物细类			
查勘代理人		打印格式			

样单 8-2

PICC 中国人民保险

创立于1949，服务涵盖保险全类别及投资、健康、养老多板块，机构县域覆盖100%。

单证识别码 (POLICY ID CODE) EEY00B00183
流水号 (SERIAL NO). NO.37002206833674

中国人民财产保险股份有限公司 PICC PROPERTY AND CASUALTY COMPANY LIMITED
货物运输保险保险单（电子保单）CARGO TRANSPORTATION INSURANCE (E-POLICY)

保险单号 (POLICY NO.)：PYIE202237119700E00450

发票号(INVOICE NO.) SHFG57
提单号 (B/L NO.) QDWE244888
合同号(CONTRACT NO.)
信用证号(L/C NO.)
被保险人(THE INSURED)：QINGDAO ××× INDUSTRIAL AND TRADING CO., LTD

中国人民财产保险股份有限公司(以下简称本公司)根据被保险人要求，以被保险人向本公司缴付约定的保险费为对价，按照本保险单列明条款承保下述货物运输保险，特订立本保险单。
THIS POLICY OF INSURANCE WITNESSES THAT PICC PROPERTY AND CASUALTY COMPANY LIMITED (HEREINAFTER CALLED "THE COMPANY") AT THE REQUEST OF THE INSURED AND IN CONSIDERATION OF THE AGREED PREMIUM PAID TO THE COMPANY BY THE INSURED, UNDERTAKES TO INSURE THE UNDERMENTIONED GOODS IN TRANSPORTATION SUBJECT TO THE CONDITIONS OF THIS POLICY AS PER THE CLAUSES PRINTED OVERLEAF.

标记(MARKS & NOS.)	包装及数量(PACKAGE & QUANTITY)	保险货物项目(GOODS)	保险金额(AMOUNT INSURED)
N/M	690 PACKAGE(S)	WHEELBARROW STEEL TRAYS WHEELS AXLES SCREWS AND KEP NUTS(3/16''X5/8'') STEEL LINK HINGES SCREWS(5.5X25MM) SCREWS(5.5X63MM)	USD 61930.00

总保险金额(TOTAL AMOUNT INSURED)：USD SIXTY ONE THOUSAND NINE HUNDRED AND THIRTY ONLY
保费(PREMIUM)：AS ARRANGED　　启运日期(DATE OF COMMENCEMENT)：Jul.08, 2022
装载运输工具(PER CONVEYANCE)：APL SALALAH
自(FROM)：QINGDAO, CHINA　　经(VIA)：　　至(TO)：POINT-LISAS, TRINIDAD, WEST INDIES
承保险别(CONDITIONS)：
COVERING ALL RISKS AS PER OCEAN MARINE CARGO CLAUSES (2018) OF THE PICC PROPERTY AND CASUALTY COMPANY LIMITED. Warehouse to Warehouse Clause.

所保货物如发生保险单项下可能引起索赔的损失，应立即通知本公司或下述代理人查勘。
IN THE EVENT OF LOSS OR DAMAGE WHICH MAY RESULT IN A CLAIM UNDER THIS POLICY IMMEDIATE NOTICE MUST BE GIVEN TO THE COMPANY OR AGENT AS MENTIONED.

HUGGINS SERVICES LTD26 KITCHENER STREET, WOODBROOKP.O.BOX 26B, PORT OF SPAIN, TRINIDAD W.I.PHONE: +1 868 622 9958/628 5378AFTER HOURS: +1 868 640 3456FAX: +1 868 622 6384EMAIL: HUGGINS@HSL.CO.TT

保险服务请联系：
CONTACT INFORMATION OF INSURANCE SERVICE:

中国人民财产保险股份有限公司日照市分公司高新区营业部
电话(TEL)：0633-8708663
传真(FAX)：
地址(ADD)：山东省日照市东港区学苑路237号高新智慧谷园区3号楼6层1号房间、3号楼1层1号房间
EMAIL：

保险人 (UNDERWRITER)：

赔款偿付地点(CLAIM PAYABLE AT)　POINT-LISAS, TRINIDAD, WEST INDIES IN USD
签单日期(ISSUING DATE)　Jul.07, 2022

尊敬的客户：您可通过本公司官网(www.picc.com)、网站 (https://vonline.isignet.cn/v-online/picc)，95518客服热线、中国人保APP查询、验证保险单信息。若对查询结果有异议，请及时联系本公司。Dear customers, you can check and verify your coverage through visiting www.picc.com, https://vonline.isignet.cn/v-online/picc, or calling 95518 customer service hotline, or logging in PICC APP. Please contact us if you have any question.

样单 8–3

太平洋保险 CPIC

中国太平洋财产保险股份有限公司
China Pacific Property Insurance Co.,Ltd.

官方微信

全国客户服务电话：95500
SERVICE CENTER: 95500

CDAD2150188995

货物运输保险单
CARGO TRANSPORTATION INSURANCE POLICY

保险单号(Policy No)：AJING6224221Q004227D

全国统一投诉服务电话：95500-3-4

中国太平洋财产保险股份有限公司（以下称承保人）根据被保险人的要求，在被保险人向承保人缴付约定的保险费后，按照本保险单承保险别和背面所载条款与下列特款承保下述货物运输险，特立本保险单。

This Policy of Insurance witnesses that China Pacific Property Insurance Company Limited (hereinafter called "The Underwriter") at the request of the Insured named hereunder and in consideration of the agreed premium paid to the Underwriter by the Insured, undertakes to insure the undermentioned goods in transportation subject to the conditions of this Policy as per the Clauses printed overleaf and other special clauses attached herein.

被保险人(Insured)：TO ORDER

标记：Marks & Nos.	包装与数量 Quantity	保险货物项目 Description of Goods	保险金额：Amount Insured
As per Invoice No. INVOICENO.：JDM20202××××21 B/LNO.：COS U630909×××	1740PACKAGE	GARLICPUREE	USD×××815.20

总保险金额：Total Amount Insured U.S. DOLLARS ××× THOUSAND EIGHT HUNDRED AND FIFTEEN AND TWENTY CENTS ONLY

费率：Rate AS ARRANGED　　保费：Premium AS ARRANGED　　免赔额/率：Deductible/Franchise

开航日期：Slg.on or abt. As Per B/L　　装载运输工具：Per conveyance S.S. COSCO SHIPPING VIRGO 016W

运输路线：自 Route From QINGDAO CHINA　　经 By　　至 To ROTTERDAM

承保险别：Conditions
COVERING ALL RISKS FOR FROZEN PRODUCTS AS
PER OCEAN MARINE INSURANCE
CLAUSES(FROZEN PRODUCTS).
INCLUDING WAREHOUSE TO WAREHOUSE
CLAUSE.
ADDITIONAL WAR RISK AND STRIKE RISK
NUMBERS OF THE ORIGINAL POLICY (3)

THE FIRST ORIGINAL

所保货物，如遇出险，本公司凭第一正本保险单及其他有关证件给付赔款，如发生本保险单项下负责赔偿的损失或事故，应立即通知下述代理人查勘。

Claims, if any, payable on surrender of the first original of the Policy together with other relevant documents. In the event of accident whereby loss or damage may result in a claim under this Policy, immediate notice applying for survey must be given to Agent as mentioned hereunder.

Interlloyd Averij B.V.
Office address: Debussystraat 2,NL-3161 WD Rhoon Tel:+31(0)10 244 39 00 E-mail: info@interlloyd.nl For updated info., please refer to www.lloydsagency.com

中国太平洋财产保险股份有限公司
CHINA PACIFIC PROPERTY INSURANCE CO., LTD.
潍坊中心支公司

授权签发 AUTHORIZED SIGNATURE ________ (公司签章 Stamp)

地址：Address

赔款偿付地点 Claim payable at ROTTERDAM　　电话：Tel 05368867333　　传真：Fax

核保 Underwriter	姚银霜	制单 Operator	姚银霜	经办 Handler	张迪	签单日期 Issuing Date	2021-08-08

东港印制（2015.04）

思考：

1. 常见的货物保险险别有哪些？
2. 如何填写投保单和保险单？

四、技能训练

实训模拟

1. 根据下述给出的条件缮制投保单

※ 合同相关资料

SELLER: WEIFANG PENGHUI IMPORT AND EXPORT CO. , LTD

BUYER: CECLERC SAS

DESCRIPTION OF GOODS: 800 CARTONS OF CANNED MUSHROOM

CONTRACT NO.: LXY296

INVOICE NO.: PH0901 INVOICE VALUE: CIF USD29, 520.00

SHIPMENT FROM QINGDAO TO MARSEILLES, FRANCE

L/C NO.: P02L230761000080

※ 补充资料：

OCEAN VESSEL: COSCO SHIPPING TAURUS

VOYAGE NO.: 022W

B/L NO.: CO231111

投保日期：2023 年 9 月 7 日

启运日期：2023 年 9 月 10 日

商品名称（中文）：蘑菇罐头

保险费率：1‰

投保险别：一切险

赔付地点：最终目的地

赔付币别：发票币别

空白保险单

空白投保单和保险单

请翻译左侧信用证条款：

请翻译右侧信用证条款：

2. 根据下述给出的条件缮制一份保险单据

※ 信用证材料

L/C NO.: P02L230761000080

APPLICANT: CECLERC SAS

BENEFICIARY: WEIFANG PENGHUI IMPORT AND EXPORT CO., LTD

SHIPMENT FROM QINGDAO TO MARSEILLES, FRANCE

MERCHANDISE: CANNED MUSHROOM, CIF MARSEILLES, FRANCE

TTL AMOUNT: USD29, 520.00

DOCUMENTS REQUIRED:

FULL SET (2/2) OF INSURANCE POLICY IN DUPLICATE IN NEGOTIABLE FORM BLANK ENDORSED FOR 110 PERCENT OF INVOICE VALUE COVERING OCEAN TRANSPORTATION CLAUSES ALL RISKS, STRIKES, RIOTS AND CIVIL COMMOTIONS CLAUSES OF PICC, INCL. WAREHOUSE TO WAREHOUSE, I.O.P. CLAIMS PAYABLE AT DELHI, INDIA IN THE CURRENCY OF L/C.

信用证未对保险单据作任何其他规定。

※ 附加信息：

合同号码：LXY296

发票号码：PH0901

发票显示：

DESCRIPTIONS: CANNED MUSHROOM, 800 CARTONS, CIF MARSEILLES, FRANCE

TTL AMOUNT: USD29, 520.00

提单显示：

PORT OF LOADING: QINGDAO

VESSEL: COSCO SHIPPING TAURUS 022W

PORT OF DISCHARGE: MARSEILLES, FRANCE

ON BOARD DATE: SEP. 10, 2023

SHIPPING MARK:

CEC

LXY296

MARSEILLES

NO.1-800

投保日期：2023 年 9 月 7 日。

错题本：

五、真题训练

1. **单选**：按国际保险市场惯例，投保金额通常在CIF总值的基础上（　　）。

A. 加一成　　B. 加二成

C. 加三成　　D. 加四成

2. **多选**：中国保险条款中属于一般附加险别的有（　　）。

A. 淡水、雨淋险　　B. 短量险　　C. 钩损险

D. 黄曲霉素险　　E. 拒收险

3. **多选**：我国海运货物保险条款中，适用“仓至仓条款”的险别是（　　）。

A. WAR RISKS　　B. STRIKE RISK　　C. FPA

D. WPA　　E. ALL RISKS

4. **多选**：以下关于保险凭证的正确叙述是（　　）。

A. 俗称“小保单”，是一种简化的保险单

B. 既有正面内容，又有背面条款

C. 与保险单具有同等效力

D. 在实务中，保险凭证可以代替保险单

E. 只在进口业务中使用

5. **判断**：信用证要求提供保险单时，不得以保险凭证代替。（　　）

6. **简答**：简述保险单的分类。

小结：

学习情境九

制作汇票及其他结汇单据

环节引导图9

一、学习目标

• 知识目标

能复述汇票的主要内容和种类；

能说出汇票的填制规范。

• 技能目标

能准确缮制汇票，正确率需达到90%。

• 素养目标

养成严谨制单的工作作风；

培养注重细节意识；

培养有效沟通技能。

思考：汇票是票据吗？能实现什么功能？

二、工作任务

背景导入

待收到货代公司签发的已装船提单后，张华开始缮制跟单汇票，准备连同全套单据在信用证有效期和交单期内到银行交单议付。

思维导图

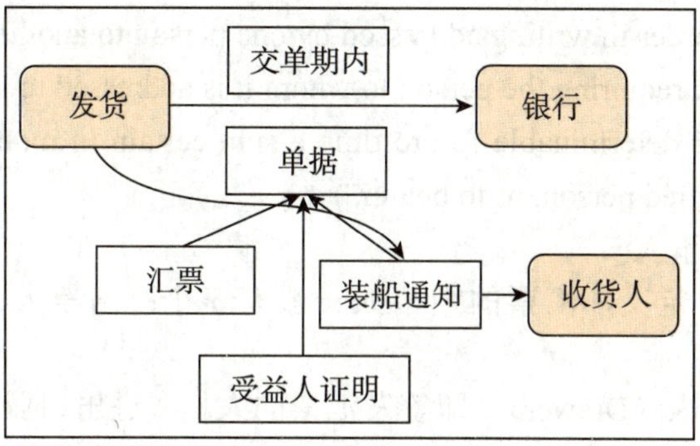

相关资料

合同（Contract No.：RD2308）原文中支付条款信息：

（11）付款条件（Terms of Payment）：By irrevocable Letter of Credit at 60 days after sight, reaching the Seller not later than Sep. 30, 2023 and remaining valid for negotiation in China for further 15 days after the shipment.

翻译左侧相关资料中的条款。

布置任务

如果你是张华，能否结合合同与信用证制作汇票？

三、探求新知

知识导航——汇票和其他结汇单据

◆汇票

1. 含义

汇票（Draft/Bill of Exchange）是出票人（Drawer）签发的，要求受票人（Drawee）在见票时或在指定的日期无条件支付一定金额给其指定的受款人（Payee）的书面命令。

《英国票据法》关于汇票的定义是：汇票是由一人向另一人签发的，要求即期或定期或在可以确定的将来的时间，对某人或其指定人或持票人支付一定金额的无条件书面支付命令。(A bill of exchange is an unconditional order in writing addressed by one person to another signed by the person giving it requiring the person to whom it is addressed to pay on demand, or at a fixed or determinable future time a sum certain in money to or to the order of a specified person, or to bearer.)

笔记：

2. 基本当事人

根据汇票定义，汇票的当事人一般有三个：出票人、受票人和受款人。

（1）出票人（Drawer）：即签发汇票的人。在进出口业务中，通常是出口商。

（2）受票人（Drawee）：即汇票的付款人。在进出口业务中，通常是进口商或其指定的银行。在信用证结算方式下，若信用证没有指定付款人，根据《UCP600》规定，开证行即是付款人。

（3）受款人（Payee）：即汇票规定的可受领金额的人。在进出口业务中，若信用证没有特别指定，受款人通常是出口商本人或其指定银行。

除此之外，汇票在使用中还可能出现一些非基本当事人，如背书人（Endorser）、保证人（Guarantor）等。

在信用证项下的国际结算业务中，即期付款有时不一定需要汇票，可以用发票代替。而对于远期付款，汇票一般都是必要的，因付款人须凭汇票承兑，并承担到期付款的责任。而持票人必要时可凭承兑的汇票贴现或经背书转让。

3. 种类

（1）按有无附有货运单据，可分为光票和跟单汇票

光票（Clean Bill）是不附带货运单据的汇票。光票的流通完全依靠当事人的信用，即完全看出票人、付款人或背书人的资信。在国际贸易中，对少量货运，或收取保险费、运费等其他费用，可采用光票向对方收款。

跟单汇票（Documentary Bill）是附带货运单据的汇票，以承兑或付款作为交付单据的条件。除了有当事人的信用外，还有货物的保证。因此，在国际贸易中，这种汇票使用较为广泛。

（2）按付款时间，可分为即期汇票和远期汇票

即期汇票（Sight Bill）是在提示或见票时立即付款的汇票。

远期汇票（Time Bill or Usance Bill）是在一定期限内或特定日期付款的汇票。

（3）按出票人不同，可分为商业汇票和银行汇票

商业汇票（Trade Bill）是指出票人是商号、企业或个人，付款人可以是商号、个人，也可以是银行。在国际贸易结算中，出口商用逆汇法，向

国外进口商收取货款并签发的汇票，即属商业汇票。

银行汇票（Banker's Bill）的出票人和付款人都是银行。银行汇票由银行签发后，交汇款人，由汇款人寄交国外收款人向付款行取款，此种汇款方式称为顺汇法。

（4）按承兑人的不同，分为商业承兑汇票和银行承兑汇票

商业承兑汇票（Trader's Acceptance Bill）是由商号、企业或个人出票而以另一个商号、企业或个人为付款人，并经付款人承兑后的远期汇票。商业承兑汇票是建立在商业信用基础上的。

银行承兑汇票（Banker's Acceptance Bill）是由银行承兑的远期汇票，它是建立在银行信用基础上的。所以银行承兑汇票比商业承兑汇票更易于被人们所接受，并且能在市场上流通。

4. 具备的要项

（1）写明"汇票"字样，如：Bill of Exchange。

（2）书面的无条件支付命令（Unconditional Order）。

（3）汇票编号（Number）。

（4）出票地点和日期（Place and Date of Issue）。

（5）汇票的小写金额（Amount in Figures）。

（6）付款期限（Tenor）。

（7）受款人（Payee）。

（8）汇票大写金额（Amount in Words）。

（9）出票条款（Drawn Clause）。

（10）付款人（Drawee）。

（11）出票人签字（Signature of the Drawer）。

除上述项目外，汇票上还记载一些其他内容，如利息与利率条款，付一不付二或付二不付一、禁止转让等。

◆其他结汇单据

1. 装船通知

装船通知（Shipping Advice）也称装运通知，通常是指出口商（受益人）在货物装船后向进口方（申请人）发出的关于包括货物详细装运情况的通知，其目的在于让进口商做好筹措资金、付款和接货的准备。

（1）主要内容

①单据名称。主要体现为：Shipping/Shipment Advice，Advice of Shipment 等，也有人将其称为 Shipping Statement/Declaration。如信用证有具体要求，按照信用证规定的名称使用。

②通知对象。应按信用证规定，通常是开证申请人、申请人的指定人或保险公司等。

③通知内容。主要包括所发运货物的合同号及/或信用证号、品名、

笔记：

笔记：

数量、金额、运输工具名称、开航日期、启运地和目的地、提单号码、运输标志等，并且与其他相关单据保持一致，如信用证提出具体项目要求，应严格按规定出单。此外通知中还可能出现包装说明、ETD（船舶预离港时间）、ETA（船舶预抵港时间）和 ETC（预计开始装船时间）等内容。

④制作和发出日期。日期不能超过信用证约定的时间，常见的有以小时为准（within 24/48 hours）和以天（within 2 days after shipment date）为准两种情形，信用证没有规定时应在装船后立即发出，如信用证规定"immediately after shipment"（装船后立即通知），应掌握在提单后三天之内。

⑤签署。一般可以不签署，如信用证要求"certified copy of shipping advice"，通常加盖受益人条形章。

（2）注意事项

①当成交条件为 FOB/FCA、CFR/CPT 等，出口商还需向进口国保险公司发出该通知以便其在目的港办理货物保险手续。特别值得注意的是，在 CFR/CPT 交易条件下出口商发装运通知十分必要。因货物运输和保险分别由不同的当事人操作，所以受益人有义务向申请人对货物装运情况给予及时、充分的通知，以便进口商办理保险，否则如漏发通知，则交货后的风险仍由受益人承担。

②出口装船通知应按合同或信用证规定的方式、时间、内容和份数发出。该通知副本（copy of telex/fax）常作为向银行交单议付的单据之一。在进口方派船接货的交易条件下，进口商为了使船、货衔接得当也会向出口方发出有关通知，如"装运须知"（shipping instructions）。通知以英文制作，无统一格式，内容一定要符合信用证的规定，一般只提供一份。

笔记：

2. 受益人证明

（1）概述

受益人证明（Beneficiary's Certificate）是一种由受益人自己出具的证明，以便证明自己履行了信用证规定的任务或证明自己按信用证的要求办事，如证明所交货物的品质、证明运输包装的处理、证明按要求寄单等。一般无固定格式，内容多种多样，以英文制作，通常签发一份。

（2）基本要求

①单据名称。这种单据的名称因所证明事项不同而略异，可能是寄单证明、寄样证明（船样、样卡和码样等）、取样证明、环保人权方面的证明（非童工、非狱工制造）等。

②证明上通常会显示发票号、合同号或信用证号以表明与其他单据的关系。

③证明的内容应严格与合同或信用证规定相符。

④因属于证明性质，按有关规定，证明人（受益人）必须签字。

⑤单据一般都应在规定的时间内做出。

3. 船公司证明

船公司证明（Shipping Company's Certificate）是为满足进口商的要求，出口人在交单议付时，往往还须按信用证要求出具船公司的有关证明。比较常用的有船籍证、航程证、船龄、船级证等，说明载货船只允许进入目的港的证明以及船公司的收费证明等。

笔记：

操作技能

◆汇票的缮制

请缮制填写汇票。

BILL OF EXCHANGE

No.____________________　　　　________

Exchange for ____________________

At ____________ sight of this FIRST Bill of exchange (SECOND of exchange being unpaid)

Pay to the order of ____________________

The sum of ____________________

Drawn under ____________________

L/C No. ____________________ Dated ____________________

To:

　　　　　　　　________

1. 汇票编号（Draft No.）

根据发票号码填写，或填写“AS PER INVOICE”。

2. 地点和日期（Place and Date）

汇票的出票日期和出票地点。

3. 汇票金额 (Amount in Figures of Draft)

汇票的金额包括数字小写和英文大写两部分。金额大小写必须一致，不得涂改，不允许加盖校正章。

小写金额应在“Exchange for”后顶格填写，用货币名称的缩写和小写金额数字构成（金额数保留至小数点后两位，货币名称应与发票一致）。例如：USD3,900.00。

大写金额（Amount in Words of Draft）用大写字母和货币填写，应在“the sum of”后。使用英文大写数字填写金额，大写金额前冠以货币全称，并且全称应以复数形式出现，句末加上“Only”（整），否则银行拒绝付款。

例如：SAY U.S. DOLLARS SEVEN THOUSAND TWO HUNDRED ONLY。

大写金额的小数点以下的辅币的表示方法，以 0.75 美元为例，有以

本案例中张华填写：

汇票编号（Draft No.）：

地点和日期（Place and Date）：

汇票金额（Amount in Figures of Draft）：

下几种写法：

（1）CENTS SEVENTY FIVE ONLY；

（2）... AND 75% ONLY；

（3）... AND 75/100 ONLY。

付款期限和方式(Tenor and Mode of Payment)：

4. 付款期限和方式 (Tenor and Mode of Payment)

有三种填制方法：即期付款交单、远期付款交单和承兑交单。

即期付款交单（D/P at sight）方式下，在“at”与“sight”之间划虚线（或用“*”，或“×”），在“at”前加上“D/P”，即“D/P at ××× sight”。

远期付款交单（D/P after sight）方式下，在“at”前加上“D/P”，在“at”与“sight”之间填上×××days after，即“D/P at ××× days after sight”。

承兑交单（D/A）：即“D/A at ××× days after sight”。

汇票有两联，第一联与第二联除在付款期限后的一句话不同外，其他内容是相同的。第一联规定“At ... sight of this first of exchange (Second of the same tenor and date unpaid)”，第二联则规定“At ... sight of this second of exchange (First of the same tenor and date unpaid)”。即所谓“付一不付二，付二不付一”，意指支付了第一联则不付第二联，支付了第二联则不付第一联。

受款人（Payee）：

5. 受款人（Payee）

又称抬头人，通常有三种写法：

（1）限制性抬头，填写“pay to ××× company only”或“pay to ××× not transferable”，这种汇票不能背书转让。

（2）指示性抬头，填写“pay to the order of ×××”。这种汇票背书后可以转让。

（3）来人抬头，又称持票人抬头，即付款给汇票持有者。

例如：“Pay to bearer”，付款人通常是银行。

托收方式下的汇票受款人一般使用指示性抬头，即以托收行（Remitting Bank）为受款人。这种方式不用背书就可转让，风险较大，现已很少使用。

本案例中张华填写：

出票条款（Drawn Clause）：

6. 出票条款（Drawn Clause）

如果采用信用证支付方式，一般应列明某日某行某信用证，如“Drawn under ××× Bank L/C NO. ××× dated ×××”。如果采用托收，填写“For collection”。

付款人（Drawee）：

7. 付款人（Drawee）

汇票左上角的“To”栏。通常是开证行或进口商（须列明详细名称、地址）。

8. 出票人签字（Signature of the Drawer）

在托收方式下出票人是委托人，在信用证方式下是受益人。出票人应完全符合信用证的规定。没有出票人签字和盖章的汇票是无效的。

出票人签字（Signature of the Drawer）:

张华缮制完成的汇票：

BILL OF EXCHANGE

No. RDCI0810　　　Weifang, China　Nov.28, 2023

Exchange for　USD230, 400.00

At　60 DAYS AFTER　sight of this FIRST Bill of exchange (SECOND of exchange being unpaid)

Pay to the order of　BANK OF CHINA WEIFANG CHENGDONG SUB-BRANCH

The sum of　SAY U.S. DOLLARS TWO HUNDRED AND THIRTY THOUSAND FOUR HUNDRED ONLY

Drawn under　BANK OF MELBOURNE , AUSTRALIA

L/C No.　PO23L3000　　　Dated　Sep. 15, 2023

To:　BANK OF MELBOURNE, AUSTRALIA

WEIFANG RUIDA IMPORT AND EXPORT CO., LTD.

郭一阳

张华缮制完成的装船通知：

WEIFANG SUNNY IMPORT AND EXPORT CO., LTD.
666 DONGFENG STREET, WEIFANG, CHINA
SHIPPING ADVICE

DATE: Nov. 27, 2023
INVOICE NO.: RDCI0810

TO: BIG TREE PTY LTD.
FAX NO.: 0536-8788888
DATE: Nov. 27, 2023
PLS BE ADVISED OF FOLLOWING SHIPPING INFORMATION:
MERCHANDISE: 100% COTTON BEDDING DUVET COVER SET
VESSEL:XIN CANG ZHOU v. 222S
SHIPMENT DATE: Nov. 27, 2023
MARKS: BT
RD2308
MELBOURNE
CTN 1-200
QUANTITY: 200 CTNS
NET WEIGHT: 5, 600.00KGS
GROSS WEIGHT: 5, 800.00KGS
PORT OF LOADING: QINGDAO
PORT OF DISCHARGE: MELBOURNE , AUSTRALIA
L/C NO.: PO23L3000

单据样式

样单 9–1（1）

Bill of Exchange

No.________ Date________ ________

Exchange for ________

At ________ days after Sight of this FIRST of

Exchange (Second of exchange being unpaid)

pay to the Order of CHINA CONSTRUCTION BANK

the sum of ________

Drawn under L/C No.________ Dated________

Issued by ________

To ________

____

____

____
AUTHORIZED SIGNATURE

3309-1-2/96 BJ

样单 9–1（2）

Bill of Exchange

No.________ Date________

Exchange for ________

At ________ days after Sight of this SECOND of

Exchange (First of exchange being unpaid)

pay to the Order of CHINA CONSTRUCTION BANK

the sum of ________

Drawn under L/C No.________ Dated________

Issued by ________

To ________

____

____

____
AUTHORIZED SIGNATURE

3309-1-2/96 BJ

样单 9–1（3）背面

PAY TO THE ORDER OF
ANY BANK, BANKER OR TRUST COMPANY
ALL PRIOR ENDORSEMENTS GUARANTEED
FOR CHINA CONSTRUCTION BANK
AUTHORIZED SIGNATURE(S)

思考：

1. 什么是“付一不付二，付二不付一”原则？
2. 如何缮制一张汇票？

四、技能训练

实训模拟

空白汇票样式

1. 根据以下资料缮制汇票。

※ 信用证资料：

MT: 700 01

SEQUENCE OF TOTAL　　27: 1/1

FORM OF DOCUMENTARY CREDIT

40A: IRREVOCABLE

DOCUMENTARY CREDIT NUMBER

20: P02L230761000080

DATE OF ISSUE　　31C: 230705

请翻译右侧信用证条款：

DATE AND PLACE OF EXPIRY
31D: 230928 CHINA
APPLICANT 50: CECLERC SAS
BENEFICIARY 59:
WEIFANG PENGHUI IMPORT AND EXPORT CO., LTD
CURRENCY CODE, AMOUNT
32B: USD29, 520.00
AVAILABLE WITH ... BY ...
41D: ANY BANK BY MIXED PAYMENT
DRAFTS AT
42M: AT 30 DAYS AFTER SHIPMENT DATE FOR 80PCT
OF INVOICE VALUE, AT SIGHT FOR 20PCT OF INVOICE VALUE.
DRAWEE
42D: BANK OF PARIS, FRANCE.
PARTIAL SHIPMENTS
43P: NOT ALLOWED
PRESENTATION PERIOD
48: 15 DAYS AFTER SHIPMENT DATE
※ 附加信息：
发票号码：PH0901
发票金额：USD29, 520.00

受益人向其当地议付行 BANK OF CHINA, QINGDAO BRANCH 交单的日期为 2023 年 9 月 12 日，运输单据上显示的装运日期为 2023 年 9 月 10 日，汇票日期同受益人交单日期，受益人的有权签字人为郑阳，议付行议付的条件是要求受益人将议付行做成汇票上的收款人。

2. 根据下述给出的条件缮制装船通知和受益人证明。

请翻译右侧信用证条款：

※ 信用证资料：
APPLICANT: CECLERC SAS
172 RUE LOUIS CALMEL, GENNEVILLIERS, FRANCE
BENEFICIARY:
WEIFANG PENGHUI IMPORT AND EXPORT CO., LTD
28 XINHUA BUILDING KUIWEN DISTRICT, WEIFANG, CHINA
MERCHANDISE:
CANNED MUSHROOM, 800 CARTONS
CIF VALUE: USD29, 520.00

PACKED IN SEAWORTHY CARTONS.

DOCUMENTS REQUIRED:

…

+BENEFICIARY'S CERTIFICATE CERTIFYING THAT THEY HAVE SENT ONE FULL SET OF NON-NEGOTIABLE DOCUMENTS REQUIRED BY L/C TO THE APPLICANT VIA DHL WITHIN 2 DAYS AFTER SHIPMENT.

+BENEFICIARY'S CERTIFIED COPY OF FAX TO THE APPLICANT (FAX NO. 053277777777) ADVISING MERCHANDISE, SHIPMENT DATE, GROSS INVOICE VALUE, NAME AND VOYAGE OF VESSEL, CARRIER'S NAME, PORT OF LOADING AND PORT OF DISCHARGE IMMEDIATELY ON THE DATE OF SHIPMENT.

…

ADDITIONAL CONDITIONS: ALL DOCUMENTS MUST BE MADE OUT IN THE NAME OF THE APPLICANT UNLESS OTHERWISE STIPULATED BY THE L/C.

※ 附件信息：

合同号：LXY296

L/C NO.: P02L230761000080

9, 600 CANS OF CANNED MUSHROOM, 260 GRAMS/CAN, 12 CANS IN A CARTON, TTL 800 CARTONS

N.W.: 3.12KGS/CARTON,

G.W.: 3.20KGS/CARTON MEAS: 25.6CBM

装船日期：2023 年 9 月 10 日

承运人：COSCO LOGISTICS (QINGDAO) COMPANY

启运港：青岛

卸货港：马赛

SHIPPING MARK:

CEC

LXY296

MARSEILLES

NO.1-800

运输船名及航次：COSCO SHIPPING TAURUS 022W

发票号码：PH0901

受益人的有权签字人为郑阳

受益人证明的日期：2023 年 9 月 10 日

错题本：

五、真题训练

1. **单选**：下列汇票的抬头中可以经过背书转让的是（　　）。

A. Pay to the order of ABC Company

B. Pay to ABC Company only

C. Pay to the holder

D. Pay to bearer

2. **单选**：信用证在汇票条款中注明“Drawn on us”，出口商缮制汇票时，应将付款人做成（　　）。

A. 开证行　　B. 议付行

C. 开证申请人　　D. 偿付行

3. **单选**：某公司签发一张汇票，上面注明“AT ××× SIGHT”，这张汇票是（　　）。

A. 即期汇票　　B. 承兑汇票

C. 远期汇票　　D. 无效汇票

4. **单选**：托收方式下，出口方开具汇票上的付款人是（　　）。

A. 进口方　　B. 托收行

C. 代收行　　D. 需要时代理

5. **判断**：出口商不可以将发票号作为汇票的编号。（　　）

6. **判断**：汇票的受款人又称受票人，也就是汇票出票人的命令对汇票付款的人。（　　）

小结：

学习情境十

办理出口退税

环节引导图 10

一、学习目标

知识目标

了解出口退税的流程；
熟悉退税所需单据。

技能目标

能独立办理出口退税手续；
顺利完成单证归档工作。

情感目标

养成乐于总结和归档的习惯；
树立反思和自我评价意识；
做合法公民，做良心企业。

如何理解：“依法纳税是公民的义务”这句话。

二、工作任务

背景导入

为大力推进贸易便利化，进一步改进货物贸易外汇服务和管理，自 2012 年 8 月 1 日起在全国实施货物贸易外汇管理制度改革，取消出口收汇核销单，企业不再办理出口收汇核销手续。因此，单证员张华接下来要办理出口退税手续并完成归档工作。

思维导图

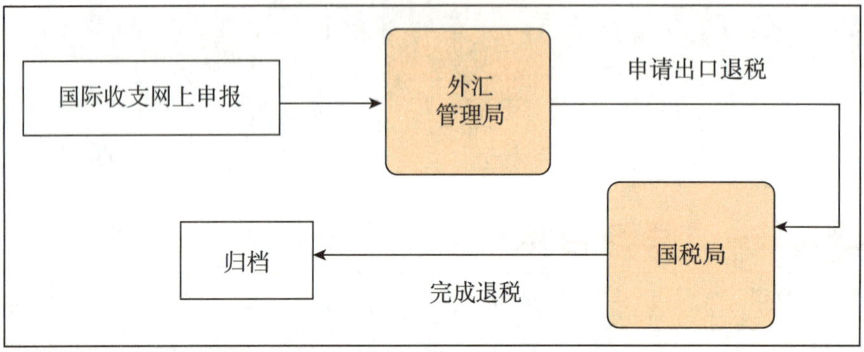

相关资料

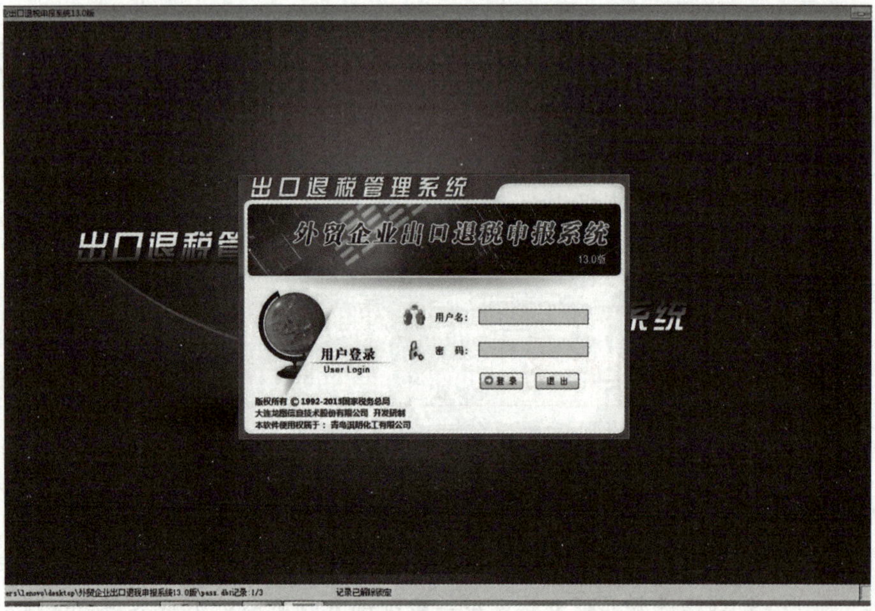

图 10.1　外贸企业出口退税申报系统登录界面

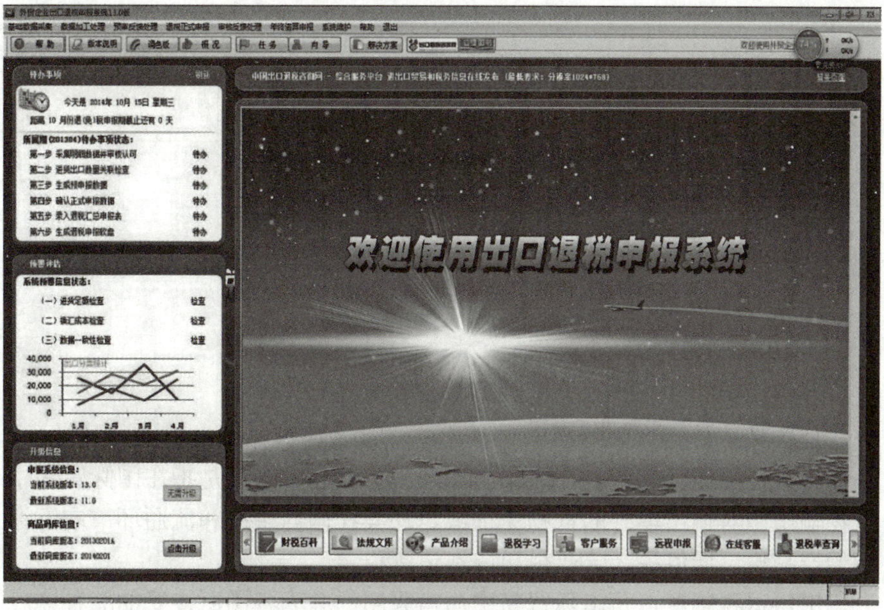

图 10.2　进入出口退税申报系统

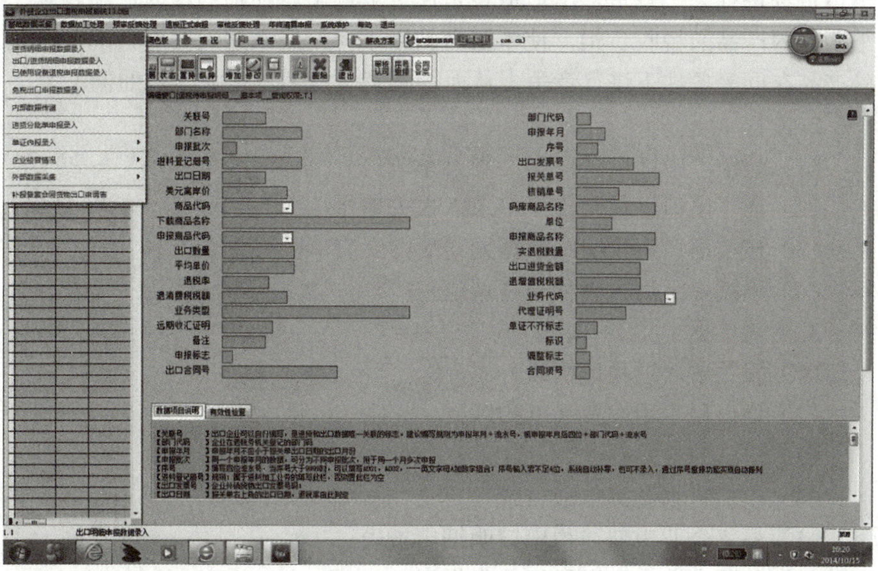

图 10.3　出口明细录入界面

布置任务

如果你是张华，能否备齐相关材料办理退税？

三、探求新知

知识导航——出口退税业务和单证归档工作

笔记：

◆出口退税

1. 含义

出口货物退（免）税，简称出口退税，其基本含义是指在国际贸易中货物输出国对输出境外的货物免征或退还其在国内生产和流通环节实际缴纳的产品税、增值税、营业税和特别消费税。

出口退税制度，是国际贸易中通常采用的并为各国所接受的一种税收措施，是一个国家税收的重要组成部分。出口退税主要目的在于鼓励各国出口货物进行公平竞争。出口退税是通过退还出口货物的国内已纳税款来平衡国内产品的税收负担，使本国产品以不含税成本进入国际市场，与国外产品在同等条件下进行竞争，从而增强竞争能力，扩大出口的创汇。

2. 流程

（1）登录“中国电子口岸”网上系统；

（2）在“出口退税”模块中录入报关单号；

（3）核实出口货物明细数据无误后网上交单；

（4）系统提示后去国税局办理退税。

3. 所需单据

（1）报关单（退税证明联）；

（2）增值税专用发票（抵扣联）；

（3）出口商业发票；

（4）出口货物备案单证目录；

（5）外贸企业出口退税出口明细申报表；

（6）外贸企业出口退税汇总申报表；

（7）与出口退税有关的其他材料。

养成单证及时归档的习惯有哪些好处？

◆单证归档

顺利收汇后，外贸单证员应按照发票号码的顺序进行单据归档工作。对于重要单据的移交，要用专门的记录本登记，由接收人签收。对于每笔完成订单的各个环节，单证员都应该及时做好流程笔记、注意事项和心得体会，养成良好的工作作风。

知识拓展

国家外汇管理局　海关总署　国家税务总局

关于货物贸易外汇管理制度改革的公告

发布时间：2012-08-01

为大力推进贸易便利化，进一步改进货物贸易外汇服务和管理，国家外汇管理局、海关总署、国家税务总局决定，自2012年8月1日起在全国实施货物贸易外汇管理制度改革，并相应调整出口报关流程，优化升级出口收汇与出口退税信息共享机制。现公告如下：

一、改革货物贸易外汇管理方式

改革之日起，取消出口收汇核销单（以下简称“核销单”），企业不再办理出口收汇核销手续。国家外汇管理局分支局（以下简称“外汇局”）对企业的贸易外汇管理方式由现场逐笔核销改变为非现场总量核查。外汇局通过货物贸易外汇监测系统，全面采集企业货物进出口和贸易外汇收支逐笔数据，定期比对、评估企业货物流与资金流总体匹配情况，便利合规企业贸易外汇收支；对存在异常的企业进行重点监测，必要时实施现场核查。

二、对企业实施动态分类管理

……

三、调整出口报关流程

改革之日起，企业办理出口报关时不再提供核销单。

四、简化出口退税凭证

自2012年8月1日起报关出口的货物（以海关“出口货物报关单[出口退税专用]”注明的出口日期为准，下同），出口企业申报出口退税时，不再提供核销单；税务局参考外汇局提供的企业出口收汇信息和分类情况，依据相关规定，审核企业出口退税。

2012年8月1日前报关出口的货物，截至7月31日未到出口收汇核销期限且未核销的，按本条第一款规定办理出口退税。

……

2012年8月1日前报关出口的货物，截至7月31日未到出口收汇核销期限但已核销的以及已到出口收汇核销期限的，均按改革前的出口退税有关规定办理。本公告涉及有关外汇管理、出口报关、出口退税等具体事宜，由相关部门另行规定。之前法规与本公告相抵触的，以本公告为准。自2012年8月1日起，本公告附件所列法规全部废止。

特此公告。

国家外汇管理局
中华人民共和国海关总署
国家税务总局
二〇一二年六月二十七日

海关总署　中国人民银行　国家外汇管理局 联合公告2014年第13号

（关于废止货物贸易外汇管理部分规范性文件的公告）

发布时间：2014-03-10

为大力推进贸易便利化，进一步改进货物贸易外汇服务和管理，国家外汇管理局、海关总署、税务总局于2012年8月1日起在全国实施货物贸易外汇管理制度改革，相应调整出口报关流程，优化升级出口收汇与出口退税信息共享机制。改革实施一年来，总体情况运行平稳，现决定废止《海关总署、中国人民银行、国家外汇管理局关于外汇核销进出口报关单联网核查系统的公告》（1999年1月3日发布）和《海关总署、中国人民银行、国家外汇管理局关于试点和推广进出口报关单联网核查系统的通知》（署通〔1998〕622号），上述规范性文件自本公告发布之日起废止。

特此公告。

海关总署
2014年1月23日

（以上资料来源：中华人民共和国海关总署官方网站）

思考：

1. 什么是出口退税，如何办理？
2. 出口退税时需要哪些单据？

四、真题训练

错题本：

1. **单选**：出口退税申报时间是报关单上注明的出口日期起（　　）天内。

A. 60　　B. 90

C. 120　　D. 180

2. **单选**：办理出口退税的重要凭据是“两单两票”，即出口货物报关单（退税联）、出口收汇核销单（退税联）、出口发票和（　　）。

A. 厂商发票　　B. 海关发票

C. 形式发票　　D. 增值税专用发票

3. **判断**：出口收汇核销是在出口退税工作之后的一项工作。（　　）

4. **判断**：出口退税是各国政府普遍使用的鼓励出口的措施。（　　）

5. **判断**：自 2012 年 8 月 1 日起，我国取消使用出口收汇核销单。（　　）

小结：

学习情境十一

开立信用证

一、学习目标

思考：

申请开立信用证工作是由进口方还是出口方负责？

知识目标

能描述开证手续流程；

能复述信用证申请书的格式和内容。

技能目标

能制作信用证开证申请书，完成率达90%。

情感目标

养成严谨制单的工作作风；

培养注重细节意识；

注意换位思考。

二、工作任务

背景导入

潍坊瑞达进出口有限公司与荷兰米蒂贸易公司达成进口一笔货物的合同，合同支付方式为信用证。按照合同规定，张华到当地银行办理开证手续，向客户开立信用证。

思维导图

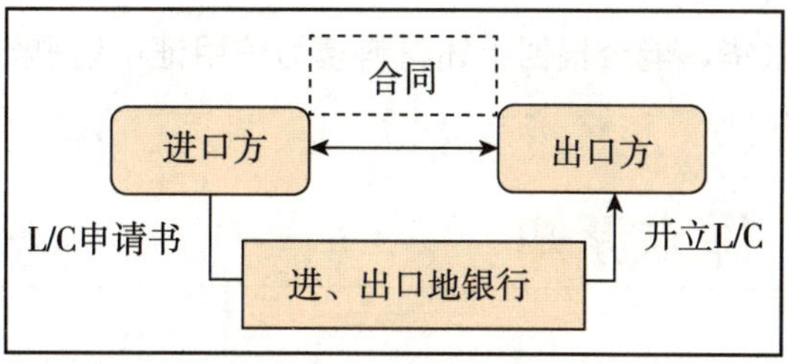

相关资料

合同如下：

PURCHASE ORDER

DATE: MAY. 1, 2023
P/O NO.: LIYU-208

BUYER: WEIFANG RUIDA IMPORT AND EXPORT CO., LTD.
3999 TAIXIANG STREET, WEIFANG, CHINA
SELLER: DU MIDI
ZA DE SERIGNAC
Domaine de Charbonniere
ARTICLE:
PEELED GARLIC
QUANTITY: 1,765CTNS
G.W.: 21,378KGS
N.W.: 17,934KGS
MEASUREMENT: 47.6CBM
PRICE: AT USD2,050.00/MT CFR QINGDAO
FROM ROTTERDAM PORT NETHERLANDS TO QINGDAO PORT CHINA
SHIPMENT: BEFORE JULY/15/2023.
PACKING: GOODS IN CARTON AND TO PUT INTO CONTAINER. [IN 1×40′ FCL].
PARTIAL SHIPMENTS: NOT ALLOWED.
SHIPPING MARK: NO MARK.
TOTAL: ABOUT USD36,764.70.
VALUE: PAYMENT BY L/C AT SIGHT. THE L/C MUST BE OPENED BEFORE MAY. 15, 2023.
REMARKS:
1. THE GOODS MUST BE IN STANDARD EXPORT GOOD QUALITY UNDER US 4 POINTS SYSTEM/ PACKING.
2. OUR PAYMENT TERM IS IRREVOCABLE L/C AT SIGHT ONLY.

WE HEREBY CONFIRM THAT THE TERMS AND CONDITIONS SPECIFIED HEREIN ABOVE OF THIS INDENT ARE ACCEPTABLE TO US. THIS INDENT IS SUBJECT TO FINAL ACCEPTANCE & CONFIRMATION.

SELLER	**BUYER**
Aaron	王硕成

布置任务

如果你是张华，能否根据上述材料填写信用证申请书？

三、探求新知

知识导航——信用证申请书

◆信用证申请书

进口是出口的反向操作，多数进口单据与出口单据的区别不大。在信用证方式付款的进口贸易中，进口商必须填写信用证申请书，以书面的形式向开证行提出申请，开证行根据进口商要求开立信用证，这是履行进口合同的第一步。信用证申请书是申请人与开证行之间明确彼此权利义务关系的契约，通常一式三份。

1. 申请开立信用证的手续

（1）递交有关合同的副本及附件

进口人在向银行申请开证时，要向银行递交进口合同的副本以及所需附件，如进口许可证、进口配额证、某些部门的审批文件等。

（2）填写开证申请书

进口商填写银行统一印制的信用证开证申请书，是进口商申请开立信用证过程中最重要的工作。它是开证银行对外开立信用证的基础和依据。进口商填写开证申请书时，必须按合同条款规定，写明对信用证的各项要求，内容须明确、完整，无词意不清的记载。

（3）交纳押金和开证手续费

按国际惯例，进口人向银行申请开立信用证，应向银行交付一定比例的押金或其他担保金。押金一般为信用证金额的百分之几到百分之几十，根据进口人的资信情况而定。我国开证行根据不同企业和交易情况，要求开证申请人缴付一定比例的人民币保证金，然后开证。此外，银行为进口商开证时，开证申请人（进口商）还必须按规定支付一定金额的开证手续费。

（4）银行开立信用证

开证行收到进口商的开证申请，立即对开证申请书的内容及其与合同的关系、开证申请人的资信状况等进行审核，在确信可以接受开证申请人的申请并收到开证申请人提交的押金及开证手续费后，即向信用证受益人开出信用证，并将信用证正本寄交（有时使用电传开证）受益人所在地分行或代理行（统称通知行），由通知行将信用证通知受益人。

申请开立信用证的时间须按合同规定。合同没有规定时，一般在合同规定的装运期前一个月到一个半月左右申请。

2. 申请人与开证行的义务和责任

申请人对开证行承担三项主要义务：

（1）申请人必须偿付开证行为取得单据代向受益人支付的货款。在申请人付款前，作为物权凭证的单据仍属于银行。

（2）如果单据与信用证条款相一致而申请人拒绝“赎单”，则其作为担保的存款或账户上已被冻结的资金将归银行所有。

（3）申请人有向开证行提供开证所需的全部费用的责任。

开证行对申请人所承担的责任：

首先，开证行一旦收到开证的详尽指示，有责任尽快开证。其次，开证行一旦接受开证申请，就必须严格按照申请人的指示行事。

操作技能

◆信用证申请书的缮制

1. 申请开证日期（Date）

在申请书右上角填写实际申请日期。

2. 致（To）

银行印制的申请书上事先都会印就开证银行的名称、地址，银行的SWIFT CODE、TELEX NO. 等也可同时显示。

3. 传递方式（Mode of Transfer）

申请书已列出 4 种传递方式，分别是：信开（航空邮寄）、电开（电报）、快递和简电后随寄电报证实书。申请人只需在选中的传递方式前面的方框中打“×”即可。

4. 信用证号码（L/C Number）

此栏由银行填写。

5. 到期日期和地点（Expiry Date and Place）

填写信用证的有效期及到期地点。

6. 申请人（Applicant）

填写申请人的全称及详细地址，有的要求注明联系电话、传真号码等。

7. 受益人（Beneficiary）

填写受益人的全称及详细地址。

8. 通知行（Advising Bank）

由开证行填写。

9. 信用证金额（Amount）

填写合同规定的总值，分别用数字和文字两种形式表示，并且表明币种。如果允许有一定比率的上下浮动，要在信用证中明确表示出来。

10. 分批装运（Partial Shipment）、转运（Transshipment）

根据合同的实际规定打“×”进行选择。

11. 装运地/港、目的地/港的名称，最迟装运日期（Loading in Charge、For Transport to、Latest Date of Shipment）

按实际填写，如允许有转运地/港，也应清楚标明。

12. 付款方式（Credit Available with/by）

在所提供的即期、承兑、议付和延期付款四种信用证有效兑付方式中选择与合同要求一致的类型。

13. 汇票要求（Beneficiary's Draft）

金额应根据合同规定填写为发票金额的一定百分比，如：发票金额的100%（全部货款都用信用证支付）；部分信用证、部分托收时，按信用证下的金额比例填写。付款期限可根据实际填写“即期”或“远期”，如属后者必须填写具体的天数。信用证条件下的付款人通常是开证行，也可能是开证行指定的另外一家银行。

14. 价格术语

信用证申请书上有“FOB”“CFR”“CIF”及“其他条件”四个备选项目，根据合同成交的价格术语在该项前方框中打“×”。如果是其他价格术语如“FCA”“CIP”等，则在该项目后面填写。

15. 单据条款（Documents Required）

信用证申请书已印好单据要求共13条，其中第1条至第12条是具体的单据，一般为发票、运输单据（提单、空运单、铁路运输单据及运输备忘录等）、保险单、装箱单、质量证书、装运通知和受益人证明等，第13条是“其他单据”（Other Documents，if Any），对上述12条中没有的单据可全部填写在该处。填制单据条款时应注意：

（1）在所在单据前的括号里打“×”。

（2）然后在该单据条款后填上具体的要求，如一式几份，应包括什么内容等。如果申请书印制好的要求不完整，应在其后予以补足。

（3）申请人必须根据合同规定填写单据条款，不能随意增加或减少，也不能降低或减少合同规定的要求。

16. 合同项下的货物（Covering/Evidencing Shipment of）

货物包括品名、规格、包装、单价、唛头等，所有内容都必须与合同内容相一致，价格条款里附带“AS PER INCOTERMS 2010”，数量条款中规定“MORE OR LESS”或“ABOUT”，使用某种特定包装物等特殊要求应具体、明确，表示清楚。

17. 附加指示（Additional Instructions）

信用证申请书已印制好 7 条，其中第 1 条至第 6 条是具体的条款要求，可在条款前打“×”；内容不完整的，可根据合同规定和买方的需要填写清楚。第 7 条是“其他条款”，对上述没有的条款，可填写在该条款中。常见条款如下：

+ALL BANKING CHARGES OUTSIDE THE OPENING BANK ARE FOR BENEFICIARY'S ACCOUNT.（所有开证行以外的银行费用由受益人承担）

+DOCUMENTS MUST BE PRESENTED WITHIN ××× DAYS AFTER THE DATE OF ISSUANCE OF THE TRANSPORT DOCUMENTS BUT WITHIN THE VALIDITY OF THIS CREDIT.（单据必须在提单日后 ××× 天内送达银行并且不超过信用证有效期）

+THIRD PARTY AS SHIPPER IS NOT ACCEPTABLE.（第三方作为托运人是不能接受的）

+BOTH QUANTITY AND AMOUNT FOR EACH ITEM % MORE OR LESS ALLOWED.（每项数量与金额允许 % 增减）

+PREPAID FREIGHT DRAWN IN EXCESS OF L/C AMOUNT IS ACCEPTABLE AGAINST PRESENTATION OF ORIGINAL CHARGES VOUCHER ISSUED BY SHIPPING CO./AIR LINE OR ITS AGENT.（银行接受凭船公司 / 航空公司或其代理人签发的正本运费收据索要超过信用证金额的预付运费）

+ALL DOCUMENTS TO BE FORWARDED IN ONE COVER, UNLESS OTHERWISE STATED ABOVE.（除非有相反规定，所有单据应一次提交）

18. 申请书下面有关申请人的开户银行（填银行名称）、账户号码、执行人、联系电话、申请人（法人代表）签字等内容（Account No.，Name，Tel No.，Signature of Authorized Person）

请缮制信用证申请书。

IRREVOCABLE DOCUMENTARY CREDIT APPLICATION

TO: **Date:**

☐Issue by airmail ☐With brief advice by teletransmission ☐Issue by express delivery ☐ Issue by teletransmission(which shall be the operative instrument)		**Irrevocable Documentary Credit** | Number
Applicant		Date and place of expiry
		Beneficiary
Advising Bank	Ref. nr	Amount
Partial shipments ☐Allowed ☐not allowed	Transshipment ☐ Allowed ☐ not allowed	Credit available with ☐by sight payment ☐by acceptance ☐by negotiation ☐by deferred payment at against the documents detailed herein ☐and beneficiary's draft for % of invoice value at on
Loading on board/dispatch/taking in charge at/from not later than for transportation to:		
☐FOB ☐CFR ☐CIF ☐or other terms		

Documents required: (marked with ×)

1. ( ) Manually Signed Commercial Invoice in copies indicating this L/C No. and Contract No. (Photo copy and carbon copy not acceptable as original)
2. ( ) Full set (including original and non-negotiable copies) of Clean On Board "Freight" Ocean Bills of Lading made out to order and blank endorsed, marked "Notifying"
3. ( ) AirWay bills showing "Freight " and consigned to
4. ( ) RailWay Bills showing "Freight " and consigned to
5. ( ) Memorandum issued by consigned to
6. ( ) Full set (including original and copies) of Insurance Policy/Certificate for 110% of the invoice value, showing claims payable in China in currency of the draft blank endorsed, covering([ ]ocean marine transportation/[ ]air transportation/[ ] over land transportation)All Risks and War Risks.
7. ( ) Weight Memo/Packing List in copies issued by indicating quantity/gross and net weights of each package and packing conditions as called for by the L/C.
8. ( ) Certificate of Quantity/Weight in copies issued by indicating the actual surveyed quantity/Weight of shipped goods as well as the packing condition.
9. ( ) Certificate of Quality in copies issued by
10. ( ) Beneficiary's certified copy of cable/telex dispatched to the applicant within hours after shipment advising [ ] name of vessel/[ ]flight No./[ ]wagon No. date, quantity, weight and value of shipment.
11. ( )Beneficiary's Certificate certifying that extra copies of documents have been dispatched according to the contract terms,
12. ( ) Shipping Co' s Certificate attesting that the carrying vessel is chartered or booked by Applicant or their shipping agents:
13. ( ) Other documents, if any:

Covering:

Additional instructions:

1. ( ) All banking charges outside the opening bank are for beneficiary's account.
2. ( ) Documents must be presented within days after the date of issuance of the transport documents but within the validity of this credit.
3. ( ) Third party as shipper is not acceptable. Short Form/blank Back B/L is not acceptable.
4. ( ) Both quantity and amount % more or less are allowed.
5. ( ) Prepaid freight drawn in excess of L/C amount is acceptable against presentation of original charges voucher issued by shipping Co./Air Line/or its agent.
6. ( ) All documents to be forwarded in one cover, unless otherwise stated above.
7. ( ) Other terms, if any:

Account No.: with __________ (name of bank)

Transacted by: __________ (Applicant: name, signature of authorized person)

Telephone No.: (with seal)

张华缮制的信用证申请书如下：

IRREVOCABLE DOCUMENTARY CREDIT APPLICATION

TO: **Date:**

<table>
<tr><td colspan="2">☐ Issue by airmail ☒ With brief advice by teletransmission
☐Issue by express delivery
☐Issue by teletransmission(which shall be the operative instrument)</td><td>Number
Irrevocable Documentary Credit</td></tr>
<tr><td colspan="2" rowspan="2">Applicant
WEIFANG RUIDA IMPORT AND EXPORT CO., LTD.
3999 TAIXIANG STREET, WEIFANG, CHINA</td><td>Date and place of expiry NETHERLANDS, JULY 30, 2023</td></tr>
<tr><td rowspan="2">Beneficiary
DU MIDI
ZA DE SERIGNAC
DOMAINE DE CHARBONNIERE</td></tr>
<tr><td colspan="2" rowspan="2">Advising Bank Ref. nr</td></tr>
<tr><td rowspan="2">Amount
USD36,764.70
SAY U.S.DOLLAR THIRTY-SIX THOUSAND SEVEN HUNDRED AND SIXTY-FOUR POINT SEVEN ZERO ONLY</td></tr>
<tr><td>Partial shipments
☐Allowed☒not allowed</td><td>Transshipment
☐Allowed☒not allowed</td></tr>
<tr><td colspan="2">Loading on board/dispatch/taking in charge at/from
ROTTERDAM , NETHERLANDS
not later than JULY 15, 2023
for transportation to: QINGDAO, CHINA</td><td rowspan="2">Credit available with ANY BANK
☐by sight payment ☐by acceptance ☒by negotiation
☐by deferred payment at
against the documents detailed herein
☐and beneficiary's draft for 100%of invoice value
At ... on</td></tr>
<tr><td colspan="2">☐FOB ☒CFR ☐CIF
☐or other terms</td></tr>
</table>

Documents required: (marked with ×)

1. (×) Manually Signed Commercial Invoice in 3 copies indicating this L/C No. and Contract No. (Photo copy and carbon copy not acceptable as original)
2. (×) Full set (including 3 original and 3 non-negotiable copies)of Clean On Board "Freight prepaid" Ocean Bills of Lading made out to order and blank endorsed, marked "Notifying applicant WITH FULL NAME AND ADDRESS.
3. ( ) Air Waybills showing "Freight " and consigned to
4. ( ) RailWay Bills showing "Freight " and consigned to
5. ( ) Memorandum issued by consigned to
6. ( ) Full set (including original and copies)of Insurance Policy/Certificate for 110% of the invoice value, showing claims payable in China in currency of the draft blank endorsed, covering([ ]ocean marine transportation/[ ]air transportation/[ ] overland transportation)All Risks and war Risks.
7. (×) Weight Memo/Packing List in 3 copies issued by indicating quantity/gross and net weights of each package and packing conditions as called for by the L/C.
8. (×) Certificate of Quantity/Weight in 2 copies issued by indicating the actual surveyed Quantity/Weight of shipped goods as well as the packing condition.
9. ( ) Certificate of Quality in copies issued by
10. ( ) Beneficiary's certified copy of cable/telex dispatched to the applicant within hours after shipment advising [ ] name of vessel/[ ]flight No./[ ]wagon No. date, quantity, weight and value of shipment.
11. ( )Beneficiary's Certificate certifying that extra copies of documents have been dispatched according to the contract terms,
12. ( ) Shipping Co' s Certificate attesting that the carrying vessel is chartered or booked by Applicant or their shipping agents:
13. ( ) Other documents, if any:

Covering:

PEELED GARLIC CHINESE ORIGIN

QUANTITY:1,765CTNS

G.W.:21,378KGS

N.W.:17,934KGS

MEASUREMENT:47.6CBM

Additional instructions:

1. (×) All banking charges outside the opening bank are for beneficiary's account.
2. (×) Documents must be presented within 15 days after the date of issuance of the transport documents but within the validity of this credit.
3. ( ) Third party as shipper is not acceptable. Short Form/blank Back B/L is not acceptable.

Account No.: with (name of bank)

Transacted by: (Applicant: name, signature of authorized person)

Telephone No.: (with seal)

单据样式

样单 11-1

①

中国建设银行
China Construction Bank

信用证交单申请书

致：中国建设银行股份有限公司 ______________ 分（支）行　　　申请日期：

兹随附下列信用证项下出口单据一套，请贵行按照本信用证适用的国际商会《跟单信用证统一惯例》有关修订本的规定办理寄单索汇：

开证行		信用证号	
		通知号	
核销单编号		索汇金额	
发票号码		发票金额	
No.份数	Documents单据	No.份数	Documents单据
	Draft汇票		Certificate of Origin产地证
	Invoice发票		GSP Form A普惠制产地证
	Bill of Lading海运提单		Insurance Policy/Certificate保险单/证明
	Air Waybill空运单		Inspection Certificate检验证明
	Packing List装箱单		Beneficiary Certificate受益人证明

委托事项：请依照下列标有“×”的内容办理

□请贵行将上述单据款项收妥后，

　□结汇划至开户行：______________ 账号：____________________

　□原币划至开户行：______________ 账号：____________________

□费用收取方式：

　□请从出口收汇中扣除相应费用。

　□请从我公司账户中扣除相应费用，账号为____________________。

□随附信用证_____份，修改_____份。□我公司接受第_____次修改。

□请贵行对上述单据办理以下融资业务：

　□信用证下出口议付；□信用证下出口押汇；□其他融资业务______________

其他指示：

□无论信用证如何规定，请贵行以快递方式一次性寄送单据，我公司承担一切责任及费用。

□其他：

公司联系人：　　　　　　　　联系电话：　　　　　　　　公司签章

备注（银行使用）：

样单 11–2（1）

BCA

DRAFT

Application for issuance of Letter of Credit or SKBDN

We hereby request PT Bank Central Asia Tbk. ("BCA") to issue Irrevocable ☐ Transferable ☒ L/C ☐ SKBDN with the details as mentioned below.

Advising Bank : HSBC BANK (CHINA) COMPANY LIMITED, QINGDAO BRANCH

BENEFICIARY : WEIFANG CITY PERAK CO., LTD.CO., LTD.
ACCOUNT NUMBER : 0040 1325 6055

(in the absence of contrary instructions, credit will be advised through and maybe restricted to our bank offices and affiliates / correspondents)

Expiry Date for Presentation (dd/mm/yy) : 15/05/14 at the country of ☒ Beneficiary ☐ Issuing Bank ☐ ____

Applicant's Name : CV. KORYA SENTOSA TOSA
Address : JL. MAGELANG NO. 44 YOGYAKARTA

Beneficiary's Name : WEIFANG CITY PERAK RUBBER CO., LTD.
Address : KANGZHUANG INDUSTRIAL PARK, SHANDONG, CHINA

Currency : USD Amount : 168,720.00 **Tolerance :** ☐+ ____ % ☐- ____ % ☐ +/- ____ %

Credit tenor :

☒ Sight

☐ Usance ____ days after ☐ shipment date ☐ sight ☐ ____

☐ UPAS ____ days after ☐ shipment date ☐ sight ☐ ____

☐ UPAU ____ days, Payable ____ days after ☐ shipment date ☐ sight ☐ ____

Partial shipment : ☒ allowed ☐ prohibited　　**Transhipment :** ☒ allowed ☐ prohibited

Shipment from (port or airport): QINGDAO, CHINA
To (port or airport) : TANJUNG PERAK, SURABAYA, INDONESIA

(for multimodal or combined transport only)
Place of Taking in Charge : ____
Place of Final Destination :

Latest date of Shipment (dd/mm/yy) : 30/04/14

Document presentation period : 7 days after ☒ shipment date ☐ date of cargo receipt but within the validity of the Credit

☐Confirm, Confirming Bank : ____ ☐ May Add

Goods / Services *(Brief description including contract/PO no. and applicable trade terms eg FOB/FCA, CFR/CPT, CIF/CIP as per latest incoterms unless otherwise stated)*

Name of Goods	Quantity / Volume	Unit Price	Total Price
5.00-13 AGRICULTURE TYRE ACCORDING TO DRAWING	11,400 PCS	USD 14.8	USD 168,720.00

Type of goods : TYRE　　HS Number : 40116100.00 OR 40116100.99　　Quality of Goods : EXPORT QUALITY
Contract / PO No. 20140301JH　　Country of Origin of goods : CHINA

Shipping terms

☐ FOB　☐ CFR　☒ CIF　☐

Tax

Import tax (Bea masuk) 15 %　　Value added tax (PPN) 10 %　　Luxury goods Value added tax (PPnBM) %　　Income tax (PPH Pasal 22) 2.5 %

Documents required

☒ Manually Signed Commercial Invoice in 3 originals 2 copies

☒ Packing List in 3 originals 2 copies

☐ 2/3 ☒ 3/3 of original clean 'on board' Ocean Bill of Lading plus 3 non-negotiable copies made out to order of Bank Central Asia marked freight ☒ prepaid / ☐ to collect notifying applicant.

☐ Beneficiary's certificate stating that one set of stipulated non-negotiable documents plus one original Bill of Lading

KI 505/C/2013 RA. 10/04/10T

样单 11-2（2）

have been sent to ☐ Bank Central Asia / ☐ applicant within _____ days after shipment date by courier service and courier receipt is required for negotiation.

☐ Original Air Waybill (no. 3 for shipper) consigned to Bank Central Asia marked freight ☐ prepaid / ☐ to collect notifying applicant

☐ One set of delivery order in _____ original _____ copies

☒ Insurance policy in duplicate blank endorsed for at least 110 percent of invoice value covering ICC A indicating that claims, if any, are payable to Bank Central Asia on applicant's behalf in YOGYAKARTA

******THE FOLLOWING IS REQUIRED FOR FOB AND CFR SHIPMENT****

Shipping company's or its agent certificate stating that the carrying vessel is not more than 25 years old.

Other Documents

☐ Certificate of _____ in _____ originals and _____ copies, issued by _____ stating _____

☐ _____

☐ _____

Additional conditions

☒ All documents must bear this credit number, number and date of commercial invoice.

☐ Shipping marks are required as follows : this credit number, number and date of invoice.

☐

Charges :

Except the issuance fee of this credit, all banking charges including reimbursement charges and advising commission are for account of	☒ beneficiary	☐ applicant
Discrepancy fees are for account of	☒ beneficiary	☐ applicant
Confirmation fees are for account of	☐ beneficiary	☐ applicant
Discount interest are for account of	☐ beneficiary	☐ applicant

Other : _____

Insurance

If the insurance is concluded in applicant's country, it shall be covered by / through and with the following conditions:

☐ Applicant ☐ BCA ▪ Insurance company's name _____ ▪ Condition _____

We acknowledge that any costs arising from the issuance of this LC / SKBDN shall be borne by us. Any LC issued by BCA by our request shall be subject to the terms and conditions of Uniform Customs and Practise for Documentary Credits (UCPDC) latest version, and where applicable, the Uniform Rules for Bank to Bank Reimbursement under Documentary Credits (URR) latest version or for SKBDN shall be subject to the terms and conditions of Peraturan Bank Indonesia (PBI) latest version, unless determined otherwise by us and BCA in writing, and shall be subject to the terms and conditions applicable at BCA, either now existing or to be made thereafter which shall be informed to us through any means of instruments.

YOGYAKARTA , 10 MARET 2014

	Filled by the Bank	
	L/C line	
	O/S L/C & Acceptance	
	Available Amount	
	L/C Amount	
(Name, Authorized Signature (s), and Company's Stamp)	Approved by	

EKI 505/C7013 RA. 18/03/10T

- *The form shall be submitted in 4 (four) counterparts*
- *Every page shall be signed by the LC /SKBDN facility owner (if the facility owner is different from the API owner, the API owner's signature is also required)*

思考：

1. 如何开立信用证？
2. 信用证申请书的内容有哪些？

四、技能训练

实训模拟

根据下述给出的条件填写开证申请书。

※ 合同资料：

THE BUYER: WEIFANG PENGHUI IMPORT AND EXPORT CO., LTD

ADDRESS: 28 XINHUA BUILDING KUIWEN DISTRICT, WEIFANG, CHINA

THE SELLER: OCEAN TRADING COMPANY, LLC

ADDRESS: P. O. BOX167, LATA. VISTA, OTTAWA, CANADA

NAME OF COMMODITY:

GARLIC PUREE

QUANTITY: 210CARTONS

G.W.: 3, 339KGS

N.W.: 2, 520KGS

MEASUREMENT: 8.4CBM

PRICE TERM: CFR OTTAWA

USD210/MT

TOTAL AMOUNT: USD22, 600.00

PARTIAL SHIPMENT AND TRANSSHIPMENT ARE PROHIBITED.

PACKING: EXPORT STANDARD PACKING.

SHIPPING MARK: NO MARK

TIME OF SHIPMENT: BEFORE JULY 15, 2023

PLACE AND DATE OF EXPIRY: CHINA, JULY 30, 2023

PORT OF SHIPMENT: OTTAWA, CANADA

PORT OF DESTINATION: QINGDAO, CHINA

INSURANCE: TO BE COVERED BY BUYER

PAYMENT:

BY IRREVOCABLE FREELY NEGOTIABLE L/C AGAINST SIGHT DRAFTS FOR 100PCT OF INVOICE VALUE AND THE DOCUMENTS DETAILED HEREUNDER.

DOCUMENTS:

（1）INVOICES IN TRIPLICATE

（2）PACKING LIST IN TRIPLICATE

（3）FULL SET OF CLEAN ON BOARD BILL OF LADING MADE OUT TO ORDER AND BLANK ENDORSED "NOTIFYING" THE APPLICANT WITH FULL NAME AND ADDRESS MARKED "FREIGHT COLLECT".

（4）CERTIFICATE OF ORIGIN IN DUPLICATE

（5）BENEFICIARY'S CERTIFIED COPY OF FAX TO THE APPLICANT WITHIN 1 DAY AFTER SHIPMENT ADVISING GOODS NAME, NAME OF VESSEL, INVOICE VALUE, DATE OF SHIPMENT, QUANTITY AND WEIGHT.

OTHER TERMS AND CONDITIONS:

（1）L/C TO BE ISSUED BY TELETRANSMISSION.

（2）THE BUYER SHALL BEAR ALL BANKING CHARGES INCURRED INSIDE THE ISSUING BANK.

（3）ALL DOCUMENTS MUST BE MAILED IN ONE LOT TO THE ISSUING BANK BY COURIER SERVICE.

（4）PRESENTATION PERIOD: WITHIN 15 DAYS AFTER THE DATE OF SHIPMENT.

五、真题训练

1. **单选**：信用证业务中不会涉及的当事人是（　　）。

A. Beneficiary　　B. Issuing Bank

C. Applicant　　D. Collecting Bank

2. **单选**：以 CFR 术语、信用证支付方式进口一批货物，业务环节不包括（　　）。

A. 申请开证　　B. 交单议付

C. 付款赎单　　D. 接货报关

3. **单选**：某公司收到客户开来的信用证，规定最迟装运期为"on or about Nov.15，2023"，则该公司可以在（　　）发运货物。

A.11 月 15 日前后各 5 天内

B.11 月 15 日前后各 10 日内
C.11 月 15 日前后各 15 天内
D. 只能在 11 月 15 日当天装船

4. 单选：在信用证方式下，银行保证向信用证受益人履行付款责任的条件是（　　）。
A. 受益人按期履行合同
B. 受益人按信用证规定交货
C. 开证申请人付款赎单
D. 受益人提交严格符合信用证要求的单据

5. 判断：某电开信用证，附注“详情后告”，它只能视作无效简电通知书，不能凭以议付。（　　）

6. 判断：信用证申请书反面的内容是申请人对开证行的声明，用以明确双方责任。

7. 判断：信用证要求提交提单，并且在附加条款中规定“SHIPMENT IN FCL”，受益人可将此条件视为非单据化条件不予理睬。（　　）

8. 判断：电开信用证是指开证行以标准格式缮制并通过电讯方式送达通知行的开立方式，目前广泛使用的是 MT700/701 标准格式和 SWIFT 报文传输。（　　）

9. 判断：保兑行具有与开证行相同的责任和地位。保兑行自对信用证加具保兑之时起，即不可撤销地对受益人承担承付或议付的责任。（　　）

10. 判断：信用证业务中，银行既处理单据，也处理与单据有关的货物、服务或履约行为。（　　）

《外贸单证操作手册》
参考答案

错题本：

小结：

附 录

附录一 各种空白外贸单据样例

1. 商业发票

<table>
<tr><td colspan="2">ISSUER</td><td colspan="3" rowspan="2">商业发票
COMMERCIAL INVOICE</td></tr>
<tr><td colspan="2" rowspan="2">TO</td></tr>
<tr><td>NO.</td><td colspan="2">DATE</td></tr>
<tr><td colspan="2" rowspan="2">TRANSPORT DETAILS</td><td>S/C NO.</td><td colspan="2">L/C NO.</td></tr>
<tr><td colspan="3">TERMS OF PAYMENT</td></tr>
<tr><td>Marks and Numbers</td><td>Description of Goods</td><td>Quantity</td><td>Unit Price</td><td>Amount</td></tr>
<tr><td rowspan="2"></td><td colspan="4"></td></tr>
<tr><td></td><td></td><td></td><td></td></tr>
<tr><td colspan="5">TOTAL:
SAY TOTAL:
（Statement, if necessary）
Signature</td></tr>
</table>

2. 装箱单

<table>
<tr><td colspan="4">ISSUER</td><td colspan="3" rowspan="2">装箱单
PACKING LIST</td></tr>
<tr><td colspan="4" rowspan="2">TO</td></tr>
<tr><td colspan="2">INVOICE NO.</td><td colspan="2">DATE</td></tr>
<tr><td>Marks and Numbers</td><td>Number and kind of package; Description of goods</td><td>Quantity</td><td>Package</td><td>G.W.</td><td>N.W.</td><td>Meas.</td></tr>
<tr><td></td><td></td><td></td><td></td><td></td><td></td><td></td></tr>
<tr><td colspan="7">TOTAL:
SAY TOTAL:

(Statement)
Signature</td></tr>
</table>

3. 订舱委托书

<table>
<tr><td colspan="5">出口货物订舱委托书
日期　　月　　日</td></tr>
<tr><td rowspan="4">发货人</td><td>信用证号码</td><td colspan="3"></td></tr>
<tr><td>开证银行</td><td colspan="3"></td></tr>
<tr><td>合同号码</td><td></td><td>成交金额</td><td></td></tr>
<tr><td>装运口岸</td><td></td><td>目的港</td><td></td></tr>
<tr><td rowspan="2">收货人</td><td>转船运输</td><td></td><td>分批装运</td><td></td></tr>
<tr><td>信用证有效期</td><td></td><td>装船期限</td><td></td></tr>
<tr><td rowspan="2">通知人</td><td>运费</td><td></td><td>成交条件</td><td></td></tr>
<tr><td colspan="4">特别要求</td></tr>
</table>

<table>
<tr><td>标记
唛码</td><td>货号
规格</td><td>包装
件数</td><td>毛重</td><td>净重</td><td>数量</td><td>单价</td><td>总价</td></tr>
<tr><td rowspan="3"></td><td></td><td></td><td></td><td></td><td></td><td></td><td></td></tr>
<tr><td>总件数</td><td>总毛重</td><td>总净重</td><td>总尺码</td><td colspan="3">总金额</td></tr>
<tr><td></td><td></td><td></td><td></td><td colspan="3"></td></tr>
<tr><td colspan="8">备注</td></tr>
</table>

4. 海运提单

Shipper Insert Name, Address and Phone	B/L No.
Consignee Insert Name, Address and Phone	中远集装箱运输有限公司 COSCO CONTAINER LINES TLX: 33057 COSCO CN FAX: +86 (021) 6545 8984 **ORIGINAL**

Notify Party Insert Name, Address and Phone
(It is agreed that no responsibility shall attach to the Carrier or his agents for failure to notify)

Combined Transport *		Combined Transport*	
Pre-carriage by		Place of Receipt	
Ocean Vessel Voy. No.		Port of Loading	
Port of Discharge		Combined Transport *	
		Place of Delivery	

Port-to-Port or Combined Transport

BILL OF LADING

RECEIVED in external apparent good order and condition except as otherwise noted. The total number of packages or units stuffed in the container, the description of the goods and the weights shown in this Bill of Lading are furnished by the merchants, and which the carrier has no reasonable means of checking and is not a part of this Bill of Lading contract. The carrier has issued the number of Bills of Lading stated below, all of this tenor and date, one of the original Bills of Lading must be surrendered and endorsed or signed against the delivery of the shipment and whereupon any other original Bills of Lading shall be void. The merchants agree to be bound by the terms and conditions of this Bill of Lading as if each had personally signed this Bill of Lading.

SEE clause 4 on the back of this Bill of Lading (Terms continued on the back hereof, please read carefully).

*Applicable Only When Document Used as a Combined Transport Bill of Lading.

Marks & Nos. Container / Seal No.	No. of Containers or Packages	Description of Goods (If Dangerous Goods, See Clause 20)	Gross Weight Kgs	Measurement
		Description of Contents for Shipper's Use Only (Not part of This B/L Contract)		

Total Number of Containers and/or Packages (in words)

Subject to Clause 7 Limitation

Freight & Charges	Revenue Tons	Rate	Per	Prepaid	Collect
Declared Value Charge					

Ex. Rate:	Prepaid at	Payable at	Place and Date of Issue
	Total Prepaid	No. of Original B (s)/L	Signed for the Carrier, COSCO CONTAINER LINES

LADEN ON BOARD THE VESSEL

DATE		BY	

5. 出境货物报检单

中华人民共和国海关出境货物检验检疫申请

报检单位（加盖公章）：				*编号					
报检单位登记号：		联系人：		电话：		报检日期：	年	月	日

发货人	（中文）	
	（外文）	
收货人	（中文）	
	（外文）	

货物名称（中/外文）	H.S.编码	产地	数/重量	货物总值	包装种类及数量

运输工具名称号码		贸易方式		货物存放地点	
合同号		信用证号		用途	
发货日期		输往国家（地区）		许可证/审批号	
启运地		到达口岸		生产单位注册号	
集装箱规格、数量及号码					

合同、信用证订立的检验检疫条款或特殊要求	标记及号码	随附单据（划“√”或补填）	
		□合同	□包装性能结果单
		□信用证	□许可/审批文件
		□发票	□
		□换证凭单	
		□装箱单	
		□厂检单	

需要证单名称（划“√”或补填）				*检验检疫费	
☒品质证书	__正__副	□植物检疫证书	__正__副	总金额（人民币元）	
□重量证书	__正__副	□熏蒸/消毒证书	__正__副		
□数量证书	__正__副	□出境货物换证凭单	__正__副	计费人	
□兽医卫生证书	__正__副	□			
□健康证书	__正__副			收费人	
□卫生证书	__正__副				
□动物卫生证书	__正__副				

报检人郑重声明：	领取证单	
1. 本人被授权报检。 2. 上列填写内容正确属实，货物无伪造或冒用他人的厂名、标志、认证标志，并承担货物质量责任。 签名：	日期	
	签名	

注：有“*”号栏由海关填写	◆中华人民共和国海关制

6. 一般原产地证

ORIGINAL

<table>
<tr><td>Exporter (full name and address)</td><td rowspan="2">CERTIFICATE No.

CERTIFICATE OF ORIGIN
OF
THE PEOPLE’S REPUBLIC OF CHINA</td></tr>
<tr><td>Consignee (full name and address)</td></tr>
<tr><td>Means of transport and route</td><td rowspan="2">For certifying authority use only</td></tr>
<tr><td>Country/region of destination</td></tr>
</table>

Marks and numbers	Description of goods; Number and kind of packages	H.S. CODE	Quantity	Number and date of invoices

Declaration by the exporter The undersigned hereby declares that the above details and statements are correct; that all the goods were produced in China and that they comply with the Rules of Origin of the People’s Republic of China. Place and date, signature and stamp of authorized signatory.	Certification It is hereby certified that the declaration by the exporter is correct. Place and date, signature and stamp of certifying authority.

7. 普惠制原产地证

<table>
<tr><td colspan="3">Goods consigned from (Exporter's name, address and country)</td><td colspan="3" rowspan="2">Reference No.

GENERALIZED SYSTEM OF PREFERENCES CERTIFICATE OF ORIGIN
(Combined declaration and certificate)

FORM A
Issued in THE PEOPLE'S REPUBLIC OF CHINA
(country)</td></tr>
<tr><td colspan="3">Goods consigned to (Consignee's name, address and country)</td></tr>
<tr><td colspan="3">Means of transport and route (as far as known)</td><td colspan="3">For official use</td></tr>
<tr><td>Item number</td><td>Marks and numbers of packages</td><td>Number and kind of packages; description of goods</td><td>Origin criterion</td><td>Gross weight or other quantity</td><td>Number and date of invoice</td></tr>
<tr><td colspan="3">Certification
It is hereby certified, on the basis of control carried out, that the declaration by the exporter is correct.

Place and date, signature and stamp of certifying authority</td><td colspan="3">Declaration by the exporter
The undersigned hereby declares that the above details and statements are correct; that all the goods were produced in
CHINA
and that they comply with the origin requirements specified for those goods in the Generalized System of Preferences for goods exported to

(importing country)

Place and date, signature of authorized signatory</td></tr>
</table>

8. 出口货物报关单

中华人民共和国海关出口货物报关单

预录入编号：　　　　　　　　　　　海关编号：　　　　　　　　　　　页码/页数：

<table>
<tr><td colspan="1">境内发货人</td><td colspan="2">出境关别</td><td colspan="2">出口日期</td><td colspan="2">申报日期</td><td>备案号</td></tr>
<tr><td>境外收货人</td><td colspan="2">运输方式</td><td colspan="2">运输工具名称及航次号</td><td colspan="3">提运单号</td></tr>
<tr><td>生产销售单位</td><td colspan="2">监管方式</td><td colspan="2">征免性质</td><td colspan="3">许可证号</td></tr>
<tr><td>合同协议号</td><td colspan="2">贸易国（地区）</td><td colspan="2">运抵国（地区）</td><td colspan="2">指运港</td><td>离境口岸</td></tr>
<tr><td>包装种类</td><td>件数</td><td>毛重（千克）</td><td>净重（千克）</td><td>成交方式</td><td>运费</td><td>保费</td><td>杂费</td></tr>
<tr><td colspan="8">随附单证及编号</td></tr>
<tr><td colspan="8">标记唛码及备注</td></tr>
<tr><td colspan="8">项号　商品编号　商品名称及规格型号　数量及单位　单价/总价/币制　原产国（地区）　最终目的国（地区）　境内货源地　征免</td></tr>
<tr><td colspan="8"></td></tr>
<tr><td colspan="8">特殊关系确认：　价格影响确认：　支付特殊使用费确认：　公式定价确认：　暂定价格确认：　自报自缴：</td></tr>
<tr><td colspan="6">报关人员　报关人员证号　电话　　兹申明对以上内容承担如实申报、依法纳税之法律责任
申报单位　　　　　　　　　　　　　　　　　申报单位（签章）</td><td colspan="2">海关批注及签章</td></tr>
</table>

9. 投保单

中国人民财产保险股份有限公司
PICC Property and Casualty Company Limited

进出口货物运输保险投保单
APPLICATION FORM FOR CARGO TRANSPORTATION INSURANCE

发票号 Invoice No.		合同号 Contract No.		信用证号 L/C No.	
被保险人 Insured					
标记 Marks & Numbers	包装及数量 Quantity	保险货物项目 Description of Goods		保险金额 Insured Amount	
总保险金额（大写） Total Amount Insured					
装载运输工具 Conveyance		启运日期 Date of Commencement		赔款偿付地点 Loss If Any Payable at	
运输路线 Voyage	自 From	到 to	转载地点 Port of Transshipment		
投保险别 Insurance coveraged required:			投保人（签名盖章） Application's Signature & Stamp:		
申请保险单正本份数为：3 Issued in 3 Original(s) Only.	□保险单(Insurance Policy) □保险凭证(Insurance Certificate)		投保日期 DATE		

10. 保险单

中国人民保险公司
The People's Insurance Company of China

总公司设于北京　　一九四九年创立
Head Office Beijing　　Established in 1949

货物运输保险单
CARGO TRANSPORTATION INSURANCE POLICY

发票号
INVOICE NO.
合同号
CONTRACT NO.
被保险人
INSURED

保单号次
POLICY NO.
信用证号
L/C NO.

中国人民保险公司(以下简称“本公司”)根据被保险人的要求，由被保险人向本公司缴付约定的保险费，按照本保险单承保险别和背面所载条款与下列特款承保下述货物运输保险，特立本保险单。

THIS POLICY OF INSURANCE WITNESSES THAT THE PEOPLE'S INSURANCE COMPANY OF CHINA (HEREINAFTER CALLED “THE COMPANY”) AT THE REQUEST OF THE INSURED AND IN CONSIDERATION OF THE AGREED PREMIUM PAID TO THE COMPANY BY THE INSURED, UNDERTAKES TO INSURE THE UNDERMENTIONED GOODS IN TRANSPORTATION SUBJECT TO THE CONDITIONS OF THIS POLICY AS PER THE CLAUSES PRINTED OVERLEAF AND OTHER SPECIAL CLAUSES ATTACHED HEREON.

标　记 MARKS & NOS.	包装及数量 QUANTITY	保险货物项目 DESCRIPTION OF GOODS	保险金额 AMOUNT INSURED

总保险金额 TOTAL AMOUNT INSURED	

保费 PREMIUM	AS ARRANGED	启运日期 DATE OF COMMENCEMENT		装载运输工具 PER CONVEYANCE	

自 FROM		经 VIA		至 TO	

承保险别
CONDITIONS

所保货物，如发生保险单项下可能引起索赔的损失或损坏，应立即通知本公司下述代理人查勘。如有索赔，应向本公司提交保单正本（本保险单共有____ 份正本）及有关文件。如一份正本已用于索赔，其余正本自动失效。

IN THE EVENT OF LOSS OR DAMAGE WHICH MAY RESULT IN A CLAIM UNDER THIS POLICY, IMMEDIATE NOTICE MUST BE GIVEN TO THE COMPANY'S AGENT AS MENTIONED HEREUNDER. CLAIMS, IF ANY, ONE OF THE ORIGINAL POLICY WHICH HAS BEEN ISSUED IN __________.____ ORIGINAL(S) TOGETHER WITH THE RELEVANT DOCUMENTS SHALL BE SURRENDERED TO THE COMPANY. IF ONE OF THE ORIGINAL POLICY HAS BEEN ACCOMPLISHED, THE OTHERS TO BE VOID.

赔款偿付地点 CLAIM PAYABLE AT		**中国人民保险公司** The People's Insurance Company of China
出单日期 ISSUING DATE		(Authorized Signature)

11. 汇票

BILL OF EXCHANGE

No.____________________ ____________________

Exchange for ____________________

At ____________ sight of this FIRST Bill of exchange (SECOND of exchange being unpaid)

Pay to the order of ____________________

The sum of ____________________

Drawn under ____________________

L/C No. ____________________ Dated ____________________

To:

____

附录二　出口流程详解图

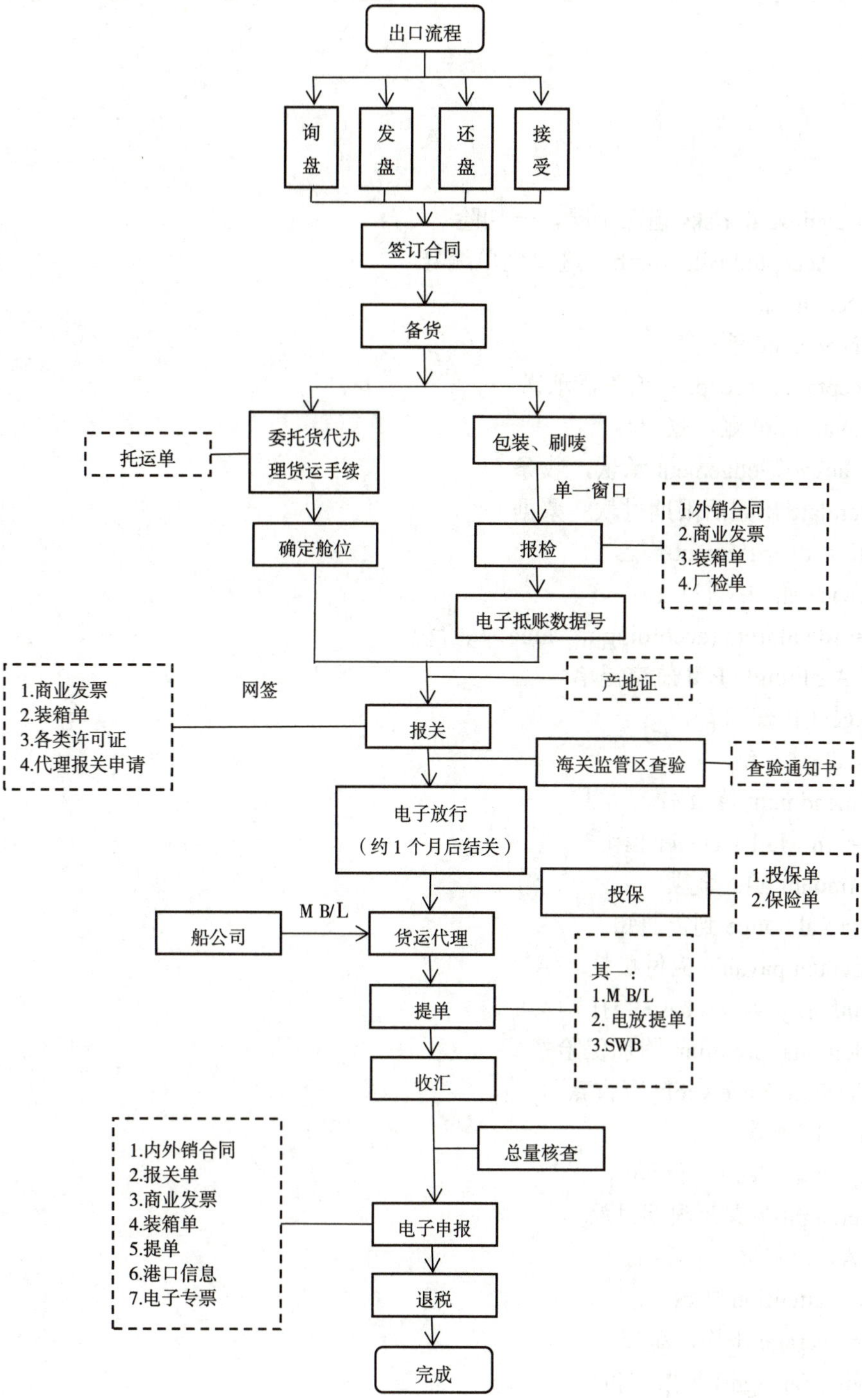
出口流程
询盘
发盘
还盘
接受
签订合同
备货
托运单
委托货代办理货运手续
包装、刷唛
单一窗口
确定舱位
报检
1.外销合同
2.商业发票
3.装箱单
4.厂检单
电子抵账数据号
1.商业发票
2.装箱单
3.各类许可证
4.代理报关申请
网签
产地证
报关
海关监管区查验
查验通知书
电子放行
（约1个月后结关）
投保
1.投保单
2.保险单
M B/L
船公司
货运代理
其一：
1.M B/L
2. 电放提单
3.SWB
提单
收汇
总量核查
1.内外销合同
2.报关单
3.商业发票
4.装箱单
5.提单
6.港口信息
7.电子专票
电子申报
退税
完成

附录三　经贸常用词翻译及缩写

A

A.A.R. = against all risks 担保全险，一切险
A.B.No. = Accepted Bill Number 进口到单编号
A/C = Account 账号
AC. = Acceptance 承兑
acc = acceptance, accepted 承兑，承诺
a/c, A/C = account 账，账户
ackmt. = acknowledgement 承认，收条
a/d = after date 出票后限期付款（票据）
ad., advt. = advertisement 广告
adv. = advice 通知（书）
ad val. = Ad valorem (according to value) 从价税
A.F.B. = Air Freight Bill 航空提单
Agt. = Agent 代理商
AI = first class 一级
AM = Amendment 修改书
A.M.T. = Air Mail Transfer 信汇
Amt. = Amount 额，金额
A.N. = arrival notice 到货通知
A.P. = account payable 应付账款
A/P = Authority to Purchase 委托购买
a.p. = additional premium 附加保险费
A.R. = Account Receivable 应收款
Art. = Article 条款，项
A/S = account sales 销货清单
a/s = after sight 见票后限期付款
asstd. = Assorted 各色俱备的
att., attn. = attention 注意
av., a/v = average 平均，海损
a/v = a vista (at sight) 见票即付

B

B/–, b/– = bale, bag 包，装
bal., balce. = balance 余额
bbl. = barrel 桶，樽
B/C = bill for collection 托收票据
B.D. = Bills Discounted 贴现票据
B/D = bank draft 银行汇票
b/d = brought down 承前页
B'dle, bdl = bundle 束，把
B/E = bill of exchange 汇票
B/F = brought forward 承前页
bg = bag 袋
BIS = Bank for International Settlement 国际清算银行
BK = Bank 银行
Bkg. = Banking 银行业务
B/L = Bill of Lading 提单
B/N = bank note 银行纸币
B.O. = Branch Office 分支行
b/o = brought over 承前
bot. = bottle 瓶
B/P = bill purchased 买入票据，出口押汇
B/P = bills payable 应付票据
B/R = bills receivable 应收票据
Brl., barl. = barrel 桶，樽
bx = box 箱，盒

C

C/– = case, currency, coupon 箱，通货，息票
c. =cent, centimes, centigrade 分（美），分（法），百分度（寒暑表）
C.A. = Credit Advice 收款报单
C.A.D. = cash against documents on arrival of good 货到后凭单付款
c.a.d. = cash against documents 凭单证付现金
c.a.f.= cost and freight 成本加运费
cat. = catalogue 货品目录
C.B. = clean bill 光票
C/B = Clean Bill 光票

C.B.D. = Cash before delivery 付现金后交货
c.c. = carbon copy, cubic centimeter 副本，立方公分
C/C, C.C. = Chamber of Commerce 商会
C/D = cash against document 凭单据付款
C.D. = Collection and Delivery 托交
Cert.= Certificate 证明书
c/f = carried forward 过次页
C&F = cost and freight 运费在内价
C.F.S. = container freight station 集装箱集散场
c.f.& i. = cost freight and insurance 运费保险费在内价
C.H. = Clearing House 票据交换所
C.I. = Certificate of Insurance 保险单
C&I = Cost and Insurance 货价及保险
c.i.a. = cash in advance 预付现金
cif, c.i.f. = cost, insurance and freight 运费保险费在内价
c.i.f.&c.= cost, insurance, freight and commission 运费，保险费，利息在内价
C.I.F.E. = Cost, Insurance, Freight and Exchange 运费，保险费，汇票在内价
C.I.F.I. = Cost, Insurance, Freight and Interest 运费，保险费，利息在内价
C.I.F.C.I.= Cost, Insurance, Freight, Commission and Interest 运费，保险费，佣金，利息在内价
CK. = Check 支票
CL. = collection 托收
CM. = Commission 佣金
C/N, C.N. = credit note, covering note, consignment note 货方通知，保险承保单，发货通知书
C.O. = certificate of origin 产地证明书
c/o = care of carried over 烦转，过次页
Co. = company 公司
c.o.d.= cash on delivery 货到付款
Con. Inv. = Consular Invoice 领事发票
corp. = corporation 法人，公司
C/P = charter party 租船契约
cr. = credit 货方，债权人
cs. = case 箱
csk., ck. = cask 樽
C.W.O.= cash with order 现金订货，下定付款
cwt. = hundred weight 衡量名
C.Y. = container yard 集装箱集散场

D

D/A =documents against acceptance 承兑后交付单
= documents for acceptance 承兑交单
= documents attached 备承兑单据
= deposit account 存款账号
d/a = days after acceptance 承兑后……日付款
D.A. = debit advice 付款报单
D/D, D.D. = Demand draft, documentary draft 即期汇票，跟单汇票
d/d = day's date (days after date) 出票后……日付款
d.f., d.fet. = dead freight 空载运费（船）
Disc. = Discount 贴现；折扣
DLT = Day Letter Telegram 书信电
D/N = debit note 借方通知
D/O = delivery order 卸货通知书
D/P = documents against payment 付款后交付单据
Dr. = debit debtor 借方，债务人
d/s. = days' sight 见票后……日付款
DV = Dividends 股利

E

ea. = each 每，各
e.e, E.E. = error excepted 错误除外
E/B = Export-Import Bank 进出口银行（美国）
enc., encl.= enclosure 附件
E.& O.E. = errors and omissions excepted 错误或遗漏不在此限
ETA = estimated time of arrival 预定到达日期
ex. = example, executive, exchange, extract 例子，执行官，外汇交换，摘要
Exp. = Export 出口

F

f.a.q. = fair average quality 良好平均品质
f.a.s. = free alongside ship 船边交货价
F.B.E. = foreign bill of exchange 国外汇票

f.c.l. = full container load 整个集装箱装满

f.d. = free discharge 卸货船方不负责

F.& D. = Freight and Demurrage 运费及延装费

f.i. = free in 装货船方不负责

f.i.o. = free in and out 装卸货船方均不负责

f.i.o. = free in out stowed and trimming 装卸堆储平仓船方均不负责

f.o. = free out 卸货船方不负责

f.o., f/o = firm offer 规定时限的报价

f.o.b. = free on board 船上交货价

f.o.c. = free of charge 免费

F.O.I. = free of interest 免息

f.o.r. = free on rail, free on road 火车上交货价

f.o.s. = free on steamer 轮船上交货价

f.o.t. = free on truck 卡车上交货价

f.p.a. = free of particular average 单独海损不保

fr.f = franc, from, free 法郎，从，自由

FX = Foreign Exchange 外汇

G

g = good, goods, gramme 佳，货物，1 克

G/A = general average 共同海损

GATT = General Agreement on Tariffs and Trade 关税贸易总协定

gm. = gramme 1 克

g.m.b. = good merchantable brand 品质良好适合买卖之货品

g.m.q. = good merchantable quality 良好可售品质

G/N = Guarantee of Notes 承诺保证

g.s.w. = gross shipping weight 运输总重量

gr.wt. = gross weight 毛重

H

h. = hour, harbour, height 小时，港口，高度

H.O. = Head Office 总公司

h.p. = horse power 马力

hr. = hour 小时

I

IATA = International Air Transport Association 国际航空运输协会
IBRD = International Bank Reconstruction and Development 国际复兴开发银行
I/C = Inward Collection 进口托收
ICC = International Chamber of Commerce 国际商会
IMO = International Money Orders 国际汇票
Imp = Import 进口
IN = Interest 利息
IMF = International Monetary Fund 国际货币基金
inst. = instant (this month) 本月
int. = interest 利息
Inv. = Invoice 发票
IOU = I owe you 借据
I/P = Insurance Policy 保险单
I/R = Inward Remittance 汇入汇款
ISIC = International Standard Industrial Classification 国际行业标准分类
it. = item 项目

K

k. = karat (carat) 卡拉（纯金含有度）
kg. = keg, kilogramme 千克
K.W. = Kilo Watt 千瓦

L

L/A = Letter of Authorization 授权书
lbs. = pounds 磅
L/C = Letter of Credit 信用证
L/H = General Letter of Hypothecation 质押权利总股定书
L/I = Letter of Indemnity 赔偿保证书
L/G = Letter of Guarantee 保证函
l.t. = long ton 长吨（2 240 磅）
L/T = Letter Telegram 书信电报
Ltd. = Limited 有限责任
L/U = Letter of Undertaking 承诺书

M

m. = mile, meter, mark, month, minute, meridian (noon) 英里，米，记号，月，分，中午
m/d = month after date 出票后……月付款
memo. = memorandum 备忘录
M.I.P. = marine insurance policy 海上保险单
misc. = miscellaneous 杂项
M/L = more or less 增或减
M/N = Minimum 最低额
MO = Money Order 拨款单，汇款单，汇票
m/s = months after sight 见票后……月付款
m.s. = mail steamer, mail transfer 油船，轮船
M.T. = metric ton, mail transfer 公吨，信汇
M/T = Mail Transfer 信汇
m.v. = motor vessel 轮船

N

N.B. = Nota Bene (take notice) 注意
NO. = number 号码
n/p = non payment 拒付
Nt.Wt = Net Weight 净重

O

O. = Order 订单，订货
O.B/L = Order bill of lading 指示式提单
O.C.P. = Overland Common Point 通常陆上运输可到达地点
O/C = Outward Collection 出口托收
OD. = Overdraft 透支
O/d = overdraft, on demand 透支，要求即付款（票据）
O/No. = order number 订单编号
o.p. = open policy 预约保单
O/R = Outward Remittance 汇出汇款
ORT = ordinary telegram 寻常电报
o/s = on sale; out of stock 廉售；无存货
O/S = old style 老式
o.t. = old term 旧条件
oz = ounce 盎司

P

P/A，p/a = particular average 单独海损
pa = power of attorney 委任状
p.a. = per annum (by the year) 每年
p.c. = per cent, petty cash 百分比，零用金
p.l. = partial loss 分损
P.&I. = Protection and Indemnity 意外险
P.&L. = profit and loss 益损
P.M.O. = postal money order 邮政汇票
P/N = promissory note 本票
P.O.B. = postal office box 邮政信箱
p.o.d. = payment on delivery 交货时付款
P.O.D. = Pay on Delivery 发货付款
P/O = Payment Order 支付命令
P/R = parcel receipt 邮包收据
prox. = proximo (next month) 下月
PS. = postscript 再启
pt. = pint 品脱
P.T.O. = please turn over 请看里面
PTL = private tieline service 电报专线业务

Q

qlty = quality 品质
qr = quarter 四分之一
qty = quantity 数量
quotn = quotation 报价单
qy = quay 码头

R

recd = received 收讫
recpt = receipt 收据
ref. = reference 参考，关于
RFWD = rain, fresh water damage 雨水及淡水险
remit. = remittance 汇款
r.m. = ready money; readymade 备用金；现成的

RM = Remittance 汇款
R.O. = remittance Order 汇款委托书
R.P. = reply paid; return of post 邮下或电费预付；请即会示
rt. = rate 率

S

S.A. = Statement of Account 账单
s.a. = subject to approval 以承认（赞成，批准）为条件
S/C = sale contract 售货合同
S/D = sight draft 即期汇票
S/D = sea damage 海水损害
SD. = Sundries 杂项
SE. = Securities 抵押品
S/N = shipping note 装运通知
S.O., s.o. = shipping order; seller’s option 装船通知书；卖方有权选择
S/S, s/s, ss, s.s = steamship 轮船
s.t. = short ton 短吨

T

T/A = telegraphic address 电报挂号
tgm = telegram 电报
T.L.O. = total loss only 只担保全损（分损不赔）
T.M.O. = telegraphic money order 电报汇款
T.R. = trust receipt 信托收据
T.T. = telegraphic transfer 电汇
TPND = theft, pilferage and non-delivery 盗窃遗失条款

U

ult. = ultimo (last month) 上月
u/w = underwriter 保险业者

V

voy. = voyage 航次
V.V. = Vice Versa 反之亦然

W

w.a. = with average 水渍险（单独海损赔偿）
war = with all risk 担保一切险
W/B = way bill; warehouse book 货运单；仓库簿
wgt. = weight 重量
whf. = wharf 码头
W/M = weight or measurement 重量或容量
w.p.a. = with particular average 单独海损赔偿
W.R. = War Risk 战争险
W.R. = warehouse receipt 仓单
wt. = weight 重量

X

x.d. = ex dividend 除息
XX = good quality 良好品质
* = very good quality 甚佳品质
*X = best quality 最佳品质

Y

yd. = yard 码
yr. = your; year 你的；年

Z

Z = Zone 地区，地带
ZCL = Zone di Commercia 自由贸易区

参考文献

[1] 王楠 . 外贸单证实务［M］. 北京：对外经济贸易大学出版社，2015.

[2] 余世明 . 国际商务单证实务（第八版）［M］. 广州：暨南大学出版社，2021.

[3] 章安平，牟群月 . 外贸单证操作（第五版）［M］. 北京：高等教育出版社，2019.

[4] 张启途 . 商务英语函电［M］. 北京：对外经济贸易大学出版社，2021.

[5] 黎孝先，王健 . 国际贸易实务（第七版）［M］. 北京：对外经济贸易大学出版社，2020.

[6] 戈雪梅，谢恽 . 外贸单证操作（第二版）［M］. 北京：高等教育出版社，2022.

[7] 周岳梅 . 国际商务英文制单技能实训［M］. 北京：北京航空航天大学出版社，2009.

[8] 国际商会中国国家委员会 . ICC 跟单信用证统一惯例（UCP600）［M］. 北京：中国民主法治出版社，2006.

[9] 中国国际商会，国际商会中国国家委员会 . 国际贸易术语解释通则 2020［M］. 北京：对外经济贸易大学出版社，2019.